慧享教育丛书

中国少年培育联盟系列丛书　主编　刘铁芳

湖南省教育科学规划课题　课题批准号：XJK17BZXX059

新六艺课程的构建与实施

刘江虹　等著

中南大学出版社
www.csupress.com.cn

·长 沙·

序

　　我不止一次地走进过这所学校——博才寄宿小学。它既没有现代化的崭新建筑，也没有宽广的校园面积，但在我心中，它很大，大到仿佛可以融进两千多名师生精神世界的全部。在校门口有一块几尺见方的平地，竖立着校园指示牌，地上开满了一簇簇彩色的月季花，自然、生动。校门口的保安师傅说："校长讲这地虽小，但可以种上一些小花小草，花美，大家进校园时的心情也美。"我能想象得到师生们每天从这走过时的心旷神怡。在指示牌旁边，有一棵被低矮的灌木丛环绕着的圆形大树，树下却是光秃秃的泥巴地。原来，树枝掩映处别有洞天，那是一片属于孩子们的乐园，校长索性不做这块地的绿化了。一位学子在毕业之后曾写信来说，他怀念的正是母校树丛中的这个洞，这里是孩子们童年嬉戏、撒野的"秘密基地"。好的教育就应当如此洞悉生命欲求，贴近孩子的自我天性。这是一所有故事的学校。而这，其实也是课程。好的课程，一定不仅是一所学校的形式载体，它也是有温度的，是值得从这走出去的人回望的精神所在。

　　学校课程命名为"新六艺课程"，你自然会想到古代的"六艺"，可能还会联想到这大概是各种新的技艺教学的整合课程。但我深入拜读并亲自去感受后，看到的"新"已然成了学校的一种生态。孔子说："志于道，据于德，依于仁，游于艺。"孔子教育学生以仁、德为纲领，然后才学习艺。今天，博才寄宿小学的"新六艺课程"之新，在于这个课程做的不是传统意义的校本课程开发，而是基于学校的价值追求，立足学生和教师发展的所有课程在内的体系重构。本书主要作者刘江虹校长更是躬亲实践，并立志为了每一个孩子更好的发展倾注全力。蔡元培先生曾说：

"教育当交由教育家来办。"朱自清先生曾这样说："教育者须先有健全的人格，而且对于教育，须有坚贞的信仰，如宗教徒一般。"我以为，志于道，然后对学生的情与爱方为仁与德，其次真正基于儿童立场与成长需求的教育方法才能称之为艺，这是教育家的基础。

"新六艺课程"的总目标是让每一个孩子积极地走向世界，在自主中成长为更好的自己。课程目标字字珍贵，每一个词的背后都是文章。从整合到创新的核心课程，从分科到综合的主题课程，从有意思到有意义的个性课程，再辅以教师和家长携手的助力课程，涵盖了全部的校园生活，外延至家庭、社会，而最终一定是每一个孩子都在这其中找到了奔跑的跑道。范梅南说过儿童是一种可能性，他更强调："成长在许多方面都是一个积极的希望、偏好、选择和奔向某个目标的过程。"博才寄宿小学的这种课程构架无疑是广大而又精微的。

于是，核心课程的样态"享想课堂"在学习的热情比学什么更重要的状态下进行。换言之，个体如何进入学习中的生命姿态比学什么更重要。雅斯贝尔斯反复强调："教育是人们灵魂的教育，而非理智知识和认识的堆积。"课堂上，点燃学生向学之心、教师向生之情，才是教学的灵魂之所在。

主题课程中学生自主探究，在教师的激励、鼓舞与帮助下，走进社会、走向世界，去探究、去体验。由此而来的儿童生命成长的意义在学生需求与未来期待中找到了某种平衡。

在个性课程实施中，男孩、女孩们都那样痴迷于篮球运动，篮球课程中有针对女孩的啦啦操，也有专为没有成为班级篮球队员、没有进入啦啦操队的孩子们设计的解说员和裁判员的"角色扮演"。这时，"体育之效力，不但及于身，且及于心也"这句话在这有了最好的注解。

每一个孩子在他所经历的这种课程中，显示出积极的生命状态，内心被激活，生命被点燃，每天都显示出朝气蓬勃的状态，然后，成长为更好的自己。这是"新六艺课程"的期待，也是我理解的儿童的一种精神气象。

期待在"新六艺课程"的体验中，孩子们积极敞亮的人生被点亮。

是为序。

刘铁芳

2019 年 8 月

导言

新六艺课程是在中国新课程改革背景下，基于生命化教育理念，从中国学生核心素养出发，对"培养什么样的人？如何培养人？"的一种新思考，是对学校原有课程体系的整体重构，其愿景是成全每一个生命更好的发展。

（一）

新六艺课程体系构建的初衷来自校园中每一个"与众不同"的生命和他们"与众不同"的愿望。比如，清晨来到办公室，我会发现灰蓝色的办公室门上贴着六年级一位孩子写的"鸡毛信"：刘校长，要是学校有足球队就好了，我们班有很多球技超厉害却无处施展的同学。又比如，一年级来了一位叫敏敏的同学，因自闭无法正常学习，却对色彩极其敏感，于是我们想：艺术兴许会成为打开敏敏心门的钥匙。还有，我曾经走进科学老师的办公室，听到大家热切地讨论着：真希望学校有一片属于科学老师和孩子们的园子，让老师可以带着孩子们播种、捉虫、施肥、浇水，一起晒太阳、静待花开，用这个园子承载学校的生命教育，培养孩子们面对一簇野菊花而怦然心动的情怀……每一个生命都是独一无二的，每一个生命的需求都值得我们珍视。正如法国儿童文学作家和画家艾瑞克·巴图绘本中所描绘的"不一样的小豆豆"：它是那么柔弱，却一次次不放弃地实现了自己的愿望，更把愿望变成了希望。这颗小豆豆不就像我们的孩子吗？如此不同，又如此执着地坚守自己的梦想，所以世界真的就变得五彩缤纷起来。

新六艺课程体系的构建基础是博才小学原校长杨素群老师提出的必修课程、选修课程、活动课程的课程构架，此课程体系的构建与实施成为 21 世纪初长沙基础教育中素质教育的典范，有效践行了"为学生终身发展奠基"的办学理念，朝着"博贯六艺、才通八德"的育人目标稳步前行。在这样一段课程研究的行走过程中，博才汇聚、培养了一批有情怀有担当的教育精英，为后面的课程重构铺垫了坚实的研究基础。

新六艺课程体系构建萌芽于 2010 年《国家中长期教育改革和发展规划纲要（2010—2020 年）》的颁布，这一年我开始担任学校副校长，受学校委托，尝试将学校原有课程体系进行梳理。2012 年起，我着手对学校课程体系进行重构，并提出"新六艺课程"的概念。2014 年，我有幸考上湖南师范大学教育硕士研究生，并以"新六艺课程体系构建的实践研究"作为研究生毕业论文的选题。三年来，我一边学习教育理论知识，一边在导师刘铁芳教授的指导下，带领老师们开展实践研究。2016 年，我研究生毕业，论文获评湖南师范大学硕士研究生优秀论文。

2017 年，"新六艺课程体系构建的实践研究"课题在湖南省教育科学十三五规划课题中立项，课题的研究得到湖南师范大学刘铁芳教授、辛继湘教授，原湖南省教育科学研究院杨敏副院长、李晓球主任，长沙市教育科学研究院孙智明院长、袁苍松所长、刘正华老师，岳麓区教师发展中心谢福胜书记、向阳老师，博才小学龙胜校长、杨素群书记等专家的指导。为了增强核心研发团队和教师们对新课程理念的认识，开阔视野，促进国内外的交流，学校先后派出六批老师前往美国、芬兰、日本、英国、韩国等国家及中国台湾地区交流学习。正是在此阶段，我们对生命有了更深层次的理解，开始思考中国人如何在全球化、信息化的背景下安身立命的问题，面向未来我们要培养什么样的人的问题。学校成立了新六艺课程研究院，进行组织形式的变革，为课程研究的实施保驾护航。2017 年，学校开展核心课程的样态——"享想课堂"的研究；2018 年 2 月启动"加水教研"的研究；2018 年 5 月 18 日以"城市规划，让孩子看见未来"为主题面向全市开放主题课程；2019 年 7 月进行"思维的旅行——走向深度学习的享想课堂封闭式研讨"，与此同时，个性课程研究正同步进行，评价的撬动也走向深入……

新六艺课程的研究让孩子、教师、家长朝向美好。

（二）

本书由新六艺课程的创生、新六艺课程一般原理、新六艺课程体系、新六艺课程实施四大行动四章组成。

第一章由刘江虹撰写，阐述了新六艺课程研究的缘起、研究价值、研究沿革，对课程概念进行了界定。

第二章由刘江虹撰写，阐述了新六艺课程构建的意义和操作原则。

第三章的第一至第三小节由刘江虹撰写，第四小节由刘江虹、周万里撰写，阐述了新六艺课程的体系构架。

第四章第一小节由龙胜撰写，第二小节正文由赵俊、刘江虹、宾俐、罗尧惠、李肖蕾、彭芳、黄敏撰写，案例由周楷、刘新芳、龚婷、宾源、张晗潞、刘江虹、蔡能撰写，第三小节由刘江虹、宾俐撰写，第四小节由刘江虹撰写。这一章分别从组织转型、课程转型、评价转型、空间转型四个方面来阐述。

通过阅读本书，我们既可以了解中国古代六艺教育的历史传承和创新发展，也可以了解生命化教育在学校课程中落地的操作路径和方法。本书凝聚了教育理论工作者和实践工作者的智慧，体现了博才人"分享、博学、日新"的精神，我们希望通过新六艺课程体系构建的实践探索为我国基础教育、学校教育改革提供可借鉴的范式。本书反映的是博才寄宿小学七年来教育改革的探索成果，因为受理论水平和实践时间的局限，所以书中肯定还存在许多不足和问题，我们诚挚地希望读者能够提出宝贵的意见。

最后，衷心地感谢中南大学出版社的大力支持和指导，也向责任编辑的努力付出表示诚挚的谢意！

刘江虹

2019 年 8 月 10 日

目 录

第一章　新六艺课程的创生　/ 1

第一节　研究缘起　/ 1

第二节　研究价值　/ 4

第三节　研究沿革　/ 4

第四节　概念界定　/ 7

第二章　新六艺课程一般原理　/ 10

第一节　构建新六艺课程的意义　/ 10

第二节　新六艺课程操作原则　/ 13

第三章　新六艺课程体系　/ 18

第一节　构建目标体系　/ 18

第二节　课程定律　/ 21

第三节　课程构架　/ 23

第四节　六个学生特质　/ 25

第四章　新六艺课程实施四大行动　/ 38

第一节　组织转型　/ 38

第二节　课程转型　/ 44

第三节　评价转型　／183

第四节　空间转型　／203

后　记　／212

第一章

新六艺课程的创生

第一节　研究缘起

现今，人类社会正向全球化、信息化、多元化的趋势迈进，如何应对时代的瞬息万变，未来社会需要什么样的人，如何处理好当下与未来的关系就成为教育面临的永恒问题。世界各国先后将课程改革作为了一个突破口，我国同样如此。博才小学在沿袭传承我国三级课程体系（国家基础课程、地方课程、校本课程）的基础之上，构建的"新六艺课程"是基于以下几个因素：

一、回到生命的原初看课程定位

在西方，苏格拉底第一次把对世界的关注拉回到了人自身的生命，提出了"认识你自己"。认识自己，是生命自觉成长的前提。每一个生命个体受遗传因素、家庭成长因素的影响，有着不同的生活积淀，对未来也就有着不同需求和希望。大千世界正是因为生命个体的差异而五彩缤纷。尊重、正视生命的独特性、差异性，引领每一个生命自觉按照适合他自己的方式成长就成为了教育的使命。

多年的课程实践也说明好的教育能促进每一个人实现自我教育、自我完善，这是素质教育的最高境界。湖南师范大学刘铁芳教授认为人的生命的自主成长应立足于公共生活需要，只有在公共生活中，人的各项素质发展才能得以较好实现。他说："教育在任何时候都是一种关系，唯有受教育者个体意识真实地朝向了教学事物，充满欢乐地、富于关切地、充满好奇地、凝神地看教学事物，个体教育之发生才得以可能。"

因此，回到生命的原初看课程的定位，应是从人的生命需求出发，依循人的生命发展规律，创设一种能引导生命自觉朝向美好的公共生活空间，这个公共生活空间便是课程。

二、置身社会变革中的课改反思

1999 年，教育部《关于进一步深化普通高等学校招生考试制度改革的意见》提出高考改革要有助于高等学校选拔人才、有助于中学实施素质教育、有助于高等学校扩大办学自主权的三项原则。2014 年，国务院又出台《关于深化招生考试制度改革的实施意见》，提出高考制度改革要有利于促进学生健康发展，有利于科学选拔各类人才和维护社会公平，有利于实施高校考试招生制度综合改革。从三个"有助于"到三个"有利于"，我们发现新高考更关注学生健康的发展。2021 年，湖南高考将实施"3 + 1 + 2"制度，文理不分科，外语可考两次。通过近几年的高考试卷我们不难发现，试卷命题更加关注知识主干和核心能力。特别注重以考生为中心，发挥考生特长，让不同发展水平的学生在考试中都有发挥的空间，考试不在于题目的高难度，而在于考生认识的深浅、思维的强弱、知识面的宽窄。厚基础、强思维，培养学生对学科的兴趣将作为基础教育的一种导向。

从 IT（信息）时代到 DI（数据）时代再到现在的 AI（人工智能）时代，信息技术已经在改变我们的生活。2017 年 7 月，马云的无人超市在杭州正式开张，有人笑称：如果你不好好学习，将来连营业员的职位都混不上了。还有更火爆的消息：世界排名第一的我国九段围棋高手柯洁以 0∶3 输给了智能机器人。又有人开始担忧，人脑会不会被人工智能所取代？美联社早在 2014 年就启用机器人写稿系统进行财经报道。雅虎公司则将机器人写作用于体育新闻报道，完成了对梦幻橄榄球赛的报道，机器人写手还在行文中大展幽默感。为美联社和雅虎机器人写稿系统提供技术支持的是自动化洞察力公司，其开发的软件"Wordsmith"，1 分钟最多可生成 2000 篇报道。2016 年全年，该公司的机器人程序共写了 15 亿篇文章，涉及金融、房地产、体育等多领域。如今打开手机下载 APP 就能观看微课、慕课，建立一个微信群、QQ 群就能结成一个学习共同体。不管我们从情感上还是从知识储备上是否能接受人工智能时代的到来，它都终究是来了，而且正悄然影响着我们的生活、学习、工作。智能时代的移动终端就是课堂，能者即教师，教育正被重新定义。

三、基于学生核心素养的课程重构

人是社会性与个体性的辩证统一。所以，关于课程的设置我们还要置身于社会大背景之中，满足社会、国家对人才培养的要求。在文化渐趋多元化、社会交往日益信息化、社会经济全球化的全新时代背景下，教育也在迅速发展，既要立足当下，又要面向未来发展培养出全新人才。到底什么才是 21 世纪人才所必备的才能？很多国际组织和国家都在进行尝试研究。2002 年，在联邦教育部的主持下成立了"21 世纪技能合作组织"，该组织将 21 世纪应具备的基本技能进行整合，制定了《21 世纪核心素养框架》。21 世纪素养，得到很多中外教育专家的认同。

我国的新课程体系则将全面贯彻国家教育方针，以提高国民素质为宗旨，以德育为灵魂，以培养学生创新精神与实践能力为重点，以发扬人文和科学精神为基点，努力造就"有理想、有道德、有文化、有纪律"的德智体美劳等全面发展的社会主义事业建设者和接班人。

纵观世界各国近几年来基于核心素养培养的课程改革，虽因各自国情不同而具体思路与方法不同，但其体现的基本理念有共通的地方。共通的地方表现在：重视质量评价标准，强调问责；强调课程的整合性，注重传统学科之间的相互融合；关注个体发展，强调培养适应现代社会所需的能力；教育管理权力的下放与课程评价权利的集中等方面。

博才小学在多年的课程实践中也遭遇到瓶颈：其一，有些课程内容已不能适应21世纪人才核心素养的培养，不再受到孩子们、老师们的欢迎；其二，课程结构、课程实施无法关注到每一个孩子，难以促进每一个学生健全发展、自主发展、和谐发展；其三，课程是做加法还是做减法？原有的校本特色课程（英语、形体、生活、机器人等）占据课时与国家新增课时（科学、体育、综合实践）、学校新开发校本课程课时三者不能同时满足的时候，学校面临新的困惑。所有这些都迫使学校要在教育理念、教学内容、教育实施等方面进行体系重构。

四、指向全人教育的"新六艺课程"建设

"六艺"的说法最早出现在《周礼·地官·保氏》："保氏掌谏王恶，养国子以道。乃教之以六艺：一曰五礼，二曰六乐，三曰五射，四曰五御，五曰六书，六曰九数。"它是中国古代儒家要求学生掌握的六种基本才能。它包含多方面的教育因素：既重文也重武；既重知识也重技能；既重文事也重武备；既重礼仪规范也重内心情感修养。其符合教育规律的历史经验，对现代教育有着深远的影响。被誉为"新儒家三圣"之一，现代儒家学者马一浮先生也认为"六艺"维系着人类文明精神。

我国古代的"六艺"教育，强调人的全面发展，主张圣人之道，要求文武兼备，人格和谐，将人的发展始终作为教育的主旋律，这些对于现在的课程设置有很强的指导意义，也符合我校这么多年对课程的理解和积淀。

新六艺课程的研究，是对学校原有课程体系的整体重构研究。这既是对古代"六艺"的传承，也是通过对博才学子六大综合素养的重新定位来发展古代六艺，使博才学子通过"新六艺课程"的学习，在自主中积极地走向公共生活，成长为更好的自己，逐渐成为"博贯六艺，才通八德"的人。

第二节 研究价值

新六艺课程研究的意义在于两点：一是在理论方面丰富基础教育课程构建理论；二是实践价值，为中小学校本课程开发提供借鉴。

一、理论价值

目前，基础教育校本课程开发需要不断地研究深化，很多人都在探索如何构建更加适合孩子发展的课程结构，丰富现有的课程内容。只是大部分学者和研究者大多是思考课程构建的原则、模式，或者是学校某一领域课程及建设，而新六艺课程则立足于反思本校课程体系构建中的优势和不足，提出有价值的建议，试图为学校整体课程体系构建的理念探索、结构改善提供更有力的理论支撑。

二、实践价值

新六艺课程从构建课程体系出发，思考国家基础课程与地方校本课程、学科课程与活动课程、必修课程与选修课程的逻辑关系、并存矛盾和有效解决方法，思考如何在有声有色的校园文化活动中更好地促进每一个孩子更全面的个性发展，以期对更多的学校课程构建提供具体可行的帮助。

第三节 研究沿革

一、"儿童课程"的发展研究

(一)国外有关儿童教育和儿童课程的研究

儿童教育一直以来被教育家们所关注。卢梭开创的西方现代儿童教育观，带动了西方儿童观的变革。捷克大教育家夸美纽斯在《大教学论》一书中指出，人是造物中最完善、最崇高、最美好的。他提出的"适应自然的教育"指出教育要适应儿童个体的自然发展。康德也曾说，人在任何时候都是目的，永远不能只看作是手段。德国教育家福禄贝尔认为，从儿童的本性出发才是真正的教育。美国教育家杜威在《民主主义与教育》和《我的教育信条》中都论述了他的"教育目的论"，提出教育应该遵循儿童本身内在的需要，所以教育的目的除了本身以外没有别的目的。总而言之，从儿童的角度去思考教育是西方教育学者们的一个共识。

（二）国内有关儿童课程理论的研究

1991 年潘洁在《早期儿童课程概念的探索》中较早对儿童课程做出了界定：一个较为完善的早期儿童课程，绝不是孤立地把语言、艺术、数学和科学、游戏等活动组织进刻板的课表之中，而是有目的地为幼儿的发展提供各种活动机会。

湖南师范大学刘铁芳教授在《返回生活世界教育学：教育何以面对个体生命成长的复杂性》中指出，返回生活世界教育学，即回到本原性的教育学。这里的"教育学"并非学科意义上的教育学，而是活动着的教育，是实践着的教育路径、方式、方法。

南京师范大学蒋雅俊在博士论文《儿童、经验与课程：课程哲学研究》中从哲学的角度思考目前我国课程要处理好传统文化的糟粕与工业化进程之间的关系。他提出，儿童的发展是课程的目的，而不是达到目的的手段，必须用整体的、有机的哲学观来看待课程的问题和争端。只有对儿童的生命充分尊重、心生敬意，儿童的课程才会促进儿童的发展。

华东师范大学王一军在硕士论文《基于儿童文化的课程开发》中根据儿童文化的特点和生长规律，对儿童文化课程发展的课程评价尝试重建，探讨儿童文化课程开发的模式。

华中师范大学肖霞在硕士论文《儿童即课程：价值与可能——儿童与课程的关系分析》中以回顾西方儿童观的历史演进为线索，论述儿童是课程的价值主体，讨论儿童即课程的价值与局限，论述儿童即课程的可能与条件。

由此可知，国内对儿童课程的相关研究一直以来也是个焦点，教育研究者们都在努力从各种视角阐释儿童课程的价值，并且在不断尝试构建更科学的儿童课程模式。

（三）有关儿童课程的实践研究

南京师范大学鲍亚在硕士论文《蒙台梭利儿童课程研究》中从蒙台梭利儿童课程的理论基础、设置与实施及评价三个方面进行了分析和探讨。认为儿童观和教育观是蒙台梭利儿童课程的理论基础，内容相对划分为五个领域，分别是自然—感觉教育课程、社会性—品德教育课程、健康教育课程、语言教育课程、艺术教育课程。

福建师范大学郑小贝及洪明在《美国银行街教育学院儿童课程的特点与启示》一文中，介绍了享有近百年国际声誉的儿童教育机构——美国银行街教育学院的儿童课程。美国银行街教育学院的儿童课程包括儿童学校课程、课外活动、家庭中心课程、夏令营活动四种类型。

中国近代教育家朱经农在长期的基础教育实践中逐渐形成了儿童本位课程思想。他认为课程应当以促进儿童生长为目的，以儿童为主体去实施；应当从儿童的兴趣和能力出发，符合儿童身心发展的自然个性，贴近儿童的生活需要，并以促进儿童个性发展为目的。这一课程思想呈现出自主性、生长性、自然性、兴趣性、生活性等鲜明特征，具有重要的历史和现实价值。它客观上扩大了实用主义教育思潮在中国的传播，影响了 1922 年新学制课程标准的制定，直接指导了 20 世纪 20—30 年代中小学教科书的编辑出版。

在中西方各种儿童理论与思想的倡导下，我国中小学也正在如火如荼地进行课程改革，如江苏省常州市武进区星河小学就构建了"创想课程"，这一儿童课程以"创想素养"为核心，以品德生活、运动健康、语言交往、艺术审美、数学思维、公民实践、科学技术等七个领域的素养为教育载体，下设人文学院、生命学院、数理学院、艺术学院、社会学院、体育学院、少儿科学院。学校从七大学院的维度，结合学段设置了 10 个信息发布屏作为儿童校园创想课程分享角。

二、当前国内基础教育校本课程构建的发展研究

"校本课程开发"的思想起源于 20 世纪 60—70 年代的西方发达国家。1973 年在爱尔兰阿尔斯特大学召开的国际课程研讨会上，菲吕马克和麦克米伦两位学者提出 school - based curriculum development（或 site - based curriculum development 其缩写词为 SBCD），其主要思想是要求将学校作为校本课程开发的基地，实现课程决策的民主化。

80 年代末 90 年代初校本课程开发的概念和思想引起了中国台湾地区和香港地区部分学者的关注。黄政杰提出政府部门应给学校授权，鼓励学校开展校本课程的研究，并进行校本课程的评价与实施的主动探索，这样才能满足学生学习的需求。到了 90 年代中后期，我国大陆的课程研究者开始对"校本课程"予以关注。如华东师范大学教育系教师郑金洲认为校本包含三方面的含义：一是基于学校，二是为了学校，三是在学校中。其主要体现在四个方面：校本研究、校本培训、校本课程和校本管理。

吴刚平教授认为学校办学宗旨和教育哲学观是校本课程开发与建构的基础；崔允漷教授倡导校本课程开发要以"问题解决"为目的，推荐"实践—评估—开发"模式。

当前，我国多地在积极探索校本课程的建构。2007 年上海市中小学二期课改整体试验总结中提到仅在高中基地学校中开设的校本课程就达 1246 门（并已形成教材），平均每校 25 门。其中开设 51 门以上校本课程的学校有 7 所，开设 11—50 门的学校有 23 所。

清华大学附属小学基于成志教育理论，明确"为聪慧与高尚的人生奠基"的使命，提出三条实施路径：学段三进阶（启程—知行—修远）、"1 + X 课程"及主题课程群，创生儿童内生机制及教师激励机制，构建"过程数据 + 关键事件 + 榜样引领"的评价系统。清华附小这种评价引领、分段实施、纵横整合的课程体系，也为我们的课程体系构建提供了一个很好的方向。

重庆巴蜀小学课程体系的学科内融合，通过"化—联—展—评"，实现学科课程综合化，形成完整的学科视野。同时学校还通过跨学科综合，包括"学科 + 学科"项目式学习、"学科 + 生活"（涵盖"教室小课堂"，指道德与法治、班会、少先队活动、礼仪等）、"学校中课堂"（指学校德育的主题单元如校园节日活动）；"社会大课堂"（指节假日开展的体验课程）、"学科 + 技术"（指将学科教育与技术有机融合），加之实现学生实时评价的"巴蜀

榜样徽章"以及"三力评价体系",在课程研究的基础上积累了丰富的实践经验。

自《基础教育课程改革纲要(试行)》颁布以来,我国课程改革取得了丰厚的成果,但仍然存在几个矛盾:其一,课程功能与社会发展相矛盾,人才培养缺乏创新精神和实践能力。其二,课程实施现状与素质教育初衷相矛盾。课程目标定位有些偏离人本质的发展;课程结构比较单一,学科之间仅突出本位;课程内容多是在做加法;学习方式仍停留在讲授的层面;课程评价更看重结果评价;课程管理强调统一。其三,课程价值指向与价值转型的矛盾。

三、"六艺课程"的发展研究

2001 年,国务院颁布《国务院关于基础教育改革与发展的决定》和《基础教育课程改革纲要(试行)》,二者都明确提出,要实行国家、地方和学校三级课程管理,以保障和促进课程对不同地区、学校和学生的要求。

为此,我国校本课程开始涌现,其中鉴于"六艺"在我国传统文化中的独特作用,六艺课程的研究也如雨后春笋,层出不穷。如浙江杭州采荷第二小学设置六艺课程之文雅礼仪、和乐艺术、翰墨书香、思维探究、活力运动和异域文化等维度的新"六艺"课程;兰州市城关区一只船小学,从习典、弘道、养艺、学术、砺身、善器六个方面,明确了"六艺"校本课程的两个层面:第一个层面是"校本必修课程"。具体为:习典——"习典修己"(国学经典);弘道——"弘道养正"(学校德育);养艺——"葫芦雕刻"(地方文化)。第二个层面是"校本选修课程"。围绕"六艺"的学术、善器、砺身,开展了艺术类选修课程、体育类全校健身选修课程及科技类选修课程。

然而在古代"六艺"的基础上,思考如何在学校课程体系构建中传承古代"六艺"的精髓,发展出适应本校学生发展的"新六艺",并以此对学校课程体系进行整体构建的研究几乎还是空白。为此,本书期望站在教育哲学的高度,结合认知心理学、教育学、神经教育科学等相关理论,来系统思考培养什么样的人、如何培养人的问题,构建"新六艺课程"的体系框架及其课程实施方式。

第四节　概念界定

一、"六艺"的界定

(一)古代"六艺"

中国古代最早的专门化的课程是夏、商、西周时期的"六艺",以"礼、乐、射、御、书、数"为基本的教学科目。"六艺"是中国古代儒家要求学生掌握的六种基本才能。其中

"礼乐"为"六艺"之首，承担着政治宗法及伦理道德规范教育的重任，"射""御"属军事教育范畴，也含身体锻炼成分，主要有射箭和驾驭马拉战车的技术训练。"书""数"属基本常识范畴，是进行识字和计数教育。这是一种文武兼备、知能兼求的课程设置体系，是中国古代人文课程体系的起源。

中国第一套较完整的教科书，当属"六经"，它是孔子的基本教学内容。"六经"在荀子前尊为"六书"，包括《诗》《书》《礼》《乐》《易》《春秋》六部。孔子非常重视"六经"的教学，他要求学生"兴于诗，立于礼，成于乐"。

颜元主持漳南书院时提出著名的六斋教学方法，分为文、武、经、艺、理、帖括。从六斋课程的设置可以看出实学课程的逐渐兴起。

我国现代儒家代表人物马一浮先生从三个层面来理解古代"六艺"，他认为"六艺"分别是六艺之书、六艺之文、六艺之道。六艺之书是指《诗》《书》《礼》《易》《乐》《春秋》六种典籍。六艺之文是指《诗》《书》《礼》《易》《乐》《春秋》中记载的事例，是当时人对自然和社会中的事物现象的认识，是关于自然和社会的知识。六艺之道是指知、仁、圣、义、中、和，也是《诗》《书》《礼》《易》《乐》《春秋》中蕴含的义理。六艺之书、六艺之文、六艺之道三者相互依存、同为一体、不可分割，合起来用"六艺"一个概念来指称，"六艺统摄于一心"。

（二）现代"六艺"

鉴于古代"六艺"教育在我国传统文化中的独特作用，新时期，我国有些学校将"六艺"作为校本课程内容来进行研究。比如，浙江杭州采荷第二小学设置六艺课程之文雅礼仪、和乐艺术、翰墨书香、思维探究、活力运动和异域文化等维度的新"六艺"课程。兰州市城关区一只船小学的"六艺"校本课程从习典、弘道、养艺、学术、砺身、善器六个方面开展了传统文化的学习。上海罗阳小学的"六艺学堂"，传承孔子的教育理念，围绕"阳光、成功、分享、选择、目标"（简称5S)阳光教育的办学理念，明确统一校本课程开发价值追求，提出"让童年生活丰富起来，让学习生活有趣起来，让学生多才多能起来"，并以此作为校本课程开发的核心理念，立足"三类课程"的统整，精心选择与实施"六艺学堂"校本特色课程，即：德艺、书艺、乐艺、体艺、智艺、技艺。还有重庆市涪陵城区教育办公室主持的"新诗教、新书教、新乐教、新礼教、新科教、新武教"小学六艺校本课程研究的课题，是立足于对传统文化的传承与发展的课程构建而提出的。南京市立贤小学提出的"新六艺"课程是从儿童交流与沟通礼仪、儿童乐理与美感的培养、儿童合作与团队竞争、儿童领导力与探究能力、儿童对传统中国文化的时代解读、儿童自然科学和理性思维六个培养目标出发，从基础课程、活动课程、特色课程三个方面来实施的。

二、"新六艺课程"界定

（一）新六艺课程的内涵

"新六艺课程"的提出发端于博才小学的办学理念——"博贯六艺、才通八德"，并从博才学生的六个核心素养：审美雅趣、科学精神、学会学习、健康生活、学会交往、创新实践出发，构建由核心课程、主题课程、个性课程组成的三级课程架构。其核心课程（基础课程）由六个版块组成：品德、艺术、健康、科学、语言、数学；主题课程从核心课程的六个版块提取品德、艺术、健康、科学、语言、数学六个课程元素，打破学科之间的壁垒，发展学生自主探究、综合实践的能力；个性课程是实现学生在核心课程六个版块课程学习基础上的纵向发展。新六艺课程滋养下的博才小学学生呈现出六个外显特征：遵礼仪、爱阅读、善表达、写好字、好运动、有雅趣。"新六艺课程"在三级课程基础上还构建出以学生发展为中心，包含辅助教师发展、家长成长的助力课程版块。课程体系从课程目标、课程内容、课程实施、课程管理及评价等维度构建学校全部课程的体系框架，是全面实施素质教育的载体，是学生朝向美好的学习生活空间。

（二）新六艺课程的理念

博才小学的"新六艺课程"以人的发展的生命教育理念为基础。从生命教育的角度来看，人是具体的人，是在关系交往中成长的人，是在自然、社会、精神三个层面相互渗透的人，具有唯一性，也带有普遍性。生命发展的主体是人自己。人的发展是一个动态生成的过程，人的生命是需要经历的，只有在经历中个体生命才会不断认识自己、反思自己、超越自己，才能得到发展。从生命发展的立场出发，关注学生的生命成长，也要关注教师的生命成长，因为师生的成长具有内在的关联性。对生命潜能的开发是教育的责任，促进师生的生命发展是教育的价值。

基于以上理念，结合儿童课程原理，新六艺课程体系构建要坚持四个原则：生命立场原则、文化立场原则、儿童立场原则和实践立场原则。新六艺课程要求我们关注儿童的自主成长、自我完善、人格发展，它是基于学校育人目标之上的学校课程整体，是对国家基础课程、地方课程、校本课程的优化重构。

第二章

新六艺课程一般原理

第一节 构建新六艺课程的意义

课程一词源自古希腊语，是跑道的意思。学校教育要为每个孩子提供尽可能多的可供选择的跑道。多元智力理论代表人物加德纳认为，每个人在现代社会中都能摸索到各自成功的道路，关键在于明白自己的才能在哪一方面。博才小学从建校开始就提出了为学生的终身发展奠基的办学理念以及全面发展、学有所长的人才观，构建了集国颁课程、地方校本课程两大设置主体，学科课程、活动课程两大组织形式，必修课程、选修课程两大选择方式的三维立体课程网络。

随着全球化信息大数据时代的到来，现代社会对人才培养提出了更高的要求。《国家中长期教育改革和发展规划纲要》指出要"树立人人成才观念，面向全体学生，促进学生成长成才"。基于此，我校开始进一步梳理办学思路，重新构架课程体系，在多次研讨之后我们提出了"新六艺课程"。"六艺"一词取自西周的"六艺"。我国古代"六艺"教育的提出，标志着我国分科课程的逐步完善，它强调人的全面发展，要求文武兼备、人格和谐，这也符合我校这么多年对课程的理解和积淀。另外，"六艺"教育的提出对当前的课程设置仍有很强的指导意义。从这里就可以看出，其实自出现教育以来，人的发展始终是教育的主旋律。

一、让课程朝向每一个人

每一个生命个体都是独一无二的，因此世界也具有多元性。传统育人模式追求高效、批量、快速出人才，注重人才是否具有知识、技能等使用功能和社会服务功能。这种以"工具"目标为核心的教育理念，让教师偏离了教育的本质而片面追求分数，通过题海等战术加重学生课业负担，忽视了教育的主体——学生的需求、个体发展，让学生处于"被学习"的状态中，逐渐失去了学习兴趣和创造力。

叶澜教授说："学校教育不应只关心少数尖子学生，为高一级学校培养专门化的人服务……而应致力于每一个学生的发展，为学生的终身学习和发展奠定坚实的基础。"

当我们将眼光朝向每一个孩子的时候，我们会发现每一个学生都是一种可能性，只是这种可能性尚需教师去发现，更重要的是引导孩子自己去寻找、体会。

为了让每一个孩子产生自我发展的内动力，我们决定从课程入手，将国家基础课程进行校本化的整合，构建核心课程、主题课程、个性课程。核心课程中的校本课程更注重本土元素和学校文化渗透，主题课程以主题的形式开展综合实践活动，丰富了孩子们的学习体验，发展了综合运用能力。个性课程则通过选修的形式来参与，赋予孩子们选择课程的权利。个性课程完全尊重孩子们的兴趣爱好，让他们在有意思的课程中感受学习的意义和自身成长的价值。"新六艺课程"体系的构建，让每一个孩子都能找到适合自己奔跑的跑道。

课程朝向每一个孩子，还体现在课程实施中。比如课程评价要关注到每一个学生的个体差异，对不同学生不仅要看到起点的差异，还要看到过程的差异，且结果的评价也需因人而异。因此，新六艺课程体系的实施，是让每一个孩子按照适合他自己的方式去奔跑。

二、引导在体验中自主发展

联合国教科文组织指出，教育的最终目的是要使受教育者成为教育他自己的人。而这种自我教育需要在长期的自我体验中形成自我意识再走向自我完善。新六艺课程的实施理念在于：

(一)正视生命成长的复杂性

生命成长具有复杂性，因而我们在设计课程时要适度留白，恪守对个体生命发展设计的限度。个体成长的早期阶段是在与自然、世界混沌练习中发展的。给孩子闲暇的时间，让孩子们返回生活世界，将有利于扩展个体生命发展的可能性。正如刘铁芳教授所说："教育实践必须在个体生命成长的混沌与秩序、私密与公开、动与静、快与慢中保持必要的张力。"

长短课时的安排，下午课后长达2个小时的自由活动时间，校园中越来越多的秘密基地的出现，让学校教育张弛有度。教育张力实际上就是给了生命个体自主成长的空间。

(二)体验中自主成长

在古希腊德尔菲神庙上有一句铭辞：认识你自己。这句话经由苏格拉底之口传诵至今。从认识自己到成长为更好的自己，这是一个漫长的自我体验过程，这个过程也是一个人的交往过程。这种交往包括：

1. 自己与自己，自己与儿童，自己与成人间的交往；

2. 自己与自然间的交往；

3. 自己与社会间的交往；

4. 自己与世界间的交往。

在这样的交往中，博才学子逐渐学会了悦纳、和谐、责任、开放。

三、关注教育意向的兴发

2015 年某地高三学子高考之后的"撕书"风波，折射的是多年的学习生活给孩子们带来的压抑爆发。近几年，学生厌学、厌世等问题成为人们关注的热点话题。未成年人犯罪的低龄化趋势也在持续增长。

学生在成长过程中呈现的这些问题，归根溯源还是个体身体、个体生命在学习过程中意义感的缺失，身体和生命没有真实地朝向所学事物和生活的世界。实现积极的自我发展，在于教育意向的兴发，在于唤起每一个孩子对生活与世界的爱与热情。教育意向性是个体进入教育情境中的一种状态。积极是一种教育意向，是个体进入学习情境前，美好身心状态的唤起。苏霍姆林斯基在谈到读书时说："我认为一个非常重要的教育任务，就在于使读书成为每个孩子最强烈的、精神上不可压抑的欲望。"

新六艺课程旨在唤起每一个孩子置身世界之中的积极意向，唤起孩子对未来美好生活的欲求。

（一）教育审美化在课程中体现

好的教育要回到本真及人与人之间的交往，这种交往会给孩子带来一段充实而愉悦的经历，这种交往让孩子的自由天性有了释放的空间。在新六艺课程中，我们将语言、艺术、体育等课程作为核心课程，就是引导孩子在整体感知之中与美相遇，从而奠定学生走向世界、拥有经验的基础，在今后的压力中保持健康、健全、自由的心灵。正如刘铁芳教授所言："在低龄阶段，体育、美育相对于德育、智育而言，更具有兴发的意义。"

"最美的大树学堂"家长成长课程，是在实践课程中引导家长多参与亲子互动，懂得亲子之爱是孩子爱的意向的开启，孩子将由此拥有爱的能力，积极地、欢乐地看世界。阅读课程通过诗词歌赋、故事童谣等经典的感悟，让孩子感受到周围生活的美丽、温和、睿智，从而以乐观的情绪去与世界相处。

（二）身体参与在课程中体现

教育的发生应与个体的身心整体唤起相融合。教育缺少了身体的转向，其意义必定匮乏，对孩子也缺少吸引力。种植课程中，孩子们痴迷于探究和实践的时候，积极的教育意向便在此得到兴发。社团课程中，学生经历了策划、组织、主持、展现、总结等过程之后，学会了混龄孩子之间的相处方式，明确了个人在团队中的角色定位与责任分担，那种因付出获得的成就感将有利于自信心的培养，让孩子积极地投入到下一轮的实践中。

由此可见，教育意向的兴发始终立足于兴趣的唤起。

第二节 新六艺课程操作原则

新六艺课程体系构建及具体实施应遵循生命立场原则、文化立场原则、儿童立场原则、实践立场原则。

一、生命立场原则

（一）相信生命的无限性

每一个孩子都是生命个体，具有独特性；每一个孩子都是发展中的生命，具有无限可能性。教育是为孩子的终身发展奠基，我们始终要相信，每一朵花都有盛开的季节，每一个生命都值得我们守护。

首先，要关注核心素养。"新六艺课程"立足于为学生的终身发展奠基，使每一位学生都能受到适合他成长的教育，关注学生核心素养的培养，就是帮助孩子拥有朝向未来自主成长的能力。核心素养即孩子终身发展的人格要素与学力要素。在课程的设计与编排中，要充分考虑到课程的普及性，必须面向每一个孩子，有利于孩子整体人格的培养和学力的提升。

其次，要关注全面发展。三级课程架构，六个版块的核心课程，四个系列的主题实践课程，80多门个性课程，使课程形成纵横交错的网络，课程的广阔性、多样性为孩子们提供了巨大的选择空间。创客教育课程、财商课程、DI课程、职业体验课程等具有前瞻性的课程更是引领孩子朝向未来。

（二）正视生命的差异性

生命之间的差异性是很明显的。而共性方面的差异，如不同年龄的孩子所呈现的特点会不一样，就更要求我们的课程具有梯度性，根据不同年龄阶段孩子的特点与生长规律安排不同课程。如一年级孩子入校后会有以行为习惯养成为主要目的的底色课程，六年级孩子则会安排以感恩母校、保护学弟学妹、做好中小衔接的毕业课程。核心课程、主题课程同样会根据孩子年级的不同，提出不同学习内容和学习目标。

课程还需要兼顾差异性。在课堂中教师眼中应装着每一个孩子，承认学生的不同潜质、个性潜能，设计不同的提问，安排组建异质学习共同体，采取不同的教育手段，帮助不同学生实现各自的发展目标。在评价方面既看到起点的不同，也认可结果的不同，在实施过程中则应进行因材施教，以有利于帮助孩子更关注自我的成长，从而发展其优势领域、主要兴趣，满足社会的多样化人才需求。

（三）强调生命的自主性

我国生物医学诺贝尔奖获得者屠呦呦的成长经历告诉我们，童年的学习要多与自然亲近，多与自己对话。课程的安排要少而精，并给孩子选择的自由，多留出时间让孩子自学，多让孩子在体验中习得方法。陶行知先生说的"智育注重自学，体育注重自强，德育注重自治"就是这个道理。

强调生命的自主性，但不可否认生命的成长是需要滋养的，既要有和自然融合的身心滋养，也必须有和成长规律融合的信息滋养。新六艺课程旨在为孩子的生命成长提供阳光、雨露及养料。

二、文化立场原则

任何人都处于文化场中，并被文化浸润，最终沉淀为人格。新六艺课程也同样有着丰厚的文化背景，并逐渐形成独有的课程文化。

（一）环境文化

新六艺课程的构建是在全球化经济大变革的时代提出的，须与我国的政治、经济、文化的发展要求相适应，其培养目标必须与国家、社会对人才的培养要求相一致，最后在地方文化中落地开花。因此，新六艺课程中的核心课程有近80%的内容为国家基础课程，另外20%的校本特色课程也是在对国颁课程进行整合的基础上，开发出来的结合地域文化、学校特点的课程。

同时，课程的构建既有对学校文化的传承，也有对学校文化的创新，是在传承的基础上创新。新的课程体系，保留了原课程体系中必修与选修两种选择方式，将活动课程升级为主题实践课程，原选修课程的提法修订为兴趣课程，新增社团课程。课程体系网络更加强调课程之间的整合、学科之间的综合。

（二）分享文化

分享最开始是博才人相处的一种方式，它是随着学校发展自然生成的一种核心价值文化，后来逐渐上升到了一种理念，那就是分享教育。

分享文化渗透在博才小学管理、教育、教学、后勤服务的各项工作中，具体达成了三种不同层次的分享水平：可分享—愿分享—会分享。从"可分享"到"愿分享"再到"会分享"的转变实现了分享水平的第一次提升。这种高水平分享的达成反过来继续提升了分享的动机，也充实丰富了分享的内容。以此不断反复促进，形成了一个螺旋上升的分享水平增进的动能场。学生则从"可分享—愿分享—会分享"的转变过程中逐渐成长为一个独特的生命个体，一个大写的丰满的人。

新六艺课程同样是基于分享教育理念下构建的课程体系，从课程的内容到课程的实施无不彰显分享文化的精髓。

（三）创新文化

博才小学的创新文化首先体现在敢于提问、逆流而行的文化基因上。我们经常会问自己：为什么、怎么做、怎么样。首先，什么样的课程适用于孩子的发展，我们就想办法引进；孩子们不感兴趣，价值不大的课程就淘汰。其次，这种创新文化还体现在深度学习的创新教育方面。从 DIY（Do It Yourself）"自己动手做"到 DIT（Do It Together）"一起动手做"，从"做中学"到"创中学"，创新课程实现了跨界、开放、共享、合作的目标。围绕项目开展的合作学习，通过呵护孩子的言说和各种表达方式，鼓励冒险行为，培养了孩子的创造力。从创新课程到创新教育，更是创新理念的全方位提升。

三、儿童立场原则

（一）儿童课程顺应儿童天性

在人的成长过程中，我们会发现一个无奈的现象：越是年幼的孩子，越是对世界充满好奇，爱问十万个"为什么"。而随着年龄的增长，人就慢慢失去了追根究底的兴趣。这是儿童时期的好奇心没有得到很好的引导、保护的结果。当儿童缺少了好奇心，一个民族何以谈创新精神？爱因斯坦说："思维世界的发展，在某种意义上说就是对'惊奇'的不断摆脱。"尊重、保护儿童好奇、求真的天性，就是在保护一个民族的创造力。因此，我们的课程要顺应儿童天性，让课程充满趣味性、审美性。

同时我们要认识秘密蕴藏的教育价值。范梅南和莱维林指出："儿童时代，即作为一个孩子的状态或条件，是一个与秘密的概念紧密相连的时代。"

当一个孩子有了秘密之后，在他经历决定保守秘密还是分享秘密的心理过程时，他的独立意识开始萌芽了，开始学会友谊、信任和责任感等，从而加速社会化进程。一个已经参加工作的博才毕业生给学校写了一封信，说很怀念这个校园，尤其是母校树丛中的一个洞，这里是孩子们童年嬉戏、撒野的"秘密基地"。孩子们所说的这个"树洞"位于学校花坛中的两棵桂花树下，树荫笼罩，不仔细观察难以发现。这是孩子们的秘密，可其实早已被有心的老师们发现。但老师们不说，只是每年悄悄对这两棵桂花树进行维护，以免树受伤生病。因为像"树洞"这样的秘密基地的体验，对孩子的独立自我的构建十分重要。

课程表中对孩子闲暇、阅读时间的适度保证，其实质是引导孩子在独处中拥有自我反思、自主选择、自我体验的内心世界。

（二）儿童课程融合儿童生活

儿童教育要培育童心，让孩子用儿童的眼光来看待世界，让孩子用儿童的方式来体验世界。课程要回归儿童的生活。为什么童话能激活儿童与成人的共同直觉？因为，童话能穿越时间、空间，将我们带到情境中，带出我们的直觉、同情心、想象。童年一旦充满爱与想象，生命将充盈而丰满。

新六艺课程构建是基于儿童的情感和思维发展的规律，课程内容注重学生的兴趣、需要和能力。兴趣课程中的创意美劳、烘焙、街舞、发现蜗牛等课程，正是将童趣指数较高的元素纳入到儿童课程中。全人教育理念所体现的整体育人观认为，任何事物都是相互关联的，新六艺课程为孩子创设学习生活情境，让孩子在游戏体验中，从悦纳自己到悦纳他人，从与自然、社会的交往中逐步走向世界，也是回到了生命的本原——身心一体发展。

（三）儿童课程朝向儿童未来

儿童教育是生命的基础教育。新六艺课程是针对小学阶段孩子设计的课程，是为孩子未来学习生活打基础的课程，因而我们将身心健康发展定位为课程的第一核心要素。开心晨练、快乐大课间、篮球校本课程、心理健康教育课程，关注的都是孩子们是否在课程中笑了、出汗了，是否真正拥有了受用一生的体育素养和运动能力、自我认识调节能力。童年时期必须兼顾双重性：既为将来成人生活做准备，又要在享受当下生活与准备未来生活之间取得平衡。

儿童时期是生命的初始阶段，要让孩子在最初的时候遇见最美的"你"。教育上的错误是无法挽回的。童年时期接受的很多信息，会在人生的每一步都打上深刻的烙印。柏拉图说："凡事开头最重要，特别是生物。在幼小柔嫩的阶段，最容易接受陶冶，你要把它塑造成什么形式，就能塑造成什么形式。"在孩子生活的世界，我们要尽可能地给他们好的教育，美的呈现，经典的呈现。当孩子的心智和判断力渐趋成熟时，再逐步向他们开放成人的世界。

四、实践立场原则

（一）课程在实践中实施

实践是人成长的生命之根，是人类的存在方式。人在实践体验中形成自我意识，形成人的独立精神，获得人独特的主观世界。"学习活动总是置身于社会和文化的实践中，一个学习者可以等同于是'一个人参与于一种实践中'。"新六艺课程秉承杜威"做中学"的观点，认为教育必须让孩子的身体参与学习；教育是人与人的交往。

（二）课程在实践中生成

核心课程中的学科综合实践活动，如"我与自己""我与自然""我与社会""我与世界"的主题综合实践等课程，注重的是在与自然、社会的亲密接触中，发展孩子基于问题对各学科的知识、技能、方法综合运用的能力。此类课程从问题的提出、课程的主题，到小组合作、问题解决、成果展示都由学生在实践中生成，更能满足孩子们个性化的需求。

第三章

新六艺课程体系

第一节 构建目标体系

在全球化、信息化的大背景之下，科学技术和人力资源已成为社会经济发展的战略资源。特别是人类进入21世纪后，世界各国为应对社会经济竞争纷纷开始调整教育的发展思路，教育改革风起云涌，教育质量观随之发生了巨大的变化，各个国家开始尝试建立符合本国国情的核心素养框架体系。在这样一个环境之中，博才小学的选择是：要立足于人的整体发展为未来社会培养有用人才。于是，基于核心素养的课程体系重构就成为撬动学校改革的引擎。

一、博才学生核心素养

核心素养是为了促进社会与个体的健全发展，每一个个体必须达到的共同关键素养。美国"21世纪技能"体系主要包括生活和技术技能，学习和创新技能，信息、媒介与技术技能三个部分。每一项21世纪核心素养的落实都依赖核心学科知识的发展和学生的理解。核心科目包括英语、阅读和语言艺术、外语、艺术、数学、经济、科学、地理、历史、政府与公民等。在保留传统核心课程的基础上，增加了5个跨学科的21世纪议题：（1）全球意识；（2）理财素养；（3）公民素养；（4）健康素养；（5）环保素养。

美国"21世纪技能"值得我们借鉴的是：

（一）核心素养的落实离不开核心基础课程的学习理解，保留少而精的传统核心科目，能确保学生拥有稳定的基本知识结构；

（二）为培养学生综合运用学科知识的能力，可设计与核心科目相融合的跨学科综合实

践活动;

（三）要重视创新能力，信息、媒介与技术等素养的培养;

（四）重视生活与职业技能的渗透学习。

2014 年，我国教育部出台了教基〔2014〕4 号文件，明确了"学生应具备适应终身发展和社会发展需要的必备品格和关键能力。突出强调个人修养、社会关爱、家国情怀，更加注重自主发展、合作参与、创新实践"。2016 年 9 月，北京师范大学研究团队提出了中国学生核心素养，以培养"全面发展的人"为核心，分为文化基础、自主发展、社会参与三个方面，综合表现为人文底蕴、科学精神、学会学习、健康生活、责任担当、实践创新等六大素养，具体细化为国家认同等十八个基本要点。2017 年 9 月 24 日，中共中央办公厅、国务院办公厅印发的《关于深化教育体制机制改革的意见》中提出，教育"要注重培养支撑终身发展、适应时代要求的关键能力"。关键能力包括：认知能力、合作能力、创新能力、职业能力。北京开放大学褚宏启教授认为不管用"核心素养"还是"关键能力"来表述，其最终指向的都是"重点发展什么"。

综合参考比较世界各国关于核心素养的研究成果，贯彻落实中国课程改革要求，结合小学生的特点，博才小学提出六个适用于博才学生的核心素养，即：审美雅趣、科学精神、学会学习、健康生活、学会交往、创新实践。其中审美雅趣、学会交往这两个核心素养对比中国学生素养的提法切入点更小，期望通过审美、交往来逐步培养孩子们的人文积淀、人文情怀，以及合作交流、社会责任、国家认同、国际理解等素养。核心素养在"新六艺课程"的三级课程中具体分解如"表 3 - 1"所示。

表 3 - 1　"新六艺课程"核心素养分解表

核心素养	课程层级	课程版块	课程素养
审美雅趣 科学精神 学会学习 健康生活 学会交往 创新实践	核心课程	品德	具有良好品德、行为习惯、积极的个性心理品质和健全人格，能自我完善、融入集体、热爱生活
		艺术	感受美、品鉴美、创造美
		健康	热爱运动、具有一定的运动素养，养成运动习惯;热爱生活，有生活情趣，懂得自我调适
		科学	敢于尝试、乐于创新，能运用一定的信息技术、媒介及科学知识与方法解决问题
		语言	热爱语言文字，有较强的听说读写能力，能掌握并运用学习语言的方法品鉴文学作品、创意表达
		数学	在学习、运用数学基础知识与基本技能的过程中，逐渐发现数学之美、发展数学思维、积累数学方法，并运用数学思维、方法解决生活中的问题

核心素养	课程层级	课程版块	课程素养
	主题课程	我与自己	在活动中发现、认识自己与他人，并较好地悦纳自己、调适自己，与他人友好相处
		我与自然	在亲近自然的过程中回归自然，与自然和谐相处
		我与社会	在社会实践活动中合作探索，了解社会、融入社会，学会责任与担当
		我与世界	通过游学等国际交流活动，了解世界，拥有开阔胸襟、开放思维、国际视野
	个性课程	兴趣课程	采取自由选择的方式参与学习，发展兴趣爱好
		社团课程	以自由组合的形式，自主开展活动，提升交往、合作、综合实践、创新能力

二、"新六艺课程"目标体系

根据前文所述，博才小学确定"新六艺课程"的总目标是：让每一个孩子积极地走向世界，在自主中成长为更好的自己。

"每一个孩子"是教育的对象，面向每一个孩子也是教育者的情怀与责任。"积极地"是孩子的生命状态——自由、愉悦、舒展、向上、向前。"世界"是孩子的生活空间，也可狭义地理解为课程。孩子是社会的人，终究要走向社会，走向世界，其本身也是这个世界的一部分。"自主"是孩子的成长途径，包括自我意识构建，实现自我教育、自我完善、自我发展。"更好的自己"是孩子的成长目标，这个目标是"人格＋学力"，最终成长为独立的人、健全的人、自由的人、社会的人。

在总目标的引领下，每一学段依据孩子的年龄特点也有着各自的分目标，见表 3 - 2。

表 3 - 2　学段目标分解表

学段	目标
低（一、二年级）	开启兴趣、养成习惯、扎实基础、培植特质
中（三、四年级）	培养乐趣、夯实习惯、深耕基础、深植特质
高（五、六年级）	激励志趣、践行习惯、拓宽基础、彰显特质

第二节　课程定律

一、尊重自选

当孩子有了选择课程的体验时，责任也会随之而生。责任让他开始对选择保持谨慎的态度，对自己的需求有较为清晰的认识，同时也会对学校课程的目标、内容、时间分配、评价等方面有一个理性的分析权衡，最终做出决定。课程的多样性给了孩子更多选择的空间，但对于学生个体而言，课程并不在多而在于精。

二、充分体验

从孩子的成长特点来看，首先是体验世界，然后才是认识世界，引领世界向前发展。美国教育家杜威用"做中学"的观点为方法与目标的一致性提供了路径。体验可从两方面来理解：其一，教育是人与人之间的交往过程；其二，让孩子的身体参与学习。

在新六艺课程中，孩子们通过项目合作、活动开展等方式体验学习，从而为孩子的未来人生，为国家、社会培养合格公民奠定基础。

三、适当留白

实现孩子更好的发展，需要有优质的课程。但课程不在多而在于精，要给孩子选择的自由。关于如何理解孩子的学习，湖南师范大学刘铁芳教授认为非理智化（非体制下）的学习更贴近孩子的本真，贴近孩子的自我天性，这种学习方式更自在，记忆更深刻，使孩子在理智化（正规体制下）的学习中被弱化的功能得到强化。所谓"留白"是指的三个方面：

时间留白。学校在时间上要给孩子独立的、自由支配的时间。

空间留白。校园中，特别是寄宿学校要为孩子们多留一些自主开发的秘密基地。因为当孩子有了秘密之后，他在守住秘密的同时就体会到了"身体的我"与"意识的我"的分离，从而建立自我意识。

内容留白。并不是所有的课程都一定是预先设计好的，其实有很多的课程是生成性的，孩子也是课程的设计者。

学生作息时间是课程有效落实的保证，而灵活、富有弹性的时间设置不仅要满足学科学习的要求，还应当适应学生的认知规律和身心特点。心理学研究表明，儿童的注意力有年龄特点，越小的儿童注意力越差，且被动注意越占优势。6—12岁儿童被动注意和主动注意均有所增强，并能逐渐把注意力更多地与学习相连。但是，与成人相比，他们注意力的稳定性较差，容易分心，集中注意的时间与儿童需注意的内容和形式有关：一般7—10

岁约 20 分钟，10—12 岁约 25 分钟，12 岁以后 30 分钟以上 。

　　基于此，并结合小学生用眼的卫生要求，学校尝试进行长短课时的安排。必修课设置时长为 35 分钟，写字课安排在中午午读前 10 分钟（学校开展了"每天一练习、每周一研讨、每月一展示、每期一评比"书法教学活动，每天午休后给孩子们 15 分钟的书法练习时间，结合语文课堂教学，感受中国汉字的形体架构之美与汉字文化魅力）。经典诵读安排在早自习前 15 分钟，有声阅读则安排在午寝晚寝前 20 分钟，兴趣课时长为 60 分钟。延长大课间的时间（40 分钟）和课间餐的时间（20 分钟）。课程长短时间的安排，针对其特点量体裁衣，既没有延长学生整体学习时间，又注重了劳逸结合，为学生腾出更多的户外活动时间，延长了教师对学生个别化辅导的时间，满足了学习的持续性和反复性需求。课程时间设计表如"图 3－1"所示。

7：00—7：30	早饭前（30分钟）	晨练
8：00—8：15	早自习（15分钟）	诵读课程READING
8：20—11：40	上午	核心课程MAIN
14：00—14：15	中午（15分钟）	习字课程WRITING
14：20—14：55	下午（第1节35分钟）	核心课程MAIN
15：05—15：25	下午（第2节20分钟）	阅读课程READING
15：25—15：35	下午（第3节10分钟）	暮省课程
15：55—16：55	下午（第4节60分钟）	
	一、兴趣课程（社团课程）ELECTIVE（ASSOCIATIONS）	二、进阶课程ADVACNED 1. A、B、C自助课程 2. 1对1课程 3. 自修课程

每周N个社团展示秀（选修展示秀），每半学期一个主题实践课程周。

图 3－1　"新六艺课程"学习时间设计图

　　从课程时间设计表可看出，除核心课程外，诵读、习字、阅读等课程是博才学子每天的必修内容。除此之外，进阶课程也是孩子每天必修的内容，只是进阶课程给了孩子多种选择的空间。孩子会根据自己当天的学习状况自由选择参加一种阶梯课程针对班，既可以选择互助课程，也可选择 1 对 1 的辅导，更可以选择自修。

　　每周学校可根据社团或兴趣班的申报情况，开展 N 个展示秀。每学期会有一至两个主题实践活动周。从作息时间的安排来看，孩子们每天有近两个小时的自由活动时间，一年级孩子则达两个半小时。

　　给孩子自由，就是保持孩子自我创造的可能性。但这种自由是有教育文化引领的，并不是简单地放任学生发展，或是简单地以学生为中心。正如华东师范大学叶澜教授所说："给孩子机会却不做引导的教育并不是完整的教育。"

第三节　课程构架

"新六艺课程"体系由核心课程、主题课程、个性课程、助力课程四部分组成。

一、核心课程

核心课程的主体是国家基础课程，它是在为孩子打根基，因此每一个孩子都要学习，做到全面发展。我们依据学科素养培养要求将学科优化整合为品德、艺术、健康、科学、语言、数学六大课程版块。每一个课程版块又延伸出融入学校特色、本土地域文化的学科延展课程。

为了让每一个孩子能系统地掌握学科知识和技能，建立起对每一个学科体系的认识，核心课程仍然以传统的分科教学为主要的教学形式，只是在学科教学中渗透横贯能力的培养。

二、主题课程

主题课程是从六个版块的核心课程中提取综合实践活动的六艺元素，这个课程已经完全打破了学科之间的壁垒，主要是发展孩子的横贯能力，实现孩子和谐发展。

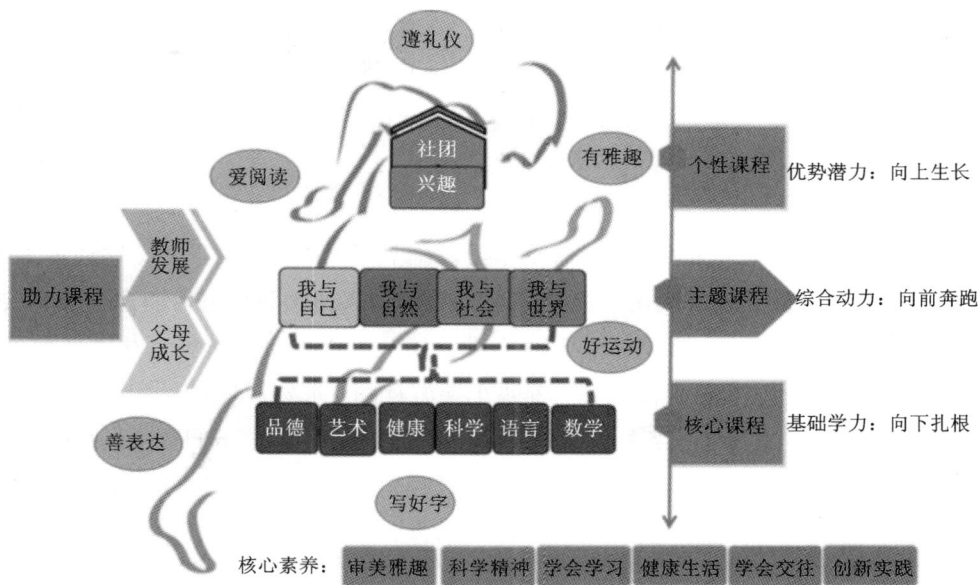

图 3-2　新六艺课程体系框架图

主题课程分"我与自己""我与自然""我与社会""我与世界"四个主题实践活动方向，每学期开展一至两个主题实践活动，每个主题实践活动用一周的时间来完成。主题实践活动主要围绕自我导向性学习开展综合实践活动，其课程具有生成性、综合性、实践性的特点。如"图3-3"所示。四个主题方向分别用四种不同的颜色来表示，代表不同意向。"我与自己"主题方向用绿色表示，代表"悦纳"，引导孩子们在活动中认识、发现自己与他人，并较好地悦纳自己，与他人友好相处；"我与自然"用橙色表示，代表"和谐"的意向，让孩子们在亲近自然的过程中回归自然，与自然和谐相处；"我与社会"主题方向用蓝色表示，代表责任，通过组织孩子们走进社会，开展社会实践活动，从而慢慢了解社会、融入社会，学会责任与担当；"我与世界"主题方向用紫色表示，代表"开放"的意向，主要是通过游学等国际交流活动，让孩子们了解世界、走向世界。

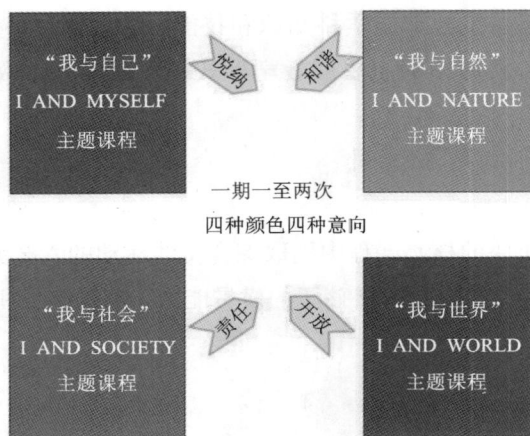

图3-3 主题课程构架图

三、个性课程

个性课程是学生在六个版块核心课程的学习基础上一种纵向深度学习。它通过兴趣课程与社团课程来满足孩子们个性化学习的需求。学校的兴趣课程，包括创意美劳、烘焙、国际象棋、笛子、民族舞、足球、剪纸等40多项，孩子们可以自由选择，发展兴趣爱好。社团课程包括护绿社团、安慰天使社团、校园小导游社团、水资源保护社团、金话筒朗诵社团、大嘴英语社团、志愿者服务社团等20多个课程，主要通过孩子们自主选择的方式开展活动。个性课程以有意思和有意义的价值取向吸引学生，实现孩子的自由发展。

四、助力课程

课程目标的最终达成是离不开教师的引领以及家长的陪伴的，因此在学校已有的立足于学生发展的课程基础之上，还构建了教师发展、父母成长两大助力课程系统。通过教师理念的更新、专业的发展，以及父母育儿理念的转换、方法的改变来助推孩子的成长。

五、课程层级之间的关系

新六艺课程吸取了古代六艺的精髓，但对古代六艺有新的诠释和新的发展。具体来说，"新六艺"包括六个核心素养、六个课程元素、六个学生特质。新六艺课程旨在培养舒展、和谐、自由、积极的全人，六个核心素养是引领人发展的"道"层面的东西，是课程构建的内部逻辑线索，具体到某一个人时也可以看作是人的"灵魂"。六个课程元素是将核心素养落地的载体，是课程构建的基础，如果六个课程元素是"一"，那么新六艺课程体系则是这个"一"生出来的"三"甚至是万物。六个学生特质则是博才小学的学生在新六艺课程滋养下呈现出来的六个外显的特征或者说是"长相"。

第四节　六个学生特质

新六艺课程站在全人发展的角度，面向每一个孩子，促进孩子的全面发展。通过课程六年的浸润，每一个孩子从博才毕业之后，他的身上会有着博才学子的特质，即：遵礼仪、爱阅读、善表达、写好字、好运动、有雅趣，这六种能力为学生与外界交往、向内发展、过健康而有情趣的生活打底，也是学校教育交给孩子打开未来之门的钥匙。

一、遵礼仪

中国古代哲学家们认为，伟大的变化恰恰发生在日常生活层面，只有植根日常生活，留意那些微小的细节，才能真正改变自我、改变世界。孔子就主张通过修身的方法，来塑造更完善的自己。如何用中国古代哲学的思想，改善我们的道德教育？我们认为，施行真正的礼仪教育，至少能帮助孩子学会在今后的人生岁月中，改善自己和他人的关系。

博才小学结合校训"知书达礼"，开设了礼仪课程。博才教师从国学经典出发，向古人寻求做人做事的智慧，自主研发校本课程"博才十礼"。"博才十礼"主要从仪式、交往、学习、生活四个版块，囊括了周会礼、庆典礼、祭奠礼、求学礼、交谈礼、行走礼、借赠礼、着装礼、就餐礼、如厕礼这十个礼仪。为了让孩子们轻松记住"博才十礼"的主要内容，老师们将每一礼的具体行为准则创编成活泼有趣、朗朗上口的三字经，使规则与要求真实可爱地回归于孩子们的生活。比如周会礼中对升国旗的要求这样写道：升国旗、要肃立、唱国歌、行队礼、衣冠正、要得体、红领巾、胸前系。要求明确、具体，一目了然，符合孩子们的认知特点。再例如礼仪教材资源包中的每一课都设置了这样的几个环节——"小菠菜读国学""小菠菜习礼仪""小菠菜这样做"，使孩子们在习得相关礼仪知识的同时，还能在实践感悟中自我教育、自我完善。

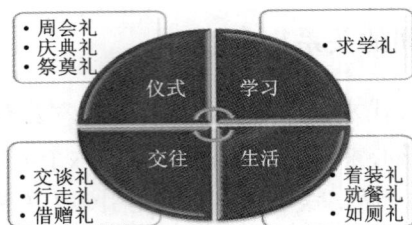

图 3 - 4　"博才十礼"架构图

"知书达礼小菠菜"争章行动，是一项博才孩子人人参与的活动。每月由学校教育处开展礼仪小讲坛，推出每月礼仪争章内容及细则，给每个孩子一个向上的力量和向善的方向。开笔礼是博才教师送给全体一年级孩子的第一份礼物。隆重深情的毕业礼也成为博才学子的必修课。就这样，孩子们在周会礼、庆典礼、祭奠礼、求学礼中体验生命的庄严；在交谈礼、行走礼、借赠礼中体验生命的真诚；在着装礼、就餐礼、如厕礼中体验生命的优雅。文化大家辜鸿铭先生就曾经说过，真正的礼仪，本质上是对他人感受的体谅。或者换句话说，礼仪是让我们设身处地体验他人的处境，感受和理解他人的情感，达到"共情"。

二、爱阅读

阅读是博才小学师生学习生活的重要部分，是节律呼吸的生命状态。学校期待孩子们能在童年时走进这扇门，以幸福的姿势和心境开始阅读，开启高贵的旅行。

经典久至几千年，近达上百年，博大而精深，为了给孩子们挑选合适的阅读内容，老师们决定站在巨人的肩膀上思考。比如国学经典诵读，老师们结合学校多年实践为孩子们选定了诵读书目，分年级、分类别。其中国学经典一、二年级以蒙学为主，三、四年级选择经书，五、六年级为子史，各年级还补充育灵童《国学》教材，满足了孩子们精读与泛读的需求。

晨诵，早自习前"十分钟经典诵读"开启了孩子们每天美丽的阅读扉页。课吟，指的是课前一分钟诵读。寝闻，每天中午午休前二十分钟，晚睡前二十分钟，学生伴随着有声阅读入眠。一段国学经典诵读、一个有趣生动的故事、一曲悠扬清新的古乐，伴随着这种妈妈般温暖的"轻阅读"，孩子们安然入睡，寝室生活温馨雅致。暮览，持续多年的晚自习前20分钟默读让学生在这种春风化雨般的浸润中继续生发。周日晚的电影拓展阅读、各学科延伸阅读更是给了孩子们一个立体的阅读感受。漂流图书馆、"书香城堡"自选书屋、班级书架是孩子们闲暇时最喜爱的去处。看书不受限制，阅读随时发生。

博才的老师们为了让孩子们亲近经典，提出让孩子的身体参与阅读的理念。比如，一年级新生入校第一天，在达礼堂举行入泮礼，点朱砂、击鼓明志、祭拜孔子，引领孩子梦想起航。在"阅读，猜猜我有多爱你"书香节中，各年级开展了阅读护照制作、书签制作、"我和菠菜园"故事演讲、跳蚤书市、书虫寻宝、课本剧表演、图书漂流、春天送你一首诗、为你读书等活动。班级读书会则通过师生共读、主题阅读、群文阅读，追求"书到精绝潜心读，文穷情理放声吟"的境界。"我的阅读成长园"阅读手册中的自主阅读园、亲子阅读园、美文背诵园、阅读积累园、阅读活动园记录的则是学生阅读成长的轨迹。长年累积，经典已经和博才学子们的生活融为一体。每日三读、每课一练、每月一查、每期一赛、每年一演，让博才孩子们在活泼新颖，充满童趣的读书活动中，思想得到碰撞与交流，辨析和逻辑思维能力也得到全面培养。

三、善表达

上述阅读重在内向吸收为主，表达则指向的是外在显现，说的是人们用语言文字、动作、表情等方式把自己的思想、情感准确清晰地传递出来的能力。其中语言表达（口头表达）、文字表达（书面表达）是最为通用、重要的表达能力。

口头表达能力很重要。随着社会的发展，尤其是在当今全球化发展的背景下，国与国、人与人之间的合作交流愈来愈频繁，"能说会道"成为交往的关键本领。在学校，语文学科肩负着培养、提升学生口头表达能力的重任。以语文课堂为根本，老师们秉持"用语言、提能力"的观念，将课堂技巧训练和单元"口语交际"作为重点，日复一日对学生进行基本表达能力的训练，涉及表达的准确性、条理性、流畅性以及善于倾听等方面。

同时，基于在具体的环境中运用语言的理念，语文学科以活动化的方式引导学生大面积、沉浸式地参与到口头表达能力的训练之中：低年级学生以"童谣传唱"的方式感受语文的魅力，通过字正腔圆的朗读、诵读，为准确、规范的口头表达打下基础；中年级以"我是故事大王"为载体，重在引导学生创造性地讲述故事，即在故事讲述过程中合情合理地加入想象的成分，为口头表达的思辨铺下底子；高年级则开展辩论赛，进一步提升学生准确、有针对性、有创造性、有思维度的高水平语言运用能力。与此同时，老师们充分利用课前一分钟、岗位竞选、我做父母的小老师等多元方式提升学生口头表达能力。当然，口头表达能力是语文学科的一项重要能力，但也会在其他学科的学习中不断得到运用和提升，如数学课堂中学生绘声绘色地讲述数学绘本故事，科学课上学生们争先讲解科学实验的步骤与方法。

诚然，口头表达和书面表达都以语言为基础媒介，但二者并无一致相关性，口头表达能力优秀不一定书面表达优秀。在提升学生书面表达能力方面，学校正在探索地走一条"读—感—写—思"的写作之路。读，即承接上文的"爱阅读"，"读"对"写"的作用不言而喻，在此不赘述。感，即向内感受个人内心世界，向外感受外在生活。写，即把写作看成一种技巧，拳不离手、曲不离口，在笔耕不辍中提升表达技巧。思，则强调文章表达有个人独特的视角、鲜明的风格、核心的价值体现等。在学校的书面表达能力提升系统中，以上四个层面的内容可单独操作，也可统整进行。以"感"为例，学校通过"校园记者"这一平台，带领学生走出校门，走入社会，去到工厂、企业、政府机构、公共文化服务机构等场所，不断开阔眼界、不断丰富对社会、世界的认识，不断在"刺激中"打磨心灵、提升敏感度，在"有感而发"中真实地进入写作状态。将书面表达生活化也是学校一直坚持的。如，建设校园嫩芽儿文学社，引领一批学生投入到更高层面的写作活动当中来；打造博才诗院，引导"天生就是诗人"的儿童参与到童诗写作；在"小小城市规划师"我与社会主题课程中，学生人人参与到"小区建设我做主"调查研究类文本写作当中来。

除主渠道语文学科外，英语学科也承担着学生表达能力提升的责任。其能力提升方法与语文学科本质上相同，但方式方法稍有差别。它更加强调学生"表达自信"的培养，即鼓励学生在各个场合敢于用英语进行表达，以不断提升英语表达能力。学校从一年级开始便开设了英语课程，并通过英语角为孩子们提供了口语交流的平台，每周一期的"大嘴英语"向孩子们传递英语母语国家的文化风俗，每年一次的国际交流更是给了孩子们一个运用英语走向世界的通道。

四、写好字

汉字是我们中华民族的瑰宝，蕴含着中华民族几千年的汉字文化思想，传承弘扬汉字文化是语文课程的重要使命之一。同时，汉字也是一种重要的交际工具，通过它文化得以传承与传播。汉字还是学习其他课程的基础工具。因此，热爱祖国文字，养成良好的书写习惯，能熟练掌握书写技巧，具有初步的书法品赏能力，是每一位中国公民应该具备的素养。

博才小学结合小学语文新课标要求拟定了博才小学学生写字的目标，如表3-3所示。

表3-3　博才小学学生写字目标

学段	目标	要求
低	正确	写字姿势正确；学习用铅笔在田字格中写字，笔顺正确，间架结构合理，错误率保持在4%以下，写字速度每分钟不低于9个字；横平竖直，字体稳定，比例合适，部件之间有穿插和宽窄、高低之分
	规范	
	美观	
中	正确	写字姿势正确；开始学习在横格中写字，错误率3%以下，写字速度每分钟不低于12个字；学习用毛笔临写正楷字帖，掌握读帖方法和写字技巧；笔画到位，字的各部分大小合适，比例协调，部件之间富有变化、穿插
	规范	
	美观	
高	正确	写字姿势正确；不使用橡皮，学习使用并少用修改符号修改错误，写字速度每分钟不少于20个字；学习用毛笔书写楷书；字体端正，结构严谨，行笔流畅，结构和笔法有个性，工整美观
	规范	
	美观	

写一手规范字，是教师必备的基本技能，更是自身素养的深度体现。每一位教师的课堂板书、作业批阅就是给学生的书写示范。为此，学校不仅有对语文教师的专业书写培训，更是加大了对各学科教师的书写技能培训。通过每期1—2次的培训学习，教师的书写能力普遍提高，也为学生书写技能的培养打好了基础。

根据新课标的要求，每节语文课中老师都要安排学生写字的时间。除此之外，学校还在每天中午午读之前的15分钟让学生自主临帖练字。学生在语文课程中习得的识字、写字方法，会在其他科目课程中进行强调和巩固，日积月累、常抓不懈，书写方法才会融会贯通，提笔即练字的写字习惯才得以养成。每周教室的墙壁上会展出每一个孩子最得意的作品，供大家相互交流学习。除开习字教学外，学生可以在兴趣课程中以社团的方式参与到高阶硬笔、软笔书法的学习中来。学校还为在书法方面有更高追求、特殊造诣的学生，以"My秀"的方式提供展示、成长平台。"作字如人然"，在书写教学过程中，教师也不断渗透"方方正正写字，堂堂正正做人"的道理，在书写教育中感受汉字艺术之美，陶冶纯真性情，锻造高尚人格。

五、好运动

拥有健康的身心是我们每一个人追求幸福生活的基础。"体育具有改变世界的力量，体育也具有改变人生的能力。"这也是为什么从建校以来，博才小学始终将体育作为孩子们核心课程的原因所在。

"享受运动，快乐健身"是博才小学体育的宗旨，也是一种生活哲学。好运动应该表现为让学生在拥有强健体格的同时，拥有健康性格、完美人格，即使将来孩子们离开了学校，还始终具有运动的兴趣，保持运动的习惯，拥有运动的技能和阳光的心态。博才小学的体育有着三重境界，那就是：力、美、魂。第一层境界，以体育之力，强健体格。即通过运动使孩子们具有健康、健美、协调、灵敏的体格。第二层境界，以体育之美，完善性格。在运动中，孩子们会逐渐形成拼搏、自主、果敢、热情的性格。第三层境界，以体育之魂，完美人格。在体育文化的熏陶中，孩子们拥有开放、包容、合作、进取的体育精神。

基于以上思考，博才小学提出小学生"一日SPORT"运动方案，此方案是根据寄宿制学校的作息时间安排，科学合理地设计学生一天的运动内容，包含学生参与的晨练、大课间活动、体育课堂和课间自选体育活动（课间十分钟、文体活动）。SPORT，不仅只是"体育"这一词的英文翻译，更包含着Scientific、Personality、Outstanding、Resourceful、Training这五个方面的丰富内涵。

Scientific（科学）：是指校园体育活动的开展随季节的更替、天气的变化、场所的改变科学地调整运动项目和运动时间等。同时，将人体运动科学的相关内容融入体育活动和体育教学之中，帮助小学生科学地进行体育锻炼，从事适合自身条件和兴趣的体育活动。

Personality（个性）：是指尊重学生个体差异和兴趣爱好，不拘泥于形式和教条，让不同层面的学生根据自己的喜好和能力选择相应的项目，实现自己的优势发展。

Outstanding（杰出）：是指通过体育活动的形式培养学生的竞争精神和团队精神，培育学生对个体成就与集体荣誉的雄心，为他们未来成为杰出人才打下良好的基础。

Resourceful（多元）：是让学生在紧张学习之后能放松精神、放松身体，以创新的组织形式，丰富的活动内容，充分调动全校师生的参与积极性，开发学生潜能，使学生热爱运动，享受锻炼。

Training（技能）：科学安排课程内容，在训练学生全面掌握走、跑、跳、投、翻滚等基本运动技能的基础上，训练学生专项运动能力，让学生掌握至少一项运动技能并发展为特长、终身受益。

通过"一日SPORT"运动方案的实施，每一个孩子都能从全覆盖、多选择的运动学习网络中发现自己的兴趣爱好，找到适合自己的运动方式去保持持久的运动习惯。后附案例介绍。

六、有雅趣

雅趣，从字面上来看是风雅的意趣，在这里可狭义地理解为包括器乐、舞蹈、绘画、陶艺、手工、茶艺、收藏等在内的与人文艺术相关的高雅情趣。

雅趣对于一个人的成长影响可从两个方面来理解。其一，雅趣也许会决定人今后的走向，甚至是人生方向。学校课程所能做的就是给孩子们提供尽可能多的选择空间，让他们去接触，去发现，去体验，这种学习是一种尝试性的、没有压力的自主式学习。其二，雅趣对人的心理有调节作用，影响人的生活方式。教育的本意是引出，引出潜藏在孩子内心的智能，对美的感知、品鉴、创造。能将雅趣与将来的职业结合固然是完美的结局，但绝大多数时候，这是一种理想。即便雅趣未能成为终身职业，但人们可以在累了、倦了的时候，逃到雅趣的怀抱，休息调整，而后积蓄力量、重整旗鼓。有了雅趣，人们会感觉日子快乐而充满希望。

和其他几个特质不同的是，核心课程、主题课程的主要作用是引导学生自主发现自己的雅趣，而个性课程中的兴趣课程才是雅趣的主要学习、提升平台，社团课程特别是"My秀"就成为学生雅趣的展示平台。每一位博才学子在小学期间至少要找到一项雅趣来丰富自己的生活。

附：

"好运动"特质实施案例

在现代教育观念中，学习的内容越是贴近生活，学生就越是容易接受。不仅语文、数学是这样，小学体育教学同样也是这样。教材要符合儿童特点，内容贴近他们的生活，教的内容是他们平时熟悉的，游戏的方法是他们喜欢的。比如一到二年级要突出游戏化；三到四年级要突出生活化；五到六年级要重视运动技术或体育能力的初步培养。基于这样的考虑，博才小学体育教研组在已有框架的基础上，设计了"一日 SPORT"多元化的活动体系。

1. 晨练

晨练是"一日 SPORT"活动的第一环，一般安排在早上 7:00—7:30。这段时间，早晨室外空气新鲜，空气中的负氧离子含量相对较高，它通过呼吸进入人的体内，使人的支气管平滑肌松弛、红细胞沉降率变慢、凝血时间延长、血糖和容易引起疲劳的乳酸下降，对心、肺、肝、肾、脑等组织的氧化过程具有催化作用，能稳定人的情绪、改善人的睡眠等。从人体的内环境说，早上起床后是机体新陈代谢最活跃的时候，长期坚持运动，就等于给机体进行着健康充电和增加着生命力的储蓄。

表 3-4　晨练活动项目表

1	2	3	4	5
跑步＋仰卧起坐	迎面接力	游戏/贴膏药	跑步＋柔韧练习	跳短绳
6	7	8	9	10
跑步＋各套广播体操	排球传球	游戏/大渔网	跑步＋踢毽子	跳长绳
11	12	13	14	15
足球运球接力	排球垫球	起跑游戏/拉筋	跑步＋腿部练习	慢跑
16	17	18		
室内（萝卜蹲＋抓手指）	篮球运球接力	跑步＋俯卧撑		

2. 大课间活动

大课间活动是"一日 SPORT"活动的中间环节，一般安排在上午 9:50—10:25。之所以这样安排，是因为此时学生的大脑已紧张地工作了约 2 小时，维持大脑工作的主要能量来源——血液中的葡萄糖的浓度由 120 mg/dL 降到了 60 mg/dL，大脑反应迟钝，思维能力变得很差。如果此时适当地进行一些体育活动，就可以提高神经活动的灵活性，增强体力以及神经系统调解肌肉关节活动的能力，一方面节省人体能量的消耗；另一方面促使心肺功能迅速回升，血糖浓度得以调整。通过大课间活动使学生身体各部分得到舒展和活动，解除由于长时间的坐姿学习状态引起的不良反应，促进血液循环，使大脑得到充分的血、氧供应，从而提高后几节课的学习效率。此外，大课间活动还有利于消除学生因连续学习，用眼时间长而产生的视力疲劳，使眼睛得到适当休息，减少不良视力的发生率。整个大课间活动的环节都在音乐下进行，由进场、队列练习、武术操、街舞、跑操及退场六部分组成，历时 40 分钟。具体的室内外活动时间与设计安排详见表 3-5、表 3-6。

表3-5　室外大课间活动设计安排表

时间	活动顺序	运动强度	项目内容、组织形式
9:50	进场	弱	播放运动员进行曲，学生有序进入操场
9:50—9:55	队列练习	弱	教师指挥学生原地转圈、原地踏步，学生跟做并大声呼号
9:55—10:00	武术操	中	《旭日东升》武术操
10:00—10:10	街舞	强	自编街舞
10:10—10:20	跑操	强	跑操练习
10:20—10:25	退场	弱	听音乐踏步放松，根据指定路线整齐退场

注：冬季大课间活动，学校会将跑操和街舞的顺序对调，这样有效避免了因天气寒冷，学生出现体育锻炼的消极性。为了让学生运动量和时间得到保证，不受季节、气候变化的影响，学校还自编了室内操。

表3-6　室内大课间活动设计安排表

时间	活动顺序	运动强度	项目内容、组织形式
9:50	准备部分	弱	打开多媒体机，椅子放置课桌下，领操员领操
9:50—10:05	自编操（一）	中	《加加油》在轻快的节奏中，强化身体素质
10:05—10:20	自编操（二）	中	《左手、右手》在轻缓的节奏中，进行身体牵拉

为了提升大课间活动的质量，体育组制定了课间操要求和评分细则。比如出操各班必须全体同学和班主任到场，班主任不能到场必须委托其他组织老师到场；入场须速度快，服装整洁，不穿拖鞋背心等不利于运动的服装等。

3. 体育课堂

在晨练和大课间活动之外，体育课堂是"一日SPORT"活动最为重要的一部分。学校设置体育课堂的目的，在于培养学生积极参与各种体育活动的兴趣并使其基本形成自觉锻炼的习惯、终身体育的意识，使得学生具有一定的体育文化欣赏能力，能独立制订适用于自身需要的健身运动处方。我们要求学生自觉通过体育活动改善心理状态、克服心理障碍，养成积极乐观的生活态度，在运动中体验运动的乐趣和成功的感觉。

学校严格落实《关于进一步加强学校体育工作的实施意见》的相关要求，保证小学体育课每周4课时，按照课程计划上好体育课，切实保证学生每天一小时校园体育活动时间。根据《体育与健康课程纲要》，结合学校的篮球特色项目，依据学生的身体素质基础，我们对体育课程进行了优化整合。其中每学期篮球课占整个课时的百分之三十，遵循不同年龄阶段学生的身心发展，实施阶梯目标，将篮球教学深化到课堂之中。课堂的其余部分结合《体育与健康课程纲要》和学校学生的实际情况进行内容重整，设置了课课练和一些常规的教学内容。

表 3-7 体育课堂活动安排表

课程		内容	素养发展水平
篮球	水平段	水平一：各类灵活性协调性脚步、原地左右手运球、往返运球、八字运球、篮球游戏	通过游戏活动，在动中玩，在玩中学，发现与获得学习方法，从中得到乐趣
		水平二：后撤步运球、运球接力、投篮比赛、直线运球急起急停、行进间双手胸前传接球	以球性学习为兴趣，原地运球为基础，行进间运球为掌握点，通过原地双手胸前传接球来提高学生的控球能力
		水平三：单手肩上传球、行进间传接球上篮、攻防练习、三步上篮	学生在一定的竞争环境中学习，掌握双手胸前传接球、综合运球、单双手投篮、多点三步上篮，并进行教学比赛、攻防战术学习等
课课练		高抬腿跑、30—40 米快速跑、连续单足交换跳等	发展速度
		俯卧撑、引体向上、双杠支撑移动；各种跳跃练习、深蹲、鸭子步立卧撑等	发展上下肢力量
		两分钟跳绳、计时跑、变速跑、定向越野跑	培养耐力
		急起急停跑、折返跑、快速绕杆曲线跑；坐位体前屈、横竖叉、各种压腿等	培养灵敏性、柔韧性
国家基础课程		球类、武术操、健美操、花式跳绳、国家规定的有关项目等	培养体育兴趣，树立终身体育的思想

4.橙色篮球节

橙色是黄色和红色的混合色，属于激奋的色彩之一，代表温馨、活泼、热闹，给人以明快的感觉，博才的篮球节取名"橙色"正是取其活力、热情之意。每年 3 月开幕，一直持续到 6 月的"橙色篮球节"无疑是校园里最热闹的节日，也是孩子们认识篮球、接触篮球的最好平台。

橙色篮球节上，学校将原汁原味的篮球文化通过班际篮球赛、啦啦操比赛、篮球绘画展、"篮球故事"作文大赛、NBA之夜等八大版块——展示，让学校里的每一个孩子都能感受到一场"篮球风暴"。

①班际篮球赛

班际篮球赛是三到六年级孩子们的"战场"。橙色篮球节上，4 个年级、30 多个班级的男子和女子组的小队员们，先后经过小组循环赛、交叉淘汰赛和决赛等三轮近八十场比赛的较量，最终决出每个年级的冠亚季军。

②啦啦操比赛

啦啦操比赛是高年级女孩子们展现活力与美的"舞台"，更是孩子们开动脑筋、发挥特长的重要比赛。每个班级的啦啦操，从人员的确定，到曲目的选择，从动作的编排，到服装的购买，完全都由我校小学生自己独立完成，在啦啦操比赛中，孩子们的自主能力、协作能力和组织能力都得到了很好的锻炼。

③体验解说员和裁判员

解说员和裁判员的"角色扮演"是为没有成为班级篮球队员、没有进入啦啦操队的孩子们设定的可以参与其中的平台。对自愿报名体验解说员和裁判员的孩子，会有专业教练针对不同的体验岗位对他们进行前期培训，让孩子们掌握篮球裁判和解说的基本知识，并在班际篮球赛半决赛、决赛等重要时刻，安排小裁判和小解说员们"上岗"体验。这样既活跃了比赛现场的气氛，也能使更多有才艺的同学亲身参与到篮球赛事之中来。

除此之外，篮球主题绘画展、"我与篮球"征文赛等主题活动将所有的孩子们都吸引到了篮球的"风暴"之中，我们希望通过篮球运动让每个孩子都有闪光的瞬间，都有成功的喜悦，都得到个性的发展，在孩子们的心中种下篮球的种子，在学校形成浓厚的篮球氛围。"人人有表现，个个有舞台"，孩子们可以在篮球运动中找到自信、获得快乐。

5. 课间自选体育活动

晨练、大课间活动和体育课堂都较为强调集体性，虽然学生在体育活动中可以进行一定的选择，但被限定在一定的范围内，为了提供更加丰富的选择，在上述三个环节之外，学校还设置了课间自选体育活动。自选体育活动从学生的角度而言，可以结合"一日SPORT"活动的五个要素(科学体育、个性体育、杰出体育、多元体育、技能体育)，通过以"玩玩团"为代表的课间十分钟活动，让学生学习并坚持练习与自己体质状态相适应的体育运动项目，熟练掌握多项适合自己的、延续性强的体育运动，有计划地参与体育训练活动。从教师的角度而言，则可以通过指导学生创设优化课间自主体育活动形式、内容，使学生乐于参加，并督促自己坚持锻炼。与此同时，自选活动还可以根据学生年龄特点和身心发展的需要，开展适合校情的运动项目，力求以活动立德，以活动辅志，以活动健体，以活动塑美，以活动促劳，丰富校园体育文化生活，促进教师与学生，学生与学生之间的和谐关系，增强学生的合作意识、竞争意识。

课间自选体育活动包括每节课后的十分钟休息时间，以及七节课后的文体活动时间(17:05—19:00)。从人体运动科学的角度看，此时学生的脑力极度疲劳，需要休息；运动中枢极度兴奋，渴望活动。如果此时能适时地进行运动，既能一扫白天的疲劳，又能提高身体的素质，还能赢得晚间强记的旺盛精力，一举而三得。为了丰富学生课间活动，增进学生之间的友谊，学校开展了以"我的地盘听我的"为主题的"玩玩团"活动。

表3-8 自选体育活动一览表

活动时间	游戏内容	运动强度	组织方式	素质发展要求
课间十分钟+文体活动	跳远	中	学生自主组织，自由成团完成游戏	爆发力
	跳房子			平衡感
	摸瞎			方向感
	猜拳踩脚			反应力
	"123"木头人			奔跑能力
	网鱼			模仿能力
	台阶游戏			速度敏捷能力
	夺旗			速度爆发力
	我要夺人			反应敏捷能力
	几号接球			

游戏结束后，学生自评与互评，加强自我认知，增进合作，让游戏富有意义。
以下为部分玩玩团场地设计图。

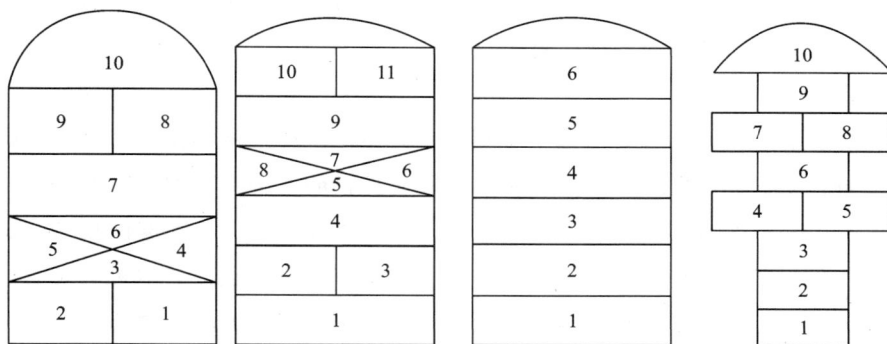

图3-5 玩玩团场地设计图

表3-9 玩玩团部分游戏、场地安排一览表

班级	活动内容(可根据场地自由安排)	场地
二(1)班至二(9)班	跳远、跳绳、摸瞎、跳房子、猜拳踩脚、"123"木头人、台阶游戏、摸高……	教室走廊、新楼内操场、楼道夹层
三(1)班至三(9)班	跳远、跳绳、摸瞎、跳房子、猜拳踩脚、摸高、网鱼、我要夺人、几号接球……	新楼外操场、器材室门口、教室走廊

续表 3-9

班级	活动内容(可根据场地自由安排)	场地
四(1)班至四(10)班	跳远、跳长绳、摸高、网鱼、我要夺人、几号接球……	老楼羽毛球场、行政楼篮球场、田径场、教室外走廊
五(1)班至五(8)班	跳远、跳长绳、摸高、网鱼、我要夺人、几号接球……	田径场、教室外走廊、老楼羽毛球场

在"玩玩团"的实施过程中,全校师生克服了场地小、学生多的困难,因地制宜地开展了各种体育锻炼活动,营造了"人人参与、人人进步,全员参与、全员动起来"的校园体育文化氛围,让孩子们自觉地参与运动,爱上运动;通过运动提高身体素质,享受运动带来的快乐,形成了促进学生健康成长的良好育人环境,培养学生合作、自信、勇敢、公平竞争和团队意识等良好品质,树立了"健康第一"的思想以及终身体育锻炼的意识。

以上的这些活动,不同年级有不同的安排,而且在活动的设置和安排上也相互融合。"一日 SPORT"活动是一个紧密连接的整体,而非分散活动的重叠和相加,教研组通过对时间和空间的安排,对学生在校期间的整体体育活动作实时的调整,并最终形成了多元化的体系,让每个孩子都能找到适合自己的运动。

评价办法:

学生体育教育和活动的评价必须十分精准,既要符合社会和教育行政组织对小学生体育水平的期待,又要与学生的日常生活和学校所能提供的条件相匹配,避免揠苗助长。学生体育素养评价指标既有显性的,如体质检测、身体素质达标等;也有隐性的,如体育价值观、体育态度、兴趣、习惯、能力等。同时,通过评价,教师也能获取教学反馈信息,对自身的教学行为进行反思并作适当调整。因此,完善的评价体系是非常必要的。通过长期的追踪调查和研究,学校在观察与问卷分析的基础上,尝试建立了"一日 SPORT"活动发展评价体系,通过三级指标对本校学生的体育能力作出科学、有效的评估。

表 3-10 "一日 SPORT"活动评价指标体系

一级指标	二级指标	三级指标
笑	运动兴趣与习惯	爱护生命,遵守运动、游戏规则
		积极参与,体验乐趣
		敢于竞争,乐于合作

一级指标	二级指标	三级指标
汗	体能与运动素质、知识技能	具有较强的耐力、速度
		具有较强的柔韧性、爆发力
		具有一定敏捷性
		学习体育基本知识、基础技术和技能
会	素养达成、方法运用	熟练掌握并选择适合自己的、延续性强的体育运动
		培养终身运动的习惯，并积极安排健康生活

第四章

新六艺课程实施四大行动

第四章

第一节　组织转型

"穷则变，变则通，通则久。"（《周易·系辞下》）"新六艺课程"的实施，面临信息化、专业化、民主化的挑战，学校组织转型已"箭在弦上"。结构决定功能，理念决定结构。一所学校的组织结构既折射出学校的教育管理理念，也反映着学校的价值追求。博才小学按照"高站位决策，低重心运行"的管理策略，稳步进行管理关系的调整，开展相应文化和制度变革，营造充满活力的教育文化氛围。

一、基于愿景和价值导向的领导让组织保有一颗"火热的心"

"领导"一词出现于19世纪上半叶，大家对它的理解非常不一致。美国通用电气公司前任CEO杰克·韦尔奇的观点是："把梯子正确地靠在墙上是管理的责任，而领导的作用是在于保证梯子靠在正确的墙上。"简言之，"管理者是做事正确的人，而领导者是做正确事情的人"。

组织带领全校教职员工描绘出学校未来发展的愿景，确立学校在重要领域的价值取向，实现价值领导，是从"管理"学校转变为"领导"学校最重要的一环。博才小学这个校园里提倡什么、反对什么，怎么定义成功、怎么定义失败等，学校都应该让全体教职员工界定清晰。2016年，通过骨干教师多次讨论、教代会决议定稿的《博才小学第五个五年规划》出台。这一《规划》进一步明确了"办一所引领师生发现自我、朝向美好的学校，办一所分享辐射、服务社会的学校，办一所省内一流、全国知名的学校"的愿景与目标。《规划》还针对培养什么样的学生、培养什么样的教职员工、建设什么样的校园环境和学校文化设计了施工表和路线图。但《规划》更强烈表达的信息是传递出了学校的价值观，即"让学生站在学校的正中央"，学校向全体教职工倡导"你对孩子有多好，学校对你有多好"的价值取向。

《规划》出台后，大家会看到，行政会从"布置工作"到"学习研讨"，有了更多的意识形态的主题会议，如"我们的价值取向是什么"，全体主任和年级组长参与了热烈讨论；大家开展一种叫"拍砖式反思"的研讨，来探寻某项工作的改进策略；全体教师会上，大家一起朗诵"博才教育赋"，情绪似乎跟以往不一样了……愿景更加明晰了，因为通过这样的行动，通过团队的力量，更多的人相信这愿景是可以实现的。泰戈尔在诗中说：相信，就是力量。而借助这个力量，愿景渐渐地就会变成文化。

二、行政力量和学术力量并存的组织结构让管理"不令而行"

以博才小学为母体的集团化办学，给学校的组织结构和管理制度提出了与之相应的变革要求，基于"新六艺课程"理念的博才教育生态也带来了教学形式的变革。现代型学校的管理需要重心下移和结构开放，学校的组织结构也需要从封闭走向开放，这样才能真正实现"成事"与"成人"的统一，才能为新的育人体系的运行提供保障。

学校建校以来，一直采用的是"层级管理模式"，这是基于德国著名社会学家马克斯·韦伯的科层制组织理论而构建的。这样的组织架构是一种"直线职能制"的组织模式，它产生于工业化时代，强调专业化的劳动分工，各个等级严格分工，形成一条严格的等级指挥链，上级依靠权威领导下级，下级不能怀疑上级的决定，基层员工只能按照程序执行任务。高层经过层层授权，形成金字塔形的管理体系。在这样的组织架构中，执行力非常强大，职能建立也很明确，因此，企业也具有了稳定性、准确性、严格性和可靠性等诸多优点。

学校使用这样的管理模式，能明确各职位的职责、权利和利益，各在其位，各司其职，各负其责，严格按照组织程序办事。（见图4-1）

图4-1　科层式学校组织结构

这种以"成就事"为价值取向的组织理论，对提高组织效率大有益处。但它在面临新的管理理念、管理模式、管理策略和管理方法时就会逐渐显现出不足。"新六艺课程"实施过程中，"层级管理"模式面对新的要求逐渐显现出了弊端。比如，管理层次多，战线拉得长。层级管理中，教学工作安排要经过以下程序：校长与主管副校长拿出工作计划传达给教科室主任，教科室主任召开教研组长会转达布置，再由教研组长通知到备课组及全体教师。同样，来自教学一线的信息反馈也要经过相同的路线向上传递。由于层级多，战线长，双向信息在传递过程中均较缓慢，且易造成变形或流失，影响决策和管理效能，降低学校的办学效率。学生工作亦如此。其二，领导管理重心偏高，对下情知会较少，容易造成管理脱离实际，决策缺乏科学依据，从而导致工作失误。博才小学规模比较大，教导处直接管理几百名教师，教育处要面对全校两千余学生，在通常情况下，职能部门很难驾驭如此大的管理跨度，无形中造成工作粗放零乱，因而势必会降低教学管理的效率。其三，各职能科室之间往往缺乏平行沟通，一旦出现科室利益冲突和沟通障碍，便会造成学校管理的不协调。而管理环节多，造成协调任务大，校长和职能部门主任很容易陷入繁杂的事务中，整天忙碌却偏离教育教学主题。

针对以上情况分析，我们不能让制度的盲区出现，于是，2017年我们对学校组织结构进行了改造。

1. 矩阵式结构："按需服务"

矩阵式管理也是常见的组织结构形式之一，与直线式管理相对，以其灵活、有效的特点而被大多数组织所接受。在这个结构中，新设立的横向系统将与原来的垂直领导系统组成一个矩阵，因此称矩阵管理。也就是说，矩阵管理中的员工是双线汇报的模式。其上司有两个，一个是流程上司，一个是专业上司。这是随着现代技术型企业的崛起，企业内知识型员工不再满足于重复性工作而形成的组织改革模式。在世界级的巨人企业中，层层繁琐冗长的行政指挥链和等级森严的职级，弱化了员工之间的协助和资源整合。不同核心业务板块的分兵作战又削弱了企业的反应速度。在这样的情况下应运而生的"矩阵管理"，因为它能够有效提高企业的反应速度而得到认可和发展。但需要说明的是，它决不意味着企业可以完全无序地进行"越级管理"，它仅仅是对"直线职能制"做出的补充和更新。（见图4-2）

一家组织，不管谁当领导人，用什么样的方式管理，他的努力都离不开有效的组织结构。如果没有好的组织架构和制度体系，就算是乔布斯和比尔·盖茨这样的领导者，也无法把公司治理得井井有条。同样的道理，校园里发挥卓越领导力基础的，是学校的组织结构和管理制度。2017年，学校将管理结构由以前的"层级管理模式"向"矩阵式管理模式"（见图4-3）转变，并加以校本化改进。

新六艺课程的实施，对全校每个细胞都提出了"创造活力"的要求。于是，为了绕开"经验化"和"流程长"的"坑"，学校在原来管理模式的基础上，将教科室改建成了"研创中心"和"科培中心"，使管理的横轴朝向"育人为本"和"学术主导"；我们成立了七个项目部，分别为：品牌管理与发展部、格子周校园文化工作室、新六艺课程研究院、魔菜信息技

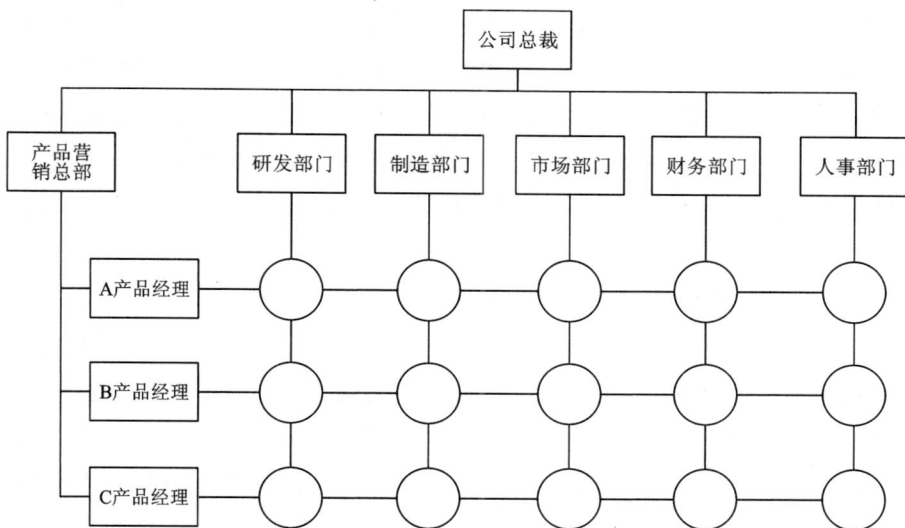

图4-2　矩阵管理构架图

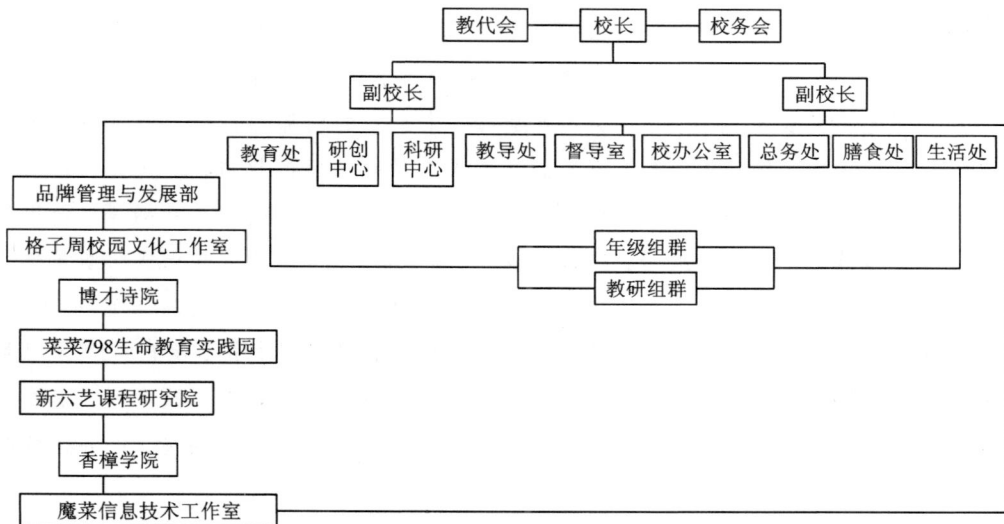

图4-3　博才小学组织管理矩阵图

术工作室、香樟学院、博才诗院和菜菜798生命教育实践园，这七个项目部服务和指导新六艺课程的实施，使纵轴更加趋向于"校本的变革"和"持续的组织学习"。横轴与纵轴相结合的矩阵式管理模式，既保留了专业化管理的轴线，也有事业部管理的轴线，两条轴线垂直交叉。这种结构最适合博才小学这种有双重交流与合作要求的组织。

当然，矩阵型组织的最大问题，就是在管理轴线比较多、任务比较多样的情况下，要保证矩阵型组织的顺畅运作，除了明确好报告关系和授权关系之外，考核、激励与合作文化的建设，也是矩阵组织的建设要点。学校对各项目部采用的是"合同制"管理，项目部主任每一年跟校长签合同，以完成任务的多少和好坏来进行考核。今后，随着学校进一步发展和价值观落地的需要，我们还将进一步调整横轴和纵轴的内容与密度。总之，我们改建组织机构的目标就是"让所有指挥员都能听到前线的炮声"，即让学校所有决策者都要聆听到一线师生的声音。

2. 非正式组织："借力打力"

2018 年 7 月 15 日晚上，是世界杯足球赛的决胜之夜。博才集团系列学校的一些校长、书记、老师们在前一天收到了学校办公室主任的一个微信邀约通知。他是这样写的：

菠菜园里，香樟树下，兄弟相约，共赏世界杯！7 月 15 日 22：00 诚邀您光临博才小学大礼堂，参加"兄弟，回家——激情决赛之夜"活动。我们自备啤酒、美虾、代驾（绝不用公费），请您献上喝彩声、掌声、高歌声！让我们一同为体育魅力加油，为兄弟情义喝彩！

"博才兄弟连"

"博才兄弟连"是个什么组织？它是怎样号令整个博才集团系列学校的？原来，它是博才的一个非正式组织。对非正式组织的研究以美国哈佛商学院的梅奥教授较为有名。因为他做了一个叫"霍桑实验"的研究，这是梅奥教授 80 年前在一个叫霍桑的工厂里开展的实验。该研究最后的结论有两点：第一点，就是每一个企业的内部都存在着非常复杂的人际关系，包括非正式的组织，非正式组织的关系和成员具有独特的权力，这些关系最后会对企业的生产效率产生非常巨大的影响；第二点，员工的情绪会影响到生产效率，所以团队管理的本质就是带人心，以心换心，以诚换诚。"博才兄弟连"这样的非正式组织虽然形式较散，成员都来自博才各个联盟校，当然以男同志居多，但他们有共同的兴趣和判断，甚至原则，真的是形散神不散，在整个博才品牌的构建中发挥了独特的，有时候甚至是巨大的作用。比如，2017 年初夏，博才中海小学因为暴雨成灾，水漫学校，紧急时刻，哪里需要教育局下令，"博才兄弟连"一声吆喝，全体成员带上自己校区的志愿者，一齐上阵抗洪救灾，保卫了博才中海小学的学生生命和财产的安全。

非正式组织不掌握好也会有负面作用。小说《曾国藩》里就写到，在曾国藩带领湘军打败太平天国后，军队里面出现了一个非正式组织，这个组织就是"哥老会"。因为"哥老会"的存在，曾国藩加速了解散湘军的进程，原因是这个非正式组织严重影响了正式组织的权威性。在另外一本小说《张之洞》中，张之洞的儿子在部队里，惩罚了"哥老会"的一个兵油子，最后遭到"哥老会"成员的陷害。由此可见，非正式组织的破坏力也是非常大的。

存在于博才小学内部的非正式组织还有一些，他们都拥有一些隐性的力量，当需要的时候，我们可以将这样的隐性力量转化为正能量。全球知名科技企业美国中立星公司公关部部长托德·威尔姆斯说："研究人们为什么愿意分享，最重要的不是去做一个更好的捕鼠器，而是要搞明白为什么老鼠喜爱奶酪？"愿景引领和组织改变，降低了校园中进入分享机会的门槛，主要目的是激发每一个人的内在动力，大家开始被推动。组织赋能将形成一种力量，这种力量将逐渐变成一种势能，一发不可收拾。这种力量，是一种从根本上激发学校活力的力量。

三、"刚柔并济"的运行制度让组织拥有"先动力"

先动力，就是倡导"让教师员工去干事、去成事"，不觉得自己是在干多余的事，用制度和文化来鼓励团队成员有预见性和创造性，并且马上行动。

学校的变革，也不可能在把所有的问题都想得清清楚楚、解决了老师所有的思想包袱后再去做。新六艺课程的改革，刚开始的时候很多老师是有抵触情绪的。这个时候，靠执行力？不行。靠内驱力？没有。只有让教师拥有先动力。我们激发教师先动力首先就是从机制上寻找解决办法的。比如：博才小学的教师培养"青蓝工程"和"七子模型"都是相对聚焦的局部制度变革；"加水教研"的研训制度，提出了"集体研课—独立备课—集体研课—观课议课"的模式，倡导"每个人每一天都在为自己和别人的生命加水"的理念，虽然只是一个小小的变化，却打破了原有的自上而下的行政命令式的僵化惯例，让教师的专业自主性获得了真正的尊重和充分的发挥；每个月开展一次的"星教师"评选，让每一位愿意先动的教师成为学校的明星；"日备周研月开放"行动的实施等，都是用制度引导教师的行为，让学校走上发展的快车道。用畅销书《改革政府》中的一句话来形容的话，叫做"我们把旅客放在了驾驶员的座位上"。只要你愿意创新、愿意实践，你就是先动的教师。

制度作为组织运行的刚性规则，是保证组织正常运作的基础。在组织变革的实际操作中，采用这种刚柔并济的方式，能够有效地推动学校组织变革的顺利实现。美国著名学者彼得·圣吉(P. M. Senge)是学习型组织理论的集大成者。他认为，学习型组织是一个"不断进步、创新的组织，在其中，大家不断突破自己的能力上限，创造真心向往的结果，培养全新、前瞻而开阔的思考方式，全力实现共同的报负，以及一起不断学习，学会学习"。我们希望通过组织转型，建构一个不同凡响、更人性化的组织模式，有着崇高而正确的核心价值、信念和使命，具有强大的生命力与实现梦想的共同力量，不断创新、持续蜕变。

第二节 课程转型

一、核心课程夯实基础学力

学科核心素养是核心素养落地的抓手，是各门学科对核心素养的独特贡献。学科是学校教育教学的根本依托，甚至可以说是学校教育之本。所有改革的理念和目标都不能回避学科层面的主要问题。

（一）核心课程的基本框架

核心课程是"新六艺课程"的中心圆，满足的是学生对国家基础课程的学习需求。基础教育的本质就在于它的"基础性"，它是与处在基础教育阶段的学生特点相联系的，它的特征就像是生命科学试验的"培养基"，其作用在于为处在本阶段的学生向下一个阶段的发展和成长奠定基础。唯有坚守"基础性"，我们的教育才不至于偏离轨道，走向唯智、唯才、唯考，进而出现"抢跑教育"。博才小学的核心课程依据学科素养培养要求，以国家课程为核心，结合校本课程，将各学科优化整合为品德、艺术、健康、科学、语言、数学六大课程版块。同时，每一个课程版块相对应的学科又延伸出融入学校特色、本土地域文化的学科活动、专题教育、基地实践等延展课程。

在国家新一轮基础教育课程改革中，课程标准替代了教学大纲。课程标准重视对某一学段学生所应达到的基本标准的刻画，同时对实施过程提出了建设性的意见，而对实现目标的手段与过程，特别是知识的前后顺序，不做硬性规定。这是课程标准与教学大纲的一个重要区别，从而也为教材的多样性和教师教学的创造性实施提供了广阔的空间，为体现并满足学生发展的差异性创造了比较好的环境。观念是行动的指南，学科核心素养落实到六个核心课程版块中，需要我们的教师发挥知识的教育价值，让它变成可生长的力量；需要我们的教师发挥自身的教学优势或专长，让它成为新课程的创生点。为此，我们从学校的实际情况出发，在新六艺课程的推进阶段，积极探索，并不断完善核心课程的内容体系。

1. 品德课程

《国家中长期教育改革和发展规划纲要（2010—2020 年）》指出要坚持德育为先，立德树人，把社会主义核心价值体系融入国民教育全过程，把德育渗透于教育教学的各个环节，贯穿于学校教育、家庭教育和社会教育的各个方面，切实加强和改进未成年人思想道德建设，构建大中小学有效衔接的德育体系，创新德育形式，丰富德育内容。

博才小学从学生六大核心素养出发，围绕新六艺课程的目标，依照 2019 最新小学《道德与法治》课程标准（教育部部编版）确定了课程目标和内容，并对品德课程创造性地进行了构建。

课程目标和内容。低学段，主要以适应小学生活，形成良好品德习惯为主要目标，从健康、安全地生活，愉快，积极地生活和负责任、有爱心地生活三个版块设置教学内容。中高学段主要以积极参与、发展能力为主要目标，从我的健康成长、我的社区生活、我的家庭生活、我们的国家和我们共同的世界五大角度入手设置教学内容。

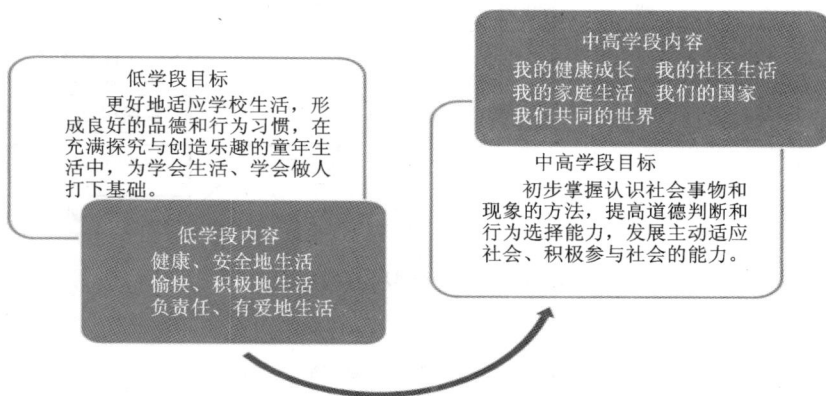

图4-4　课程目标和内容图

品德课程的构建。博才小学将品德课程分为学科课程和延展课程。学科课程主要是实施国家课程，发挥的是课堂主阵地作用。延展课程则是根据教学的需要，按照国家课程的教学目标和我校新六艺课程的整体育人目标之要求，有针对性地将一些内容，从学科活动、专题学习、基地实践等方面进行延伸和拓展。

品德学科课程的实施途径。学校结合多年的实践经验，从校情和学情出发，整合各类资源，确定了品德学科课程的四大主要实施途径：课堂育人、活动育人、实践育人和协同育人，并且明确了实施时间。需要特别说明的是，在通常情况下，往往是多种实施途径共同作用才能有效达成某一主题内容的课程目标。

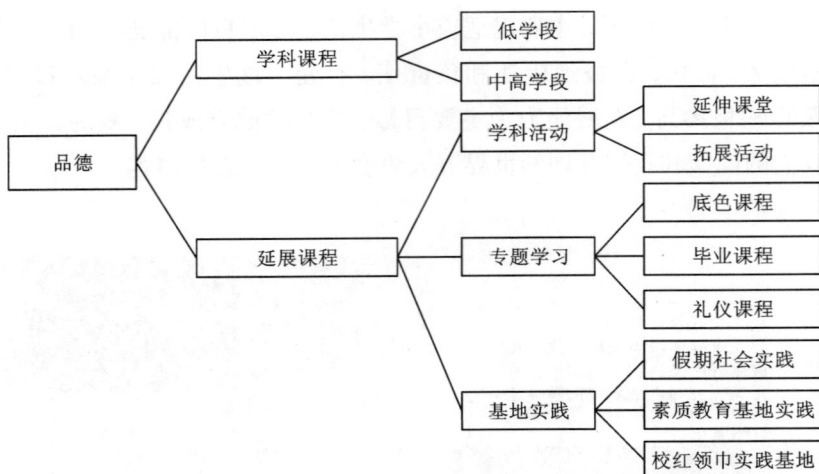

图 4 – 5 品德课程的构建图

表 4 – 1 品德课程主要实施途径

实施途径	操作形式	时间安排
课堂育人	道德与法治课	每星期两节
活动育人	利用少先队活动课，从班情出发选择教育主题，在课堂教学基础上开展课外德育延伸活动	每学期一节
实践育人	春(秋)季研学实践活动	每学期一次
	寒(暑)假社会实践活动	每学期一次
	重要节日、纪念日专题实践活动	依据实际情况而定
协同育人	结合班级"享当当"文化建设，由班级家校协作共同体德育课程部、德育活动部委员组织策划，爱心义工部委员协助，充分挖掘社区、社会资源，开展校外德育延伸活动	每月一次
	整合社区、社会各类资源，充分调动社区和社会力量，开展学科活动、专项学习和基地实践	根据实际情况而定

2. 艺术课程

艺术让童年充满美的想象，它在儿童的成长过程中处于不可替代的地位。斯坦纳曾这样说："艺术是智力、认知和构思能力的重要唤醒者。"核心课程之艺术课程版块以美术和音乐为基础课程，并在国家艺术基础课程进行整合的基础上，依据教师优势开设了街舞、水墨画等课程。

　　以水墨画课程为例，学校有一位美术教师是湖南师大国画系硕士研究生，她在国画专业上的积累和造诣让学校萌生了开设国画特色课程的想法，因为中国画是中华民族历史悠久的民族艺术，在世界绘画艺术中有着鲜明的民族特色和个性。把水墨画引入课堂，结合小学生天真烂漫的趣味想法，让"艺术"与"童趣"相融合，绘出五彩斑斓的生活情趣——这一切，就成了学校美术组教师追求的教学境界。

　　基于不同年龄阶段的小学生掌握笔墨和审美能力的不同，博才小学美术组教师在这位国画专业老师的带领下，将水墨画课程以课题的形式进行推进，依据各年龄段学生的心理特点，开设了水墨画系列课。《2011版小学美术新课程标准》提出：学校美术教育不仅仅依靠国家统编的教材，还应重视对学生进行人文教育，对本土的美术资源进行挖掘，让地方民间美术走进校园。同时，在教育部印发的《完善中华优秀传统文化教育指导纲要》以及教育部《关于推进学校艺术教育发展的若干意见》文件中都明确指出了中华优秀传统文化教育进课堂的必要性及深远意义。学校响应了教育部的号召，积极开展"传承经典共享文化——中国戏曲文化体验大课堂"，让学生们亲身感受传统戏曲的艺术魅力和博大内涵。花鼓戏作为湖南最著名的戏种，是湖南先辈留下的珍贵遗产，可以发挥戏曲艺术教育的优势，陶冶学生情操。可是，如何把传统艺术文化资源转化为美术教育课程呢？老师们经过多次的考察和论证，决定将地方民间艺术——花鼓戏，以水墨形式带入课堂。通过水墨形式传播艺术文化，提升了学生的艺术素养。

艺术课程

感受美

基础课程：音乐、美术

品鉴美

街舞课程、器乐课程、水墨画课程、油画课程……

创造美

小夜莺合唱团、"My秀"舞台、校园文化创意设计……

图4-6　艺术课程构架图

艺术课程包含的门类丰富，而现在的学生家长也普遍注重对学生艺术特长的培养。从学校课程的角度出发，我们尽量让每一个孩子在丰富的课程选择下扬长发展，让其专业与素养得以进一步提高；并在主题课程、个性课程的开展中也最大限度给予学生体验和展示的平台，特别是个性课程之"My 秀"舞台上有街舞专场、西洋乐器专场……这既是学生的艺术表演舞台，也是小观众们艺术感受的第一现场。学校舞蹈队和小夜莺合唱队参加了湖南省市艺术展演的活动，舞蹈队还参加了全国未成年人网络春晚的演出，均取得了可喜的成绩。美术学科结合学校生命教育研究基地的 24 节气之花素材，与科学学科整合，运用专业优势，结合国家课程，研究"花的美育"，组织学生创编美术作品《博才花间集》。同时，以"花"悟世界，分年龄段展开花叶拼贴、干花书签、草木染、插花等创作体验活动，感受生命、体悟人生，收获内心的安宁与平静。

3. 健康课程

健康课程的目标是关注学生的身心健康，使他们能做到：关爱身体，懂得一些基础的保健方法；热爱运动，具有一定的运动素养，养成运动习惯；热爱生活，有生活情趣，懂得自我调适。其以体育和心理健康教育为基础课程，延展出健美操、花式跳绳、心理戏剧等相关课程，而篮球课程更是成为博才小学一大特色。

体育　运动习惯、体育品德、篮球课程、花式跳绳课程、健美操课程、无线电课程……

心理健康教育　热爱生活、积极心态、安慰天使、圆梦戏剧社、"我和蛋宝宝在一起的日子"、5.25心理健康活动……

图 4 - 7　健康课程构架图

学校将篮球教学引入体育必修课，将篮球的移动、运球、传球等球性技巧练习合理系统地融入到各个年级中，并提出阶段性发展目标。低年级学生重在培养兴趣，中、高年级学生重在篮球技术的运用与提升。《体育新课程标准（2011年新版）》指出：学生通过本课程的学习，将获得体育与健康的知识和技能，提高身体健康、心理健康和社会实用能力等方面的水平。可见，运动对学生坚强的意志品质的培养、自尊和信心的增强也很有益处。

教育部2012年出台《中小学心理健康教育指导纲要》（2012年修订）指出，在中小学开展心理健康教育，是学生身心健康成长的需要，是全面推进素质教育的必然要求。我校不仅在体育运动及各学科教学中渗透心理健康教育，更是通过心理健康教育课及活动，从学校校情和不同年龄阶段学生的身心发展特点出发，循序渐进地设置分阶段的具体教育内容。特别是安慰天使小屋、圆梦戏剧社的创建对学生发现自己、感知世界、建立同理心等健康的心理素养形成有重要的意义。

4. 科学课程

科学兴趣、科学精神、科学概念和科学方法是科学素养的四个核心因素。学校在以科学和信息技术为基础课程的前提下，将信息技术与各学科教育、教学有效整合，不断研发科学与创新课程。科学课程以培养学生科学素养为核心，在主题课程和个性课程的实施中也有举足轻重的作用。学生掌握的信息技术基本知识和技能在各学科课程中得以融合，学生运用信息技术的能力完成学校主题课程之"我是小小城市规划师"活动的规划设计、视频采访剪辑等项目，让人充分认识到信息技术是学习、是手段，是适应未来信息社会的基础。

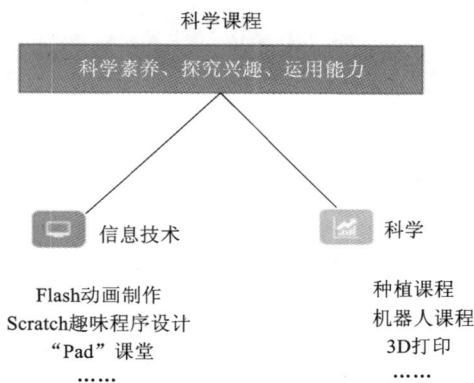

图 4 - 8　科学课程构架图

机器人教育在博才小学已经实施近10年之久了，因为其在培养学生相关信息的获取、加工和发布能力，提高学生综合素质、思维方式方面有着得天独厚的优势，所以此课程在学校得到师生、家长的认可和推崇。自2006年起，学校开始将机器人校本课程渗透到科学学科的必修课堂中，并建立了机器人俱乐部，还编写校本教材，建立了一套完整的教学体系和评价体系。在机器人课程的学习中，学生始终是主体，教师起引导作用。在学习的过程中，学生发现问题、解决问题，实现了自主探究、合作参与、创造表现能力的提升。同时，机器人活动强调团队协作、锲而不舍等品格，对于学生的思想道德教育也具有重要意义。

学校的科学教师蔡能开发的种植园实践活动课程，将教材的纸上谈兵引入到了实践的真实场景，将孩子的生命力延伸至科学与美相融合的境界。在新课程实施的大背景下，建立学校实践基地，开展实践体验活动，既能促进国家课程计划的全面落实，构建符合素质教育要求的综合实践活动课程体系，也能有效促进开展生命教育。基于此，学校根据校园周边环境资源，决定建设一个能转变学生学习方式、促进学生主动发展的校园种植实践园，在种植园建设项目中让学生积极地走进创造的世界，自主地成为更好的自己。在实践活动中提供开放的空间，让学生有机会走出课堂，走进自然。并在不断深化的活动过程中，实现学生个性的张扬和健康发展，实现全人的教育目标。

5. 语言课程

语言课程
基础学科：语文、英语

阅读
分年级阅读活动推进、经典诵读、素读、英语"磨耳朵"课程……

思考
阅读教学中重思维发展与提升能力的培养、学生辩论主题活动……

表达
儿童诗创作课程、演讲课程、小主持人课程、英语戏剧……

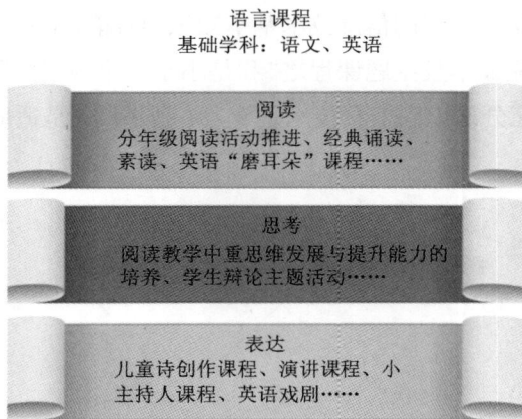

图4－9　语言课程构架图

语言课程以语文和英语为基础课程，聚焦博才学子六大特质之爱阅读、善表达、写好字，抓住每一堂课、每一个可有效利用的时空，全面提升学生的语言素养。

语文学科的经典诵读安排在早自习前10分钟，有声阅读则安排在午寝、晚寝前20分钟，每天晚自习前的20分钟学生自主阅读时间更是长期坚持，每一个学科的晚自习老师都有义务组织和参与这20分钟的静默阅读。同时，学校建有"博才诗院"，从20年前的"春天送你一首诗"到现在的"诗意校园诗意人生"，从"香樟树下为你读诗"到每一次学校主题课程活动的学生、教师诗歌点缀，多年来博才小学一直推行诗歌教育。钱穆先生有言，文学是人生最亲切的东西，学诗是学做人的径直大道。

为了满足学生个性发展的需求，发展与提高学生综合语言运用能力，为其终身学习打下坚实的基础，博才小学英语组教师从英语歌曲、Pad 课堂、英语有声阅读三个方面进行学生"磨耳朵"英语校本课程开发实践与研究。课程在内容的选择和训练的形式上，符合学生的心理特点和认知规律，循序渐进，以趣促学，以培养学生听说能力为主线，紧扣学生生活实际，学以致用，促进了学生综合语言运用能力的发展。

　　6. 数学课程

　　注重学生思维的敏捷性、灵活性、深刻性、批判性、创造性的培养。通过创设情境、优化教学设计，为学生创设良好的学习氛围，形成良好的思维能力和合理的思维习惯，最终使学生的形象思维与抽象思维得到发展，培养学生良好的思维品质。这是数学课程贯穿各学段的共同标准。

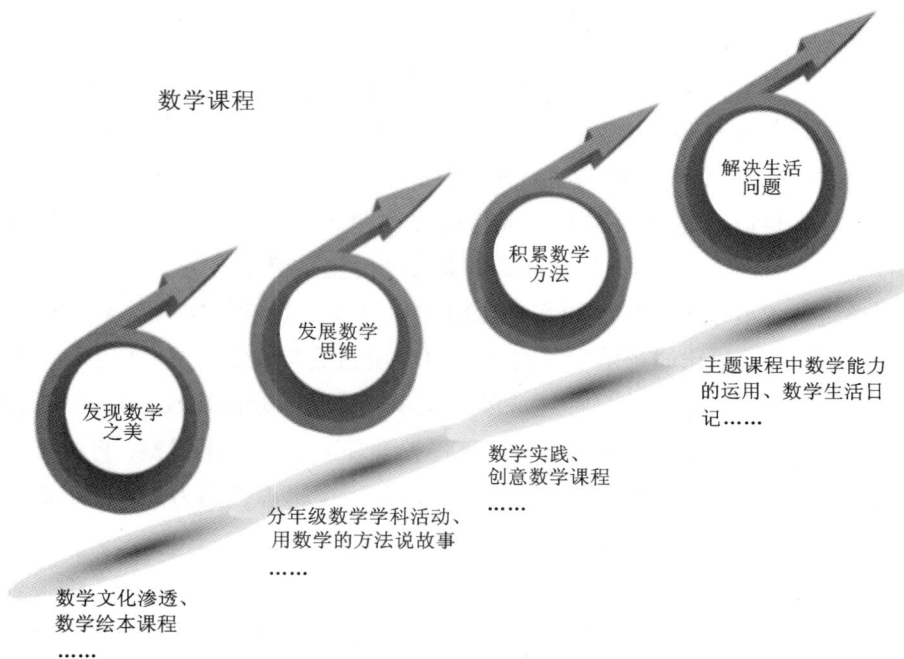

图 4-10　数学课程构架图

　　在一些数学课堂上，我们总是过分重视基础知识和基础技能，忽略了基本的活动经验和思想方法，错过了体验和思维训练。数学教材本身有比较强的逻辑性和系统性，大的调整没必要，但是教材中，也总是有一些零散的内容，这些内容育人价值高，却往往被忽视了，或者在教学过程中偏离了核心素养的方向。比如，在教学"数学广角"时，我们很多老师存在"思维不够公式凑"的现象；而教学综合实践板块，由于操作困难，很多老师根本不教。鉴于此，我们将这些碎片化的内容进行整合，拓展延伸；同时挖掘例题、习题中的好素材；选取新颖而有创意的内容进行精心设计，开展"创意数学"课程，进一步培养学生的数学素养和创新意识，达到数学育人的目标。通过有机整合后，并没有增加总的课时量。同时，数学游戏作为数学知识的一种载体，兼具知识性、趣味性和娱乐性，通过大量的研究和思考，博才小学的数学老师们在课堂教学中为不同年龄层次、不同思维水平的学生创编了不少思维含量较高的数学游戏，并引入到常规课堂教学中来。

各学科课程的重要性不仅体现在学科专业知识上，对于学科的育人价值，我们一点也不敢忽视。对此，著名教育家叶澜教授这样精辟地论述：每个学科对学生的发展价值，除了一个领域的知识以外，从更深的层次看，至少还可以为学生认识、阐述、感受、体悟、改变这个自己活在其中，并与其不断互动着的、丰富多彩的世界和形成、实现自己的愿望，提供不同的路径和独特的视角、多样的方法和思维的策略、特有的运算符号和逻辑；提供一种唯有在这个学科的学习中才可能获得的经历和体验；提供独特的学科美的发现、欣赏和表达能力。实际上，任何学科都是美丽的。如果我们无论学习什么学科，都能感受到其中的美，获得精神享受，这将是一件美丽而富有诗意的事。只有引导学生体验学科之美，才能培养他们对学科的热爱和崇拜，激发他们的学习兴趣，使他们保持持久的学习动力。

六个核心课程版块内部的资源在整合的基础上进行创新整合，既有主题单元整合，比如语文、英语等学科以主题或模块的形式将同类型课文甄选后进行整合，从教师主导学习—合作学习—独立学习等学习方式的变化来改变师生的教学关系，提高了课堂的时效性，实现了学生的深度学习，腾出的富余课时用以开展结合学校实际的经典诵读特色课程；也有素养领域整合，比如音乐学科将教学内容按感受与欣赏、表现与创造、音乐与相关文化等素养领域进行整合，在目标达成的情况下，开展部分体现校本特色的街舞课程、戏曲课程；还有时间优化整合，比如数学学科将教学环节进行优化调整，将练习实践与课堂学习紧密结合，既发展了学生的探究能力，也培养了逻辑思维能力，同时用富余的一些课时来进行数学游戏等发展学生多向思维的拓展型课程学习。

实际上，学科核心素养是与该学科相关的所有学科和活动的教育常务，学科教育只是主渠道。也就是说，学科核心素养体现了超越学科的特性，这就要求我们学科教师要跳出学科看学科，让学科教育不再局限于学科，从而实现学科与学科的贯通、学科与生活的贯通、学科与活动的贯通、学科与大教育的贯通。从教学的角度讲，就是实现课内外和校内外的贯通。现阶段，博才小学核心课程立足于进一步深化改革，完善核心课程的构建，充分发挥学科的育人功能。我们以学科活动、专题学习、基地实践作为整合的联接点，这种结构的改变将带来功能与意义的改变。如陶行知先生所言："单单劳力，单单劳心都不算是真正之做。真正之做须是在劳力上劳心。"

表4-2　核心课程学科整合结构表

整合 联接点	整合方式					
	品德	艺术	健康	科学	语言	数学
	传统节日	艺术节	体育节	科技节	阅读节	计算通关
学科活动	"十·一三" 大队活动	艺术鉴赏	队列队 形比赛	创客	听写比赛 书写比赛 朗诵比赛 演讲比赛	拼图比赛
专题学习	安全教育 禁毒教育	校园艺术 设计课程	心理健 康课程	种植课程	群文阅读	创意思维
	"三爱"教育	水墨画 课程	篮球+ 课程	机器人课程	英语戏剧	数学与生活
基地实践	学长帮帮团	小夜莺合 唱团	圆梦戏 剧社	菜菜798 生命种植园	博才诗院	趣味数学社团
	队干向前冲	舞蹈团	安慰天使 小屋	机器人工作室	嫩芽儿文学社	数学广角

　　未来，我们的核心课程将持续加强整合与创新的力度。教育学博士余文森提出，就一门学科而言，基于课程统整的教学，教师应努力实现以下四点：第一，学科内知识间的相互融会与贯通；第二，学科间知识的相互渗透与支撑；第三，学科知识与学生生活经验的和谐结合；第四，学科知识学习与学科核心素养形成的有机统一。

　　附：学科活动案例

英语节

　　中国教育学会外语教学专业委员会理事长龚亚夫在他的《英语教育新论：多元目标英语课程》一文中将学校英语教育分为"外在目标"与"内在目标"。外在目标是让学生在今后的生活中使用到英语，如学习、购物、旅游等。而内在目标则涉及学生作为个体的心智发展，关注学习英语对于学生可能产生的影响，如了解不同的思维方式，如何成为更好的公民。学生学习英语，不只是要掌握这门外语，也要理解英语国家的文化与思维方式。基于这样一种理念，我校的英语课程将学习延伸至课堂之外，除了每个学期分年级开展的形式多样的学科活动，我们还举办了一年一度的校园英语节。至2018年年底，我校已举办了18次校园英语节，每次英语节活动为期一个月，以丰富多彩的主题活动为载体，营造轻松、愉快、积极、向上的校园英语文化氛围。历届的校园英语节分别融入了中西方传统节日文化、英语才艺展示、戏剧文化等不同的元素为学生的语言运用搭建平台，从语言能力、学习能力、思维品质、文化品格四个方面培养学生英语学科核心素养，让学生在实践中体会用英语、学英语的快乐。

一、英语戏剧促进思维发展

美国著名教育家、心理学家约翰·杜威曾说过："戏剧作为一种重要的教学方法，对孩子的学习、表达、合作、想象和社交等能力的培养具有不可替代的优势。"如果将语言学习融入戏剧的形式，则可以赋予语言以生命力，赋予学习过程以吸引力。通过2017年"Joy Through Drama"英语戏剧节的活动方式，我们为学生创设了英语学习情境、搭建了交流展示的舞台。学生通过戏剧这一独特的语言学习方式，跨越课堂教学的局限，跨出学校与班级单一的空间，让语言回归生活，让语言得以充分运用。学生通过戏剧观摩、表演，体会到了语言学习的实用价值和文化魅力，在参与的过程中表达、社交、写作等能力得到提升。在英语戏剧节中，我们让学生通过创编、再构课文文本、阅读原版经典故事，让学生浸润于英语的学习环境与氛围中，经历原汁原味的英语熏陶。引导他们领略跨文化交际精髓，充分体验英语语言的魅力。让每一位学生都参与活动，让每一位学生都大胆说英语、乐意说英语。

在"Drama Story"环节中，学生初步了解了英语戏剧的前世今生。在"Joy Theatre"环节中，英语老师指导学生以原生情绪"Joy"为主题创编戏剧剧本或歌舞，帮助学生理解"Joy"，补充不足，从而实现"自我认知、自我了解、自我改善、自我肯定"。在"Drama Night"环节中，学生欣赏了经典英语戏剧《奥兹国历险记》。在"Joyful Parade"环节中，全校师生身穿自己最爱的戏剧角色服装在校园内进行了一场欢快的游行。在"Everyone Loves Drama"环节中，我们特别邀请到红领巾剧场戏剧专家带领全校师生进行戏剧体验活动，亲身感受戏剧给我们带来的快乐。在"Drama Star"环节中，每年级选出一位学生代表为大家展示部分英语戏剧的经典台词。

在英语戏剧节每个环节的活动中，我们都看到了自信、大胆、快乐的小菠菜们，英语戏剧的种子已经扎根在每一个小菠菜的心里。给孩子们创造一个舞台和一次机会，他们会回报给我们绚丽与精彩。

二、文化体验渗透国际理解

美国语言学家萨皮尔认为："语言的背后是有东西的，而且语言不能离开文化而存在。文化的生命力在于传播，这是文化得以生存的力量。"对于小学生来说，一种全新、独特的文化能够激发他们原始的学习动机、提供新鲜的学习氛围。通过对英语国家文化背景和社会风貌的理解，学生的国际视野拓宽了，与世界的理解与交流加强了。在西方文化中，最重要的节日是圣诞节，这是一个与家人团聚、分享温暖的节日。结合圣诞节，2016年我们开展了"Creation & Love"主题英语节活动，我们希望通过这样的活动让学生了解有关圣诞节的知识文化，了解世界各地小朋友过圣诞节的风俗与习惯。我们还引导学生利用阅读、多媒体搜索等方式进行自主学习，了解圣诞节礼物文化，并通过DIY制作圣诞礼物的方式，培养学生创新与动手能力，教会他们分享与爱。

在"Around the World with Santa"圣诞主题课中，老师提前布置学生搜集与圣诞节有关的信息，采用翻转课堂的形式让学生学习与圣诞有关的文化知识，了解国外小朋友如何过圣诞节，欣赏国外小朋友自制的圣诞礼物。在"Create Your Love"环节，老师鼓励学生展开丰富的想象力，自创一个送给家人或者朋友的礼物。学生通过搜集彩色纸、纸盘等材料，和爸爸妈妈携手制作，完成了一件件精美的作品。同时，老师们也用这些作品将教室、走廊装扮一新，为校园增添了许多节日的氛围。我们还指导学生利用电脑、手机等多媒体工具录制手工制作微课，将学生的微课在全校播放，提升他们的自信心。利用手机平台、实景展示的方式，将学生的作品呈献给全校师生与家长们欣赏。每一个作品都凝聚着每一个家庭、每一个孩子的心血，从构思到材料的准备，再到动手制作，每一份礼物和卡片都包含着孩子们满满的祝福和爱，让这个英语节和圣诞节爱意浓浓，为寒冷的冬天添上了一丝暖意。

三、"我型我秀"释放自我

"教育的最重要任务之一，就是要让每一颗心灵里的火药都被点燃，要让一切天赋和才能都最充分地发挥出来。"著名的教育学家苏霍姆林斯基建议教师们细心发现每个孩子身上蕴藏着的才能与素质，在合适的时间与合适的地点去点燃它们。基于这样一种理念，2015年我们开展了"Dream & Family"主题英语节活动。

在这一次的英语节中，一年级活泼可爱的萌娃变身萌宠，用流利的英文演绎绘本小故事"My Baby Brother"；二年级的学生们化身可爱的字母宝宝，用他们的歌声带我们领略phonics的奥妙；三年级快乐儿童自编生动可爱的"Chicken Dance"，让我们感受风靡国外的神曲；四年级酷炫男生以最潮的街舞为我们带来了一场歌舞盛宴；五年级的英文诗朗诵表演"Spring Song"，用唯美浪漫的春之声，优雅大气的春之韵提前把春天的气息带到了我们身边；六年级送来了来自夏威夷的礼物ukulele，一首"Lemon Tree"弹唱让我们飞向温煦的夏日海滩。每一个节目都精彩绝伦，学生们俨然是一个个小明星，教室内时不时传来阵阵掌声和开心的笑声。学校三大英语社团也准备了精彩的节目，星籁社、梦幻剧场和唱诗班用完美的表演征服了所有人。

学生的潜力是无穷的，只要给他们一个可以自由施展的平台，他们就会给我们呈现完美的视听盛宴。英语教师的细心指导，孩子们的积极准备，都为这次比赛增色添彩。而这个过程更是锻炼了孩子们的听说能力，点燃了同学们学习英语的激情。

艺术节

艺术教育的核心价值在于培养学生的感性素质和感性智慧。我们将学生工作与艺术学科活动相整合，精心组织形式多样、内容丰富的校园艺术节，通过艺术活动实现课内外的有效融合与互动，促进学生艺术素养的提升。

一、美是艺术的最高原理，同时也是最高目的

审美雅趣是新六艺课程的学生核心素养之一，艺术与审美相结合就是成就孩子美好的过程。每一届艺术节我们都精心设计，希望将所有美好的事物以艺术的形式呈现出来。如最令人期待又能让人大饱眼福的"童话书心"美术作品展，老师们将作品分为"想象的世界""艺术的生活""书写的艺术""未来的创想"四组，带领孩子们领略了书画艺术的无限魅力。一幅幅看似简单、还略显稚嫩的艺术想象作品，却蕴含着孩子们的童真与幻想；线描、油画棒、水墨画，手法自由、随心所欲，创意令人叹服；科幻画创作让学生自由翱翔在科学与艺术的天空。正如李政道先生所言："科学与艺术是一枚硬币的两面，链接他们的是创造力。""我的纸盘创意画""留住秋天"落叶拼贴比赛、"纸品乐淘淘"制作比赛、艺术涂鸦、艺术节海报设计大赛，这样的活动每年有更新，每年有期待，每一个孩子可因自身特长、兴趣选择不同的艺术表现方式。而在音乐的艺术殿堂里，"挑战麦克风""舞林大会""竹竿舞""器乐小秀场"等节目精彩纷呈，美好的节日里，孩子们在过着一段他们称之为"无比快乐"的日子。刘铁芳教授在《什么是好的教育》一书中这样说："教育的灵魂就是引导着人不断地去追求美好的事物，以个人心灵中不断萌生的对美好事物的欲求来激励、引导个体生命的自我成长。"

杜威的"做中学"理论就是提倡学校教育要充分开展各种各样的实践活动，让学生在活动中体验，在活动中感悟，在活动中收获，在活动中成长。我们试图通过开展大量的、主题不一、形式多样的活动，让每一个学生参与其中。很明显，这是符合少年儿童心理的，因而充分调动了学生的积极性，学生在轻松愉快中，既开阔了眼界，又提高了艺术鉴赏能力、创造能力，其艺术综合素质也得到提高。

二、艺术应当担负起哺育思想的责任

童年时代，培养孩子良好的情绪、健康的情感、美好的情操，将使孩子终身受益。以音乐课程为例，我们根据各年级教材编排的规律与特点，以及各年级孩子身心发展规律，甄选不同风格、体裁的适合儿童演唱的国内外音乐作品，编辑成学校"博才之声"校本课程，建立校园歌曲资源库，并在艺术节期间教唱、欣赏，以此培养音乐教师对音乐教学课程资源的开发与建设能力，拓宽学生的音乐视野，帮助学生体验不同歌曲的情绪与情感，欣赏不同歌曲的体裁与形式、风格与流派，提升音乐素养。

教育家孔子说："兴于诗，立于礼，成于乐。"显然，在孔子看来，音乐不仅仅具有艺术的审美价值，它还具有存在论的意义，只有通过音乐，人格才能达到完美的终极境界。

西周有乐德之教、乐语之教和乐舞之教。"乐"和"礼"紧密相联、互为表里，其教育作用也各有侧重："乐所以修内也，礼所以修外也。"意思是说：礼的作用在于约束人们的外部行为，具有一定的强制性；而乐则重在陶冶人们内心的情感，使人们潜移默化地得到熏陶。而音乐中的歌唱活动诉诸听觉，却直达心灵，给人带来温馨、愉悦的精神享受，给予人无穷的力量和生活的情趣。生活里少了歌声，也就少了很多的美。校园应该是诞生歌声

与美的地方。

每一次艺术节的开展都在孩子们心中播下了美好的种子，并形成螺旋上升的经验结构，最终使其形成足够丰富而美好的感受、感知以及良好的沟通能力。艺术节，是对美感的唤醒，也终将如同诗人荷尔德林赞颂的那样："人生充满劳作，然而人诗意地栖居在大地上。"

附：基地实践案例

菜菜798生命课程案例

新课程实施以来，课程的价值取向已由以知识为中心转移到了学生的全面发展上，提出了课程内容应与自然、生活、社会实践相联系，使自然、生活、社会成为课程资源的新理念，这意味着自然即课程，生活即课程，社会即课程。立足于满足师生生活、校园美化、自然教学的需要，学校决定将楼顶的废弃平台进行改造，建一个菜菜798师生种植园，这本身就是对课程资源的研究性建设。同时，学校也利用这一平台开发教学资源、整合课程结构，进而拓展出了菜菜798生命课程。

一、以生命立场为原则构建课程体系

在"以生为本"和"和谐发展"思想的指导下，从生命的高度立足于生命的特性，以提升生命价值为核心，以实现生命幸福为目的，结合国家课程，根据不同年龄阶段学生的身心发展规律和特点及实际需求，围绕认识生命、爱护生命、完善生命的主线设计课程，使课程真正成为促进学生生命完整发展的有效载体。基于相信生命的无限性、正视生命的差异性、强调生命的自主性原则，博才小学构建了菜菜798生命教育课程体系。

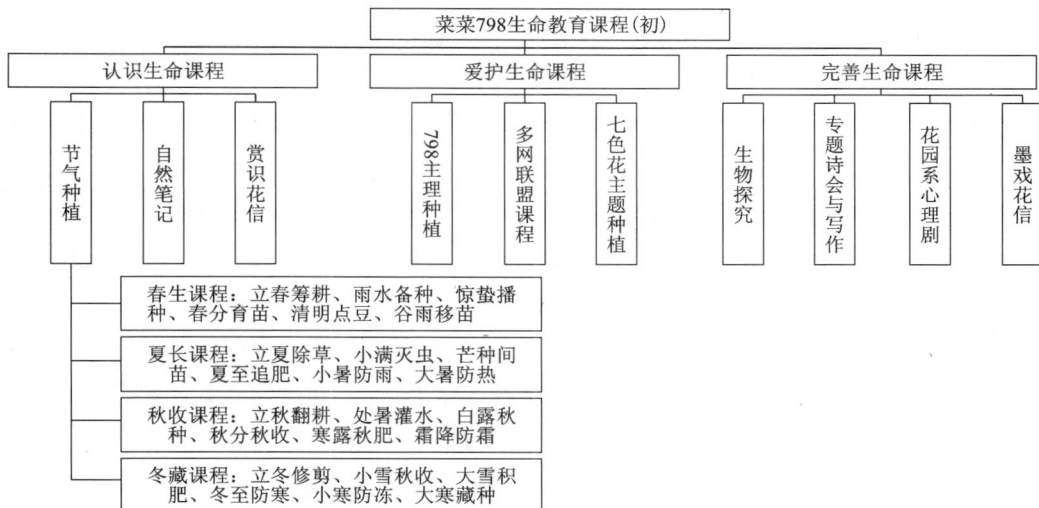

图4-11 菜菜798生命教育课程结构图

二、以文化立场为原则提升课程内涵

"二十四节气"被誉为中国的第五大发明，被列入联合国教科文组织人类非物质文化遗产代表作名录。"春雨惊春清谷天，夏满芒夏暑相连。秋处露秋寒霜降，冬雪雪冬小大寒。"短短28个字，却是中华民族数千年的智慧结晶，也是中国农耕文明的一种高度概括和总结。草木管时令，24节气跟自然界植物的花开时间也息息相关。雨水后的迎春花，立夏时的丁香，处暑后的桂花，小寒前的蜡梅。蕴含在节气中的季候秘密透过每一朵花儿绽放到大自然里。我们也在挖掘节气里的传统文化内涵，将其融入相关的课程。比如综合实践"立冬的花"这一课就以小导游为形式，以节气为背景，进行有博才烙印的"立冬的花"的探寻。

图4-12 "立冬的花"教学场景

三、以儿童立场为原则关注课程资源

儿童课程顺应儿童的天性。孩子天生就对外界充满好奇，而大自然是孩子最好的老师。孩子每天都能在园子里发现很多新奇。菜菜798生命课程里也永远有教育契机。发现一只菜青虫、菜粉蝶，那是"生命周期"，发现蜂鸟、鹰蛾，那是"昆虫与鸟类"区分的知识点。这些都是课程中真实发生的，根本不需老师过多去要求和灌输。园子里有的是孩子们好奇的课程资源，老师只需关注和指导。

此外，园子里还有纸笔，孩子们随时可以在这里写个收获、画个花草。有书可阅读、有电脑可查阅资料，甚至还有杯子和碗，能摘个番茄、黄瓜、生菜、苦菊，学做个沙拉，摘个金桔、薄荷做杯夏日特饮。正如陶行知先生所说的："生活就是最好的教育，我们的教育资源是来自生活，而不是书本。"生活即教育，让花园成为幸福教育的载体，让教育本身成为师生幸福的过程，儿童课程本就应该融合儿童的生活。

图 4 – 13　菜菜 798 生命种植园学习生态

图 4 – 14　学做沙拉

图 4 – 15　自主写生

图 4 – 16　学生手绘

四、以实践立场为原则推进课程实施

首先，课程需要在实践中实现。在小学科学和综合实践课程中，有关动植物的生命教学的地位举足轻重。但是学生如若没有体验，没有前概念，一切都是架空的知识，都是纸上谈兵。在教科版科学三年级下册就有一整个单元是关于植物生长变化的知识内容。通过进行整合设计，学生在菜菜798亲身经历播种、浇水、做肥料、施肥、捉虫、观察和记录等一系列种植体验的过程，收获的不仅仅是知识，更是有见识的教育。

图4-17　惊蛰播种

图4-18　小满授粉

另外，学生亲历种植或观赏油菜花之后，语文课可进行感悟表达，美术课可进行白描写生，科学课可进行观察解剖，真是一举多得。

图4-19　语文感悟表达、美术白描写生、科学解剖、科学观察

其次，课程也在实践中得以生成。例如立夏时节"一天不锄草，三天锄不了"，然而在实际除草过程中有的学生却发声抗议：杂草同样是生命，为什么要除？于是就这个问题，老师设计了"立夏除草"的课程，学生就"杂草要不要除掉"展开了激烈辩论。语文课上学习辩论技巧，信息课上收集整理资料，最终科学知识的积累、语言表达能力在辩论中得到充分运用。逻辑思维的培养、价值观的提升也在此过程中潜移默化地得以实现。

最后，课程还进行了留白性的拓展设计，各小组领到了一种莱莱798的杂草名，要自主决定它的命运。学生利用信息工具查找相关资料、寻找杂草后用"形色"APP进行确认。有认为该除杂草的小组，将杂草收集制作成标本，也有认为不该除杂草的小组，他们对杂草进一步观察确认，还给它制作了身份名牌。

安慰天使小屋

教育家苏霍姆林斯基在《给教师的建议》中说："请你任何时候都不要忘记，你面对的是儿童极易受到伤害的、极其脆弱的心灵，学校里的学习不是毫无热情地把知识从一个头脑里装进另一个头脑里，而是师生之间每时每刻都在进行的心灵的接触。"自建校以来，博才小学就十分关注儿童的心理成长，并于2008年设立了心理咨询室——安慰天使小屋。这里设施规范、环境温馨，便于学生敞开心扉在安定祥和的氛围中倾诉。安慰天使小屋根据学生校园生活不同的需要，分别以心理健康教育课、个别心理辅导、安慰天使节目等不同形式存在。

一、唤醒潜藏的自我成长

法国儿童心理学家瓦龙·亨利也注意到学校环境对儿童心理发展的重要性。他认为学校应当是一个良好的环境，学校的生活制度、课程设置、教材选择和教学方法等，都必须适应并促进儿童心理的发展，只有这样，才能达到教育的目的，使儿童在各个方面都能顺利发展。基于"新六艺课程"的总体构建，我们在核心素养之健康课程元素中，仍然十分注重学生的体验。"嗨，小果子"心理健康教育主题活动通过果实这样一个载体，让各个阶段的孩子都能和自己建立一种良好的关系，知道我是一个什么样的人，我有自己的优势和不足，我能依据自己的特点在项目活动中悦纳自己，并和他人友好合作。这一课程让亲子走到大自然去体验、认知果子的特点，而后让学生在各种学科课堂中去体验、研究，最后使其在队列展演中融入果实元素。通过强烈的仪式感，学生能感受劳动成果的来之不易、与人合作的乐趣。

每年的"5·25心理健康日"，我们会运用心理学的方法，并整合其他学科的资源，开展以体验为重点的系列活动。例如通过绘画感受自己的情绪的"画你画我画快乐"。在众多的绘画形式中，我们选择了象征着能力的手掌画。在学习生活中，我们握手、举手、挥手……手已经成为社交语言，它甚至能表达我们的态度。同学们描下手的轮廓，尽情地添加创作，留下了独一无二的属于自己的痕迹。我们看到学生力量感的呈现，内心对这个世界的美好憧憬。音乐老师带领学生唱励志歌曲，心理老师和学生一起诵读积极的暗示语录，并带领他们感受爱，传递爱，来一个爱的抱抱。

学校还开展了博才钢琴琴童的特别心理团体辅导，培养琴童们的校园小团体归属感。琴童们在老师的引导下弹弹自己心爱的曲子，与同伴互动感受"弹痒痒"，也会炫琴技，炫现场创作。苏霍姆林斯基说："音乐教育——这不是培养音乐家，而首先是培养人。"在这样的团队辅导、游戏中，孩子们相互学习，也明白了学琴的意义不仅仅是学会演奏技巧，更重要的是习得吃苦耐劳的精神，追求进取、向上的品质。

六年级"男孩女孩的交往"的心理团辅活动上，老师以这样一首小诗开启：童年时，我家的枣树上，总有几颗枣子红得特别早，祖母说："那是虫咬了心的。"果然，它们很快就枯凋。从男女生相互的心理、生理认知，到如何相互接纳、尊重与信任，老师始终以知心朋友的身份与孩子们交流，不着痕迹，但又滋润人心。

安慰天使小屋这一实践基地通过开展全校、各年级的团辅，尊重孩子的身心发展规律，陪伴每个年龄阶段孩子的成长。心理学家经过长期研究认为，儿童时期是培养健康心理的黄金时期，这样一个好的开始，将来一定可使孩子的品德智力得到健康的发展。

二、激活个体的美好能量

对美好事物的欲求奠定在个体生命初期，儿童教育的中心，就是给予一个人生命初期以美好事物的经历，激活个体人生之中对美好事物的爱。

安慰天使小屋不仅有面向学生来访进行心理面询的专职心理教师，也有一群特别的小安慰天使，这一美好的角色体验让很多孩子乐在其中。小安慰天使心理团辅课培训形式独特活泼，孩子们通过角色扮演、心灵互换、活动体验等各环节渐渐形成自己对小安慰天使角色的理解。之后，这些分散到各班的小安慰天使在老师的指导下，展开了自己的美好工作之旅。他们每月有班级心理观察手记，包含本月班级同学心理求助、班级感人事迹、班级感动人物、我帮助他人的小故事分享等。除此之外，每天下午三节课后，学校的各个角落，都能看到他们撒满爱的身影。有驻守在安慰天使小屋的小安慰天使助理，他们用心地接待着前来求助的同学，和心理老师一起帮他们出主意；有在全校巡视的小安慰天使，一旦发现有玩危险游戏、打架等不文明现象的，就会马上制止，为同学们的行为做出正确的引导。如果在巡视的过程中，发现有不开心的同学，就会走上前积极关注，和他们一起解决问题，把他们送进快乐的怀抱；学校还有小安慰天使老师，他们会主动找学校的插班生同学，和他们聊天，提供帮助，让他们在学校找到家的归属感。博才，在大安慰天使和小安慰天使们的共同努力下，将成为一个更加幸福而和睦的大家庭。

安慰天使小屋作为首批获得长沙市示范性心理咨询中心的学校心理机构，正在发挥着学校"新六艺课程"实践基地的更大功能。陈康先生在《理想国》中写道："国家的基础在个人，个人的基础在心灵。"这种激励、唤醒和鼓舞将引导学生进入更美好的心灵成长之路。

机器人社团实践基地

习近平总书记在中国科学院第十七次院士大会、中国工程院第十二次院士大会上提出，"机器人革命"有望成为"第三次工业革命"的一个切入点和重要增长点，将影响全球制造业格局，而且我国将成为全球最大的机器人市场。总书记明确提出要求："我们不仅要把我国机器人水平提高上去，而且要尽可能多地占领市场。"基础教育阶段的学生科学素养水平对国家的科技创新起到奠基作用。

其实，早在2006年3月，我校就成立了机器人工作室，编写了博才小学机器人教学资源包。机器人工作室自成立以来，多次参加国际、全国及省内各项机器人竞赛，取得了优异的成绩。多次获得全国赛、省赛团体一等奖。2009年被评为国际奥林匹克竞赛培训实验学校。该团队经过多年的发展已成为目前湖南省内最大的青少年机器人社团。

一、以培养学生的科学素养为实践基地的核心

科学素养是指对日常生活、社会事务一级个人决策中所需要的科学概念和科学方法的认识和理解，并在此基础上所形成的稳定的心理品质。机器人（robot）是自动执行工作的机器装置。在机器人教学中，我们的教师十分注重导语的设计，充分发挥导语的激趣作用、启发作用，引导学生乐于参与教学。如发问式：你想做什么机器人？你能让你的机器人为你服务吗？你能让机器人运送货物吗？你能让机器人按你指定的路线走吗？这一系列的问题，扣住了学生的心弦，驱动了他们的好奇心，接下去的新课讲授学生就很容易接受，也很愿意学习了。当然也可以让学生观赏美丽的图画、欣赏美妙的音乐、观看富有动感的视频……用这些生动、形象的具体例子，激起学生学习机器人的热情。

现实生活是一个不断发展变化的过程，现实生活为机器人课程提供了最丰富的活动内容。如何选取与学生学习、生活，与社会、与时代紧密相连的活动作为课程的主题，是机器人活动课程设计与实施的关键。我们的教师充分考虑到了学生的身心发展特点，并结合他们的生活经验和已有知识设计富有情趣和意义的活动，使他们有更多的机会从周围熟悉的事物中学习科学和探究科学。学生利用积木块搭建出各种形状的动物、交通工具、建筑物等主题作品。一个作品搭建完成又可以减少或增加积木变成另一个作品。正是这样千变万化的搭建，再通过程序的编写，让这些作品"动"起来，充分培养了学生的想象力和创新能力、动手能力。这些自始至终都是"玩"的活动吸引着孩子们，让孩子们身临其境。将生活中的知识应用到机器人课堂上来，再将学到的科学知识运用到生活中去，是机器人教学的一个重要内容。

二、以无边界式学习为起点开拓学生科学视野

博才小学成立"机器人俱乐部"，聘请校内具有丰富科技工作经验和成就的老师担任俱乐部部长，负责整个俱乐部的相关工作。成立"机器人俱乐部"后，用学生自愿报名、老师推荐等方式招收俱乐部成员，以老带新，成立俱乐部理事会，推选出理事会的理事成员。

成员可以学习软件编程、电子技术、单片机设计、机械工程设计等课程，同时我们增加学生接触高科技的机会，培养学生动手实践能力，让学生掌握基本的程序编程方法。如今机器人社团已经成为博才科技教育的品牌项目。

智能机器人教育产生的强大推动力，也让学生的科学兴趣得以持续激发。随着我校学生在近四年的全国 DI 创新思维挑战赛中多次获奖，科技教育创新阵地在我校得以巩固。现在，我们又在着力打造 DI 创新思维这一新品牌。通过校园科技节这一平台，学生将在 DI 教育当中学习到的方法、经验运用到实践中，从而将 DI 创新思维推向全校。如"搭台唱戏""我型我秀——帽子戏王总动员"，不仅让学生在动手操作中拓展了思维，而且也扩展了学生对科技创新理解的空间。现在，我们在 DI 社团的基础上继续全面推进，试图摸索构建一个 DI 创新思维特色化课堂，将创新思想、创新意识、创新精神植根在全体师生心中。

以探究为核心是科学课程的主要特点，孩子们在一次次的亲身经历中，明白了什么是真正的科学精神和科学态度，也理解了马克思的观点："在科学上并没有平坦的大道，只有不畏艰险沿着陡峭山路勇于攀登的人，才有希望达到光辉的顶点。"艰辛和劳累并没有吓倒孩子们，相反，愈来愈多的孩子兴趣盎然地加入到探寻科学奥妙的队伍中来。

(二)核心课程的样态——享想课堂

1. 为什么是"享想课堂"？

"新六艺课程"中的核心课程如何才能有效地发展学生的基础学力？博才小学的老师通过尝试实践之后提出的路径是"享想课堂"，这是基于三点思考：

(1)培养什么样的人？

我国古代圣贤老子说：道大、天大、地大，人亦大。人是一切中心，当然也包括我们的课堂。课堂是课程落地的载体，它必然也要将人放在中心。我们现在面对的学生，在 2049 年，他们会成为城市的建设者和接班人。到那时，城市需要怎样的建设者和接班人？谷歌人工智能领域前沿研究者雷·库兹韦尔预言，未来人工智能将会取代人类现有 65% 的岗位。那么机器不能取代的是什么岗位呢？这样的岗位需要怎样的能力呢？在众多的能力之中，创新思维、合作沟通能力摆在了首位。

(2)儿童是如何学习的？

教学之道，乃人学习之道，人发展之道。而学习的实质是什么呢？被誉为哈佛大学"最受欢迎的课程讲席教授"之一的迈克尔·桑德尔认为："学习的本质，不在于记住了哪些知识，而在于它触发了你的思考。"而学科领域的科学家们发现：儿童需要在问题解决的情境中发展学习与思维能力。因为在问题解决的过程中，儿童会在大脑中把看似无关的事物以某种方式连接起来，从而创造新的意义。儿童在这样的学习中获得自由，感受到学习的快乐。

（3）享想课堂的价值追求是什么？

享是享受、分享，想是设想、想象。

享受。有效的学习过程必定是享受的过程。我们的大脑有一个这样的特点，它最钟情于有趣的信息，会自动拦截、过滤掉那些不那么重要、不感兴趣的东西。当大脑处于放松警觉的状态时，是最理想的学习记忆状态。一节课中，我们可从学生的学习情绪、学习意志、学习注意力、学习参与度等评价指标来反思我们的教学内容选择、教学情境创设、教学方法运用是否让学生经常处于这种状态。同时，成就感也会引发学生持续学习的兴趣。这就是享受。

分享。日本教育学家佐藤学教授说：学习是同新的世界的"相遇"与"对话"。分享就是学生与客观世界（文本）的对话，与他人的对话，与自我的对话。我们老师在进行集体备课时，实际上就是一种学习共同体的对话，大家围绕一个或几个问题，在交流中碰撞，激发新的思维和灵感，尽管每一个人有差异，但每一个人都是主角，每一个人既是倾听者，也是观点的表达者，从而建构自己的思维逻辑。这就是一种真实的学习，这种讨论有预设，但更多的是新的生成。孩子们的课堂，也非常需要这样的"对话"，大家之间要建立相互倾听的关系。而作为教师，"要以慎重的、礼貌的、倾听者的姿态面对每一个学生，倾听他们有声和无声的声音"。

设想。包括预测、探究、检验。浙江金华的数学特级教师俞正强老师曾经讲过一个这样的例子：科学老师为了让学生了解"甜"，会分别让学生品尝白糖、红糖、蜂蜜、甘蔗等物质，通过学生多感官的体验建构甜的概念。在这个过程中，学生对不同的甜有预测，然后通过自主学习探索，讨论交流，发现质疑，检验自己的预测，构建新的知识逻辑，这种学习有效而让人记忆深刻。美国跨学科神经网络计算中心主任纳夫塔利·泰斯比认为：当经历学习过程，预测成功时，人会分泌多巴胺，会感到开心，进而不断想象、学习、检验。这是基于生物学机制非常好的学习方法。

想象（联想）。是知识、方法的运用、创造。真正的学习是发生在运用所学知识的时候。在这样的实践中，大脑神经元会不断进行强劲联接，旧知与新知融为一体。

享想课堂的理念是：让学生在课堂中享受思维的发展，释放学习的潜能。那么享想课堂在语文、英语学科上追寻的是什么呢？是激发言语创造力，开发人的言语潜能，实现语言与思维同构共生。它在数学学科上的表达又是什么呢？是基于数学学科的知识技能而形成的重要思维品质和关键能力的课堂。好的课堂不应只教给孩子知识，而是应用开放的思维去开启孩子的慧根，涵育人的情感，引领人的价值观形成。

不管是什么学科，什么样的课堂，都是以人的发展为目标，培养学生拥有持续一生的自主学习力。

2. 什么是深度学习？

（1）深度学习，不是程度的深浅，而是性质的深浅。

电视剧《少年派》与电影《银河补习班》两部片子引发了我们的思考：学习的最终目的是什么？怎样学习是有效的？由此我们可以联想到印度影片《三傻大闹宝莱坞》，不论是开头电击门口小便者，还是最危急关头紧急助产者的临时网络教助产，或是自制发电机、自制吸尘器吸胎儿，都完全体现了"印度理工"式教育：根于穷折腾、动手能力、理论转化为实践的能力。难怪有人感叹硅谷的高科技公司都被印度人占领了。印度教育深入核心的"穷折腾"精神，告诉我们深度学习不是刷多少难题，也不是背诵多少原理、文章，学习多少种操作技能。耶鲁大学校长理查德·莱文曾说："如果一个学生从耶鲁大学毕业后，居然拥有了某种很专业的知识和技能，这是耶鲁教育最大的失败。"深度学习是触及心灵，深在结构，深在规律的学习体验。

（2）深度学习，不在于结果的完美，而在于过程的经历。

日本动漫大师宫崎骏的《千与千寻》中有一句台词：有些事情经历了，就不会忘记，只是暂时没想起来罢了。只有在体验经历中，孩子才会习得面对未知世界的能力，课堂亦是如此，当课堂中学习者主动学习、学会学习时，学习才真正地走向了深处。

3. 如何实施享想课堂？

（1）享想课堂的四大主张

学习品质是儿童在学习过程中所表现出来的主动性与调控性的非认知特征，它关乎儿童怎样通过自己的努力去获取知识与能力。享想课堂从学习的品质出发提出四大主张。

第一大主张——强思维。从我国高考新政中我们发现，自主性强、思维活跃的学生今后将会在高考中占据绝对的优势。比如有一种学习方法，它被号称为终极学习法，是由美国犹太裔理论物理学家、量子电动力学创始人之一、纳米技术之父理查德·菲利普斯·费曼提出，人们称它为费曼学习法。费曼学习法的具体步骤，很简单，就四步：确定学习目标；模拟教学学习法；回顾；简化。通俗地说，就是把学到的东西通过简单形象的方式讲述出来。费曼自己曾说，要是不能把一个科学概念讲得让一个大学新生也能听懂，那就说明我自己对这个概念也是一知半解的。

费曼学习法是完全符合学习金字塔法则的，从图中我们可以看出，学生如果通过听讲、阅读、视听、老师演示等方法来学习，那么学习内容两周后在大脑中仅保存5%—30%，而通过讨论、实践、教授他人来学习，长久记忆最高可达到90%。

费曼学习法的精髓在于：以教促学，积极学习，在学习的过程中，结合理论和实践，将学到的知识传授给他人，这实际上就是从理解到重构再呈现的一种高阶思维过程，这个过程也是符合布鲁姆的认知规律的，这样的学习就是深度的学习。当然，我们不必去刻意地追求一种学习方式，但我们一定要抓住的是学习方式的内核——自主的思维发展。

学习中我们可用到的思维工具有很多，比如批判性思维、六项思维帽、水平思考法、可视化思维等等，这些思维方法是可以混合来使用的，但值得注意的是，在课堂中要凸显理解、联结、质疑、创造四个要素，强思维的这一特征才能得到显现。

学习内容平均留存率
（两周后还能记住多少）

听讲（Lecture）　　　　　　　　　　5%

阅读（Reading）　　　　　　　　　　10%

被动学习

视听（Audiovisual）　　　　　　　　20%

演示（Demonstration）　　　　　　30%

讨论（Discussion）　　　　　　　　50%

主动学习

实践（Practice Doing）　　　　　　75%

教授给他人（Teach Others）　　　90%

学习金字塔

图 4 - 20　哈佛大学的"学习吸收率金字塔"

第二大主张——动身体。在学习生活中，我们会发现某些信息只需一次即可长久储存，而大多的信息需要重复多次方可形成记忆。什么情况下，记忆能够长久呢？脑科学专家认为像表演、发声、画图、情绪体验等这些通过身体参与的学习方式会让学习内容记得长久。为什么会这样呢？生成认知理论代表人物瓦雷拉给了我们回答："人是驱使身体来学习的。通过身体与世界的关联作用，得以创造主体与世界。"比如在教学中我们用到的教育戏剧范式、图视法、个性化表达等，就是一种具身学习的方式，这样的做法能让学生、老师看见学习方式、学习过程，是一种看得见的思维活动，它能拓展人的潜能，培养人的终身学习的能力。

第三大主张——重合作。很多老师会提出这样的问题：为什么一定要在课堂中进行合作呢？我们可以从三个方面来回答。首先，从人类的演变过程来看，人是在交往中，在同他人的共同作业中自己得到了变化，这就是学习。例如婴儿生下来不会说话，他是在同母亲和其他家人一起互动中学习说话的，在这样的安心安全环境中逐渐成为操持语言的高手。其次，在班级授课制中，如何实现每一个人的真正的学习？怎样既满足上层学生的学习需求，又观照下层学生的问题？克服这个难题的办法就是基于小组学习的"合作学习"。第三，从社会发展的一个趋势来看，合作能力将成为未来人的一个核心素养。

怎样组织小组呢？日本教育家佐藤学教授在研究中发现，小组以男女生混合的四人为宜，男女生混编是为了激活思维，四人小组能形成平等倾听的关系，五人以上，往往就会有人成为"客人"。何时组织小组学习呢？佐藤学教授认为，当课堂中只有少数人举手，而多数人出现困惑的表情时，就要马上组织"合作学习"，使所有学生都致力于"冲刺与挑战"。在这里我们需要提出的是，我们强调合作学习的重要性，是并不否定自主学习的必要性的。因为自主学习是出发也是归宿。

第四大主张——融技术。享想课堂的"技术"既指信息技术多媒体的使用，也指我们采用的费曼学习法、情境学习法、图视学习法、评价与测量、互联网学习平台等多种学习脚手架、可视化工具、教学工具，还包括教学资源的利用整合等。不久的将来，借助互联网平台、VR、MR 等智慧平台优化学习就会成为我们的一种教学常态。

综上所述，我们可以将享想课堂的四大主张的要素做如下陈述：

表 4－3　"享想课堂"四大主张

主张	要素表达
强思维	理解联结—批判创造
动身体	具身学习—经历过程
重合作	自主学习—合作学习
融技术	资源利用—工具使用

（2）给教师提供脚手架

在学习的初期，有时学习者的理解可能是混沌的，这时他们就需要大量的脚手架、可视化工具、明确的反馈促进学习者入格、反思。这个原理对于老师也是一样的。在老师进行教学前，我们会给到大家一些脚手架，以帮助其更快地进入。

一图：知识（素养）图谱

我们通过前期的前置学习，已经在尝试思考、梳理学科的知识点与能力点，试图解读学科素养与知识能力的关系。这是教师备课之前的必经之路。

表4-4　数学学科一年级上册知识(能力)图谱

学科核心素养：数感、符号意识、空间观念、几何直观、数据分析观念、运算能力、推理能力、模型思想、应用意识、创新意识

单元	学习内容	知识技能	能力(素养)
准备课	1.数一数 2.比多少	1.能利用计数资源进行充分计数 2.能在充分计数的基础上辨认1—10各数 3.在丰富的比较资源中反复体验比较过程 4.通过两个层次的比较,帮助学生理解"同样多""多""少"的含义	1.通过计数和比较,锻炼学生的数感 2.通过培养观察的习惯,提升学生的数据分析观念和应用意识 3.采取合作交流的方式,培养学生的创新意识和合作意识
位置	1.上下前后左右 2.描述相对位置关系	1.直观演示上下前后左右的含义 2.动手操作中体验上下前后左右的区别 3.会用上下前后左右描述物体的相对位置	1.通过培养观察的习惯,提升学生的几何直观意识与空间观念 2.通过位置相对性的描述,培养学生的推理能力与应用意识 3.采取合作交流的方式,培养学生的创新意识和合作意识
1—5的加减法	1.5以内数的读写 2.5以内数的大小与数序 3.认识"<"">"" =" 4.加减法的初步认识 5.5以内数在日常生活中的应用	1.会正确认读写5以内的数,会用5以内的数描述日常生活中的物体 2.会用5以内数表示物体的数量和顺序,掌握几和第几的区别以及五以内数的组成 3.会用大于、小于、等于描述数的大小 4.会用自己理解的方法口算5以内加减法	1.通过相对集中编排和加强教学,提升学生的数感 2.通过比大小的活动,培养学生的符号意识 3.通过穿插加减法的练习,提高学生的计算能力 4.采取合作交流的方式,培养学生的合作意识 5.通过建立数与图的联系,渗透模型思想 6.通过计算方法的多样化,培养学生的创新意识

单元	学习内容	知识技能	能力（素养）
认识图形	1. 长方体 2. 正方体 3. 圆柱体 4. 球	1. 直观认识这些图形后，能辨认和区别这些图形 2. 在拼摆搭中进一步认知图形的特征 3. 能对不同的图形进行分类	1. 通过培养观察的习惯，提升学生的几何直观意识 2. 通过充分的动手操作，培养学生的空间观念 3. 通过图形的分类，培养学生的推理能力 4. 采取合作交流的方式，培养学生的创新意识和合作意识
6～10 的认识和加减法	1. 6—10 以内数的读写 2. 6—10 以内数的大小与数序及其组成 3. 认识"＜""＞""＝" 4. 加减法的初步认识 5. 6—10 以内数在日常生活中的应用	1. 会正确认读写 6—10 以内的数，会用 6—10 以内的数描述日常生活中的物体 2. 会用 6—10 以内数表示物体的数量和顺序，掌握几和第几的区别以及十以内数的组成 3. 会用"大于""小于""等于"描述数的大小 4. 会用自己理解的方法口算 6—10 以内加减法 5. 能独立完成连加连减的计算	1. 通过相对集中编排和加强教学，提升学生的数感 2. 通过比大小的活动，培养学生符号意识 3. 通过穿插加减法的练习，提高学生的计算能力 4. 采取合作交流的方式，培养学生的合作意识 5. 通过建立数与图的联系，渗透模型思想 6. 通过计算方法的多样化，培养学生的创新意识 7. 通过丰富有趣的数学情景教学，提升学生的应用意识
数学乐园	数学棋	1. 会遵守规则，进行数学棋的游戏 2. 能调用所学的内容，解决生活中常见的问题	1. 采取合作交流的方式，培养学生的合作意识 2. 通过丰富有趣的数学情景教学，提升学生的应用意识
认识钟表	1. 钟面各部分的结构名称 2. 整时的认读 3. 时间观念的建立	1. 能认知并说清楚钟面各部分的名称 2. 能准确地认读整时 3. 能在生活中运用整时来描述时间与生活场景的关系	1. 通过培养观察的习惯，提升学生的几何直观意识 2. 采取合作交流的方式，培养学生的创新意识和合作意识

单元	学习内容	知识技能	能力（素养）
20 以内的进位加法	1. 20 以内进位加的计算方法 2. 用加法解决实际的问题	1. 能用自己的方法完成 20 以内进位加法的准确口算 2. 能合理地运用加法列式解决实际生活情景中的问题	1. 通过培养观察的习惯，提升学生的几何直观意识 2. 采取合作交流的方式，培养学生的创新意识和合作意识 3. 通过穿插加减法的练习，提高学生的计算能力 4. 通过复习和梳理，渗透模型思想 5. 通过理解题意，提升学生的推理能力

两式：课题式学习、项目式学习

表 4－5 享想课堂"两式"学习法

学习类别	学习方式	学习结果
课题式学习	探究与发现	结论（本质、规律、原因、思想、方法、价值等）
项目式学习	探究与创作	作品（建立模型、设计方案、制作产品、创编话剧、组织活动等）

学习的方式有很多，但我们可以根据学习的行为以及学习的结果呈现，将学生的学习方式简单地划为两大类，一种是我们常见的课题式学习，这类学习方式引导学生在探究中发现问题，从而找到结论。这种结论是孩子悟到了学习的本质、规律、原因、思想、方法、价值等。另一种是项目式学习，它主要是通过探究与创作的学习方式来解决问题，其学习结果主要是以作品的方式来呈现，比如建立模型、设计方案、制作产品、创编话剧、组织活动等。

三阶：前置学习（原初问题）、深度构建（共生问题）、评价反思（衍生问题）

认知理论研究者还发现，人一般只会对自己较熟悉的事物产生关注，而在传统的教学中很少有学生是带着对所学内容的预先思考与自我理解走进课堂的，大都是老师的直接输入，这样就很难让学生有真正的思考。我们提出享想课堂的三个阶段：第一个阶段前置学习，学生根据教师设计的导学单开展有目标的学习，形成对学习内容的原初思考，并提出困惑与质疑；第二个阶段教师在课堂中提炼核心问题，引导学生自主合作探究，使旧知与新知建立联结，形成理解再运用所学的知识方法解决问题，并迁移开启新一轮的学习；第三个阶段评价反思，引导学生在"下课通行证"以及作业巩固中发现新问题并通过同伴互助或老师个别化辅导予以解决。

表4-6　前置学习设计

学科：语文 第11册	课题：丁香结
前置学习设计	
目标	让学生通过自读课文，梳理课文内容，能初步提出自己的问题
学习单设计	自读课文，完成下列问题 1.完成学习单 前置学习单 一、作者在第1-3自然段描写了"城里—城外—斗室外"几处地方的丁香花，请你从文中找出描写丁香花特点的关键词句写在横线上。 城里街旁　斗室外　城外段园 2.课文主要是写丁香花，还是关于丁香结的感悟？
反馈交流	在五年级阅读能力的基础上，学生能把握内容要点，在自主阅读基础上提出自己的疑问
问题聚焦	作者对丁香结的感悟是什么？为什么有这样的感悟？

四表：目标与内容的量表、学生课堂观察量表，教师课堂观察量表（包含基于差异的个别化精准帮助与测评表）、下课通行证学生自测表

表4-7　知识目标双向细目表

知识/目标	识记	理解	运用	分析	评价	创造
会写会认"缀""幽"等8个生字，正确读写"缀满""幽雅""笨拙""单薄""模糊"等词语	√					
正确、流利、有感情地朗读课文，理解课文内容		√				
享受阅读的过程，感受"形散神不散"的魅力。品读优美句子，体会散文的语言美			√	√	√	√

续表 4－7

知识/目标	识记	理解	运用	分析	评价	创造
阅读时能从所读的内容想开去，学习用多角度描写的方法进行习作创造						√
体会作者的表达方式，理解"丁香结"的象征含义				√		
感受作者豁达胸怀，培养自己以豁达胸怀对待人生中"结"的能力					√	

表 4－8　博才小学基于学生的课堂观察量表

评价指标	评价标准	学习过程纪要	A 人数	B 人数	C 人数	D 人数	分析
授课人：　　　　班级：　　　　观察范围：　　　　观察员：							
学习准备	课前物品准备到位						
	情绪准备到位						
	前置学习效果呈现						
学习习惯	对学习内容感兴趣						
	认真倾听						
	倾听时是否有其他辅助行为（笔记、查阅、模仿等）						
	愿意表达自己的观点						

评价指标	评价标准	学习过程纪要	A人数	B人数	C人数	D人数	分析
学习过程、方式	接受式学习的时间及状态						
	自主学习的时间及状态						
	合作学习的时间及状态						
	有哪些互动行为？（提问、回答、讨论、合作、交流、展示）参与互动的状态						
学习效果	学习目标是否达成？						
	不同学生的学习需求是否得到满足？						

建议：

表 4－9　"享想课堂"教师课堂观测量表

维度	视角	指标	教学过程纪要	评分(1—4)
设计	准备	教材分析		
		学情分析		
	目标	设计合理		
	内容	容量恰当		
		结构合理		
		兼顾学生差异		
		学科特色		

续表 4 - 9

维度	视角	指标	教学过程纪要	评分(1—4)
实施	呈现	讲解效度(清晰、精炼、契合主题)		
		板书效度(美观、简洁、主题突出)		
		行为效度(得体、规范、特色化)		
		信息技术效度(合理、新颖)		
	提问	问题设计(契合主题、难度合适、激发学生思维)		
		教师提问(把握时机、表述清晰)		
	指导	学习习惯的培养		
		学习方法(自主学习、合作学习、探究学习)		
	组织	教学机制(生成问题、生成事件、调整教学设计)		
		教学评价(及时、激励性、引发思考)		
反馈	作业	课后作业布置(方式、创意、针对性)		
	收集	课后作业评价(分析、指导、培优补差)		
		课堂资源收集(错误、问题、练习、作品)		

量表使用指南：1. 在课堂上根据量表指标填写教学过程纪要；2. 课后根据纪要针对指标说明进行评分；3. 评分说明：4 分(优秀)、3 分(良好)、2 分(一般)、1 分(有问题)

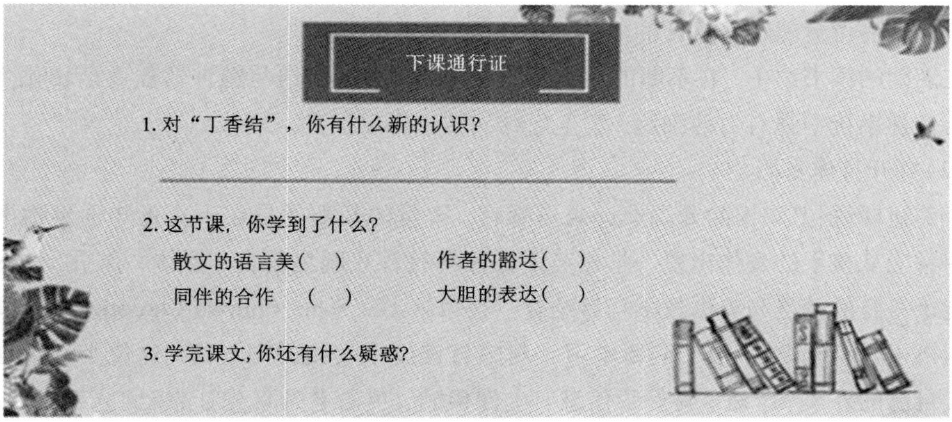

图 4 - 21　下课通行证

　　这四个表格都是基于教学目标，从享想课堂四大主张的要素出发确定课堂观察指标，为帮助教师观察课堂、反思教学而设计的。教师设计教学要以始为终，从目标、评价出发，思考教学过程，而后通过听课教师观察学生课堂表现、教师课堂行为，结合学生在下课通行证的自我评估，来反思教学的成功点和不足点，找到问题产生的原因，提出教学设计修改的方案。

4.享想课堂实际操作感悟

（1）思维玩转课堂

脑科学研究发现，人的大脑优势和思维偏好通过与大脑多功能区的合作交流会受到刺激协同发展，学习记忆效果会大大提升。合作是一种优势分享、平等对话，在这样的情境中，才会有真实的学习得以发生。

学生是学习的主体，学生的学习是一个自己进入和完成认识的过程，我们教师的引导应着眼于学生潜能的唤醒、开掘与提升，促进学生自主能力的发展。

苏轼的《记承天寺夜游》一课选自初中七年级教材，我们的老师将之置于六年级的课堂，孩子们竟然也学得饶有趣味。思维在惊奇中产生，语言伴随思维的发展而发展。课堂上，孩子们从读带标点符号的古文、不带标点符号的古文，再至挑战朗读自上而下、从右往左写的古文，每一次挑战都有惊喜，每一次朗读都形成了学生更强的文言文语感。就这样，读出了文言的味道，读出了宁静的氛围，继而提升至读出夜游的兴致。语文课的教学应在学生心灵感动中进行，孩子们渴望读得更好，于是自主思考、发现：我觉得"相与步于中庭"要读出一点夜游的兴致来，因为见到了好朋友，自己的心情自然高兴了起来；"欣然起行"，月色照着，作者兴致非常好，于是便很快从床上爬起来，然后去找张怀民；"盖竹柏影也"体现出一种恍然大悟的高兴的情致……读与思结合，与说联系，由此有了学法的获得与运用。读至"庭下如积水空明，水中藻荇交横，盖竹柏影也"，孩子们从语文的角度质疑，惊讶地发现字里无月，却处处有月境。于是，老师和孩子们一起展开群文阅读，发现很多诗人写诗竟然也有这样的妙法。

在朗朗的读书声中，在不断的质疑与发现中，误文的言语与精神营养逐渐转化为学生语感与精神系统中强有力的细胞，学生思维品质也得以提升。

（2）打开身体密码

夸美纽斯说："知识的开端永远来自感官，智慧的开端就是在于真正知觉事物本身。"好的课堂应从孩子的身体出发。学校英语教师将教育戏剧集语言、形体、音乐、美术等多元智能于一身的特点与英语教学巧妙结合。在"I've Got Some Chinese Chopsticks."（我有一些中国筷子）这节课中，孩子们要学习一封来自美国小女孩的交友信，这位小女孩在信中谈到了自己的外表、家庭、喜好等信息。上课伊始，英语老师首先让自己"入戏"，以语言描述与肢体表演的形式，让学生猜测老师表演的角色，从而引出本节课的主角——美国小女孩 Laura（劳拉）。呈现出本节课的核心句型后，老师又使用"角色扮演"的方式让孩子们两人一组同时饰演劳拉，一个孩子口述劳拉的信息，另一孩子将这些信息以肢体语言的形式表现出来。最后，老师让学生通过"即兴表演"的形式回一封信给劳拉，实现知识的重构与创新。在这节课中，老师引导孩子用身体表达自己，也学会从身体出发理解他人，用情景表演的方式，为孩子们创设了一个尽情发挥想象力、愉悦地自主参与、合作体验的氛围。这种全脑、全身、全方位的学习方式，既培养了学生的想象力、创造力、表现力，又培养了学生的合作、沟通能力，促进了孩子内省力的觉醒。

（3）发现跨界之美

在实践中我们发现，即便是分学科教学也可以适度打破学科边界，让孩子们在这些跨学科的信息中感受到事物的内在联系，这是置于整体情境之中美的体验，这样的课堂孩子们才会享受到学习的快乐。比如，以严谨见长的数学课原来也可以这么美。博才的数学老师们在课堂中融进了美丽的绘本故事，比如一年级的"猜猜我是谁"启蒙课让学生体会数学的奇妙，"上帝的指纹"让学生惊叹万物之间的联系，"建筑中的数学"让学生萌发了做建筑师的梦想，"炫酷的 popping"更是结合我校街舞特色，让孩子们感受艺术与数学的关联。而创意思维课堂则把原本难度较大、抽象的知识变成了一节节趣味十足的游戏课，孩子们时而徜徉在童趣的情景故事中，时而又独立挑战，时而与小组同学体会合作的快乐，时而又体会生活中无处不在的数学知识，这样的课堂，孩子们不仅能体会到挑战的刺激，还能感受到成功的愉悦，更重要的是能在生活情境中获得一种整合各种信息解决问题的能力。

（4）在留白处顿悟

所谓留白是指课堂不仅仅是教师的讲授、预设，还留有足够的时间让学生发现、探究、质疑、生成。我们以一节体育课为例，这节课的教学重点是折返跑，包含耐久跑、快速跑。体育老师从生活出发，巧妙地将定向越野的趣味性、敏捷性等游戏特点与本节课的教学内容进行结合。他给孩子们提供了三张任务卡。第一张任务卡的要求是：根据地图寻找一个目标点。活动路径为：放手体验—反思方法—学习强化折返跑。体育老师引导孩子们在体验之后自己归纳出完成任务所要具备的几个条件：明确方向、找到参照物，要善于合作，跑的技巧和耐力、速度。第二张任务卡要求是：根据地图寻找两个目标点。这个环节老师关注的重点就是孩子们的合作与反思，以及折返跑的动作纠错。第三张任务卡则给孩子们提供了选择的空间。摆在每个孩子面前的是三张不同要求的任务卡。孩子们既可以选择相对容易一点的 2 个目标或 3 个目标，也可以选择具有挑战性的多个目标。每个目标点的设计，老师会尽量做到让孩子们充分练习折返跑、耐力跑。在整个学习活动中，孩子们智慧分享，有了更多独立解决问题的时间和空间，跑步素养也得以提升。

基于以上实际情况，学校以一学年为单位，分上下学期举行"享想课堂"青年教师赛课（其对应我校教师"四个工程"建设之青蓝工程和脱颖工程的教师）、"享想课堂"校级骨干教师赛课（其对应我校教师"四个工程"建设之蓄锐工程和卓越工程的教师）。观摩过课堂竞赛的家长们这样说："孩子们的表现真棒！老师们上课的方式更棒！"同时，每一届比赛开幕式、闭幕式上我们还会邀请到省、市、区教研员前来为我们做指导，并请教研员们为老师们上现场观摩课，与我们一起研究"享想课堂"。（以下是赛事进程安排示例）

活动进程	赛前培训第1—2周	由教研组长聘请资深教师专家为全体比赛选手做赛前"如何备课和磨课"的讲座培训。
	初赛第3—9周	在学科行政和教研组长的组织下，两工程青年教师在组内展示15—20分钟的教学片断，其中穿插教师三维评分细则点评。
	磨课第10—12周	组内组织3—5人不等的高级别磨课团队，全方位打造包装组内赛课及磨课选手，同时，进行课堂模型提炼研究，力求在决赛中体现磨课成长效果。
	决赛第13周	12名初赛胜出课选手及12名评课教师，在学校大礼堂，3个半天，完成3个组，每组4节课，共计两个校区12节赛课决赛。

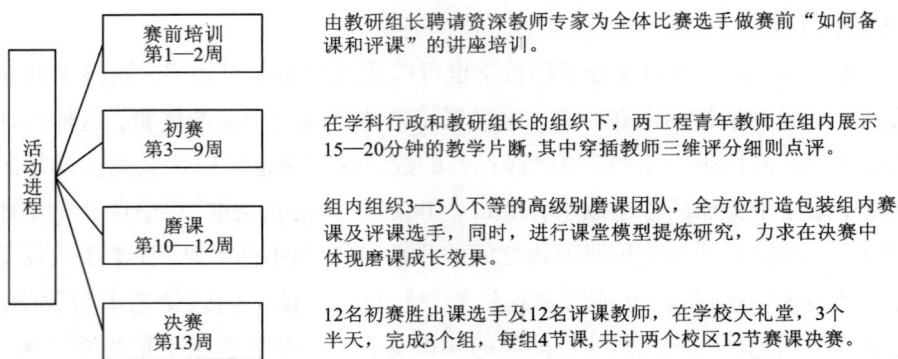

图4-22 享想课堂赛事进程图

现在，我们的课堂上可以看到大家经常围绕一个或几个问题，在交流中碰撞，激发新的思维和灵感，尽管每一个人有差异，但每一个人都是主角，每一个人既是倾听者，也是观点的表达者，从而建构自己的思维逻辑。这就是一种真实的学习，这种讨论有预设但更多的是新的生成。而作为教师，则以慎重的、礼貌的、倾听者的姿态面对每一个学生，倾听他们有声和无声的声音。真实的学习是快乐的。这是一堂特别的语文课，执教者李理老师这样说道："六(7)班孩子是我从二年级带到五年级的一群孩子，我们彼此熟悉。这学期不教他们了，孩子对老师的情感纯洁真挚，如果再有这样一个机会我们一起上一堂课，我觉得他们也许会感到小小惊喜。他们大部分爱阅读，成昶卫等同学爱古诗词创作，前阵学校诗集征稿，他交来一篇稚嫩作品《天净沙·采荷》。我由此想起马致远的《天净沙·秋思》，继而想到片段连缀式作文法(孩子们没学习过)。最后一课，我希望我们能轻松愉快，同时有所收获。"在相互尊重、平淡而深沉的课堂氛围下，老师的结语如此细腻、动情："关于片段连缀式作文，我们今天讨论的还只是一点皮毛，只是初步了解了它的结构，学习了怎样选取片段，轮廓分明了，还需要血肉饱满，就是还要把一个一个的片段内容写得生动具体、文采飞扬，那就得靠你自己了。也许这真的就是李老师给大家上的最后一课了，希望你们依稀记得，最后一课，李老师和大家一起温习了一首别致的《天净沙·秋思》，学习了一种叫片段连缀式作文的方法，如果你们以后能用上这个方法并且觉得好用，那我就太开心了，因为，我是把它当作一件礼物，送给你们的。最后，还告诉大家一句话：念念不忘，必有回响。其实，这个念念不忘不仅指人，还可以是写作、是学习、是追求、是信念、是梦想，希望我们7班的每个同学坚守自己心中的梦想并为之努力，要相信，念念不忘，必有回响。"

5. 享想课堂的实施案例

呈现真实课堂，培养质疑精神
——"三角形的三边关系"教学案例

表 4-10 "三角形的三边关系"前置学习设计表

前置学习设计	
目标	1. 了解学生学情，找准本节课的教学起点 2. 让学生提前了解什么是三角形的三边关系 3. 思考：三角形的三边关系真的是这样吗？调动学生的旧知，提前进入学习准备
学习单设计	**学生前置学习** 班级：　　　　姓名： 1. 下面三根小棒可以围成一个三角形吗？你是怎么判断的？ （能的在下面画"√"） 2 cm　4 cm　6 cm　　9 cm　3 cm　5 cm　　3 cm　5 cm　5 cm 2. 试一试 现在有长度为 2 cm，3 cm，4 cm，5 cm 的木棒，从中任取三根围成一个三角形，可以怎样选？
反馈交流	1. 学生自我回忆有关三角形的各项知识 2. 在已有知识的基础上，对三边的关系进行扩展探究
问题聚焦：	1. 70% 以上学生根据回家提前学习所得，可以正确判断怎样的三根小棒可以围成三角形 2. 60% 的学生不能从题目 2 中找全所有的情况

表 4-11 "三角形的三边关系"教学双向细目表

知识/目标	识记	理解	运用	分析	评价	创造
三角形三边关系的定义	√	√	√			
三角形三边关系的理解		√	√	√		
三角形三边关系的探究			√	√		√
三角形三边关系的证明			√	√	√	√

【教材分析】

"三角形的三边关系"是人教版课程标准实验教材四年级下册"三角形"中的第三课时，该课时是在学生初步了解了三角形的定义的基础上，进一步研究三角形的特征，即三角形任意两边的和大于第三边。三角形三边关系定理不仅给出了三角形三边之间的大小关系，更重要的是提供了判断三条线段能否组成三角形的标准，熟练灵活地运用三角形的两边之和大于第三边，是数学严谨性的一个体现，同时也有助于提高学生全面思考数学问题的能力，它还将在以后的学习中起着重要的作用。

【教学设计理念】

学习，应该是一个不断试问的过程，一个不断解决问题的过程。没有问题的学习，一定不是生动的学习，也不是有效率的学习。数学，本身就是对现实的拷问，是对现存自然秩序的一种怀疑。因此，数学教学需要我们能够以疑为线索，以思考为核心，引导学生形成良好的思维能力和合理的思维习惯，培养其科学精神；同时充分激发学生的疑问意识，夯实其学习的主体地位。

"三角形的三边关系"通常是通过操作、实验，再总结得出"三角形任意两边之和大于第三边"这一结论的。还原课堂不难发现，学生通过探究而得出结论的过程总有生硬、牵强的感觉。即使顺利得出结论，本课也只能看作是一次意义不大的探究活动。因此我对本课的设计不只在于怎样得出结论，而是想让学生以科学认知的态度去看待结论。所以我的设计思路是开门见山出示结论，在理解的基础上，引发学生的质疑。"三角形任意两边之和大于第三边"你们相信吗？享想中含有设想的意思，其中包括预测、探究和检验。由质疑而产生思考，最后验证。

经过一个例子的验证，继续引发质疑。接着多个例子的验证，再次引发质疑。"通过一些例子的验证，我们可以相信这个结论了吗？"学生认识到三角形的个数是无限的，我们并不能列举所有的例子，怎么办？于是继续思考：有一个怎样的三角形这个结论就不会成立？是不是有两边之和不大于第三边也能围成三角形呢？只要有一个反例，结论就不存在。接着我让学生通过素材寻找反例，并借助于 Flash 信息技术手段的演示，并在此过程中引发矛盾，学生感受到三角形任意两边之和不大于第三边的反例是不存在的。能找到说明结论正确的例子，并且找不到反例，在留白处顿悟，学生由此相信，面对任何一个三角形，真的是任意两边之和大于第三边。

借着一个定理的学习，学会如何以一个正确的态度看待几何定理，甚至是数学问题，这是我设计本课的理念。思维玩转课堂，有效的学习得以发生。享想课堂理念的提出意在说明，有效的学习过程必定是享受的过程。

【教学目标】

1. 乐学：激发学生对数学的探究兴趣，并感受探索成功的喜悦；

2. 学会：通过画一画、摆一摆等操作活动，验证三角形任意两边之和大于第三边是成立的；在实践活动中，培养学生正确看待一个几何结论的态度，学会用举例子和寻反例的方法去验证一个结论；

3. 会学：培养学生学会质疑。

【教学实录】

（一）开门见山出示结论

1. 出示结论

老师：在《几何原本》中有一句这样的话（课件出示图4－23）

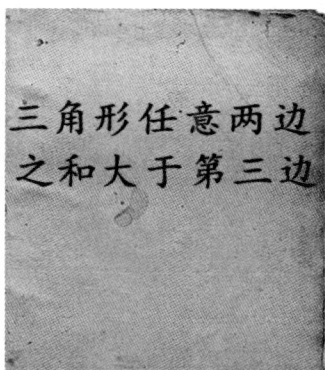

三角形任意两边
之和大于第三边

图 4－23

老师：来，齐读一遍（板书）：三角形任意两边之和大于第三边。

2. 理解结论

老师：能理解这句话的意思吗？谁愿意说一说？

学生：就是两边的长度和要比第三边长。

老师：如果周老师在黑板上画一个三角形（在黑板上画出三角形），你能上来比划出你的意思吗？

老师：这就是任意两边之和大于第三边的意思吗？（底下有学生举手）你为什么举手？

学生：不止他那样，还有。

老师：请你也上来说一说。

学生：不止有这两边之和大于这一边，还有这两边之和大于这一边，还有这两边之和大于这一边。

老师：你们都能听明白他说的意思吗？（有学生摇头）

老师：如果我给这三条边都取上名字（在三角形的三边上板书 a、b、c），你能再说一次吗？

学生：有 $a+b>c$，还有 $a+c>b$，还有 $b+c>a$。（教师板书 $a+b>c$，$a+c>b$，$b+c$

> a)

老师：你们都同意吗？

学生：同意。

老师：你现在明白这句话的意思了吗？（指明刚刚上台没有说好的同学）

老师：你们都能明白？（再叫两个学生上台演示）

(二)树立态度，验证结论

1.引出质疑，引发验证

老师：这句话的意思你们是明白了，那对于这句话，你相信吗？（连续问一行学生）

学生：相信(不相信)。

老师：有人相信，有人不相信，怎么办？（面对一个结论我们不能轻易相信，也不能轻易不信，怎么办？）

学生：验证。

2.验证，引发不断质疑

老师：那你们要怎样验证？

学生：画一个三角形。

老师：黑板上正好有个三角形，用它试试可以吗？

老师：接下来干吗？

学生：测量三边的长度。（老师测量并板书）

老师：然后呢？（我们来比较看看）

学生：再比较(老师问要比较几次)3次。（教师根据学生的意思板书）

老师：这个例子可以说明这句话是？（学生答：对的）那你现在相信这句话吗？

学生：不相信。（老师：有例子可以说明这句话是正确的，为什么你还不相信？）还有其他的三角形。

老师：你怎么这么厉害呢？通过一个例子就能说明这个结论是对的吗？你接下来想做什么？（学生：再画一个三角形）请你们拿出铅笔、尺子在稿纸上举例验证。

老师：有谁愿意分享你的验证(你的三角形三边长度分别为？通过这个例子说明这句话是?)还有愿意分享的吗？（请两个同学上台分享）

老师：刚刚的例子(板书：举例子)都是说明这句话是对的，有说明这句话是错误的例子吗？现在，你们相信这个结论了吗？

学生：相信。

老师：有还不相信这句话的吗？这么多人都相信了，你怎么还不相信？

学生：不见得所有的三角形都是这样的，可能有特别的三角形。

（有刚刚相信的学生又说不相信了）

老师：你怎么变了？你怎么也变了？三角形的个数是？（学生：无限的）我们能把所有

的三角形都验证吗? (学生:不行)那怎么办?

学生:就像他说的,是不是有不是这样的三角形。

老师:你怎么这么厉害呢? 既然无法研究所有的三角形,我们有时候要换个角度思考,是不是有两边之和不大于第三边也能围成三角形的。(板书:不大于)如果有一个这样反例存在(板书反例),我们就可以说这个结论是? (学生:错的)

3.寻找反例,引发矛盾,深度感受

下面我提供一些数据,要研究反例你怎么选?(出示图4-24)

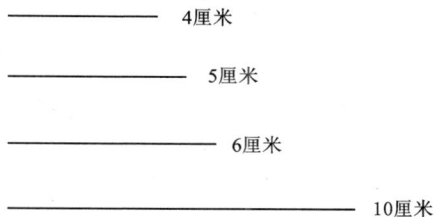

图 4－24

学生:4、5、10(老师:为什么?)因为 4+5<10(板书4、5、10)。

老师:还有其他的选择吗?

学生:4、6、10(老师:为什么?)因为 4+6=10(板书4、6、10)。

老师:这样吧,下面我们先研究(4、6、10)能否围成三角形。请你们打开学具袋,拿出长度分别为 4 厘米、6 厘米、10 厘米的三条纸条。动手围一围,看看能不能围成三角形。

老师:有能围成三角形的吗? 请你上台围一围。(请学生上展台展示)你们觉得这个是边长分别为 4 厘米、6 厘米和 10 厘米的三角形吗?

学生:不是,这两条边没连接在顶点处。

老师:有人认为这是(4、6、10)的三角形,有人不同意,怎么办?

老师:当我们用实物操作遇到问题的时候,我们可以借助想象来解决。(出示图4-25)

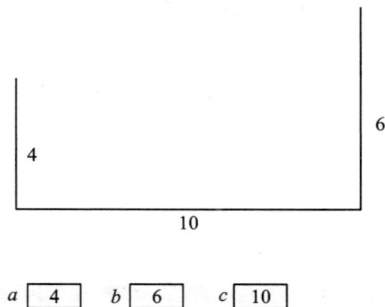

图 4－25

老师：如果要围成三角形怎么办？（学生：把4、6两条边往中间靠）（重复感受两边的运动过程，及运动轨迹）（演示图4-25、图4-26的过程）

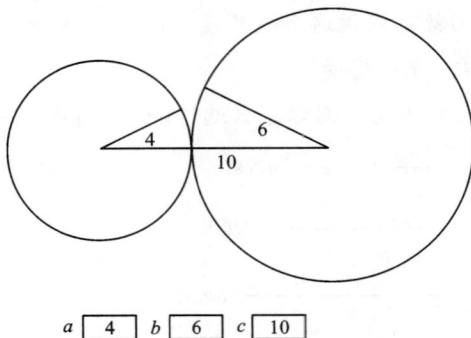

图4-26

老师：（指明上台围成三角形的学生）你现在还觉得(4、6、10)能围成三角形吗？（学生：不能）为什么你变了？

学生：因为当4厘米和6厘米连在一起的时候会与10厘米的线段重合。

老师：还有觉得(4、6、10)能围成三角形的吗？（有个别学生脸上有疑惑但是没举手）我们再来感受一次。

老师：我知道，你们一定会有疑问，通过想象(4、6、10)不能围成三角形，为什么用实物又好像能围成呢？（出示图4-27）

图4-27

老师：我这就是长度分别为4厘米、6厘米、10厘米的三条线段。要把它们围成三角形我们得这样（由图4-27演示到图4-28）。

图4-28

老师：围成三角形后，我们可以找出它们的三个顶点。不难发现我们围成的三角形其实并不是实物表示的那样，而应该是用虚线表示的三角形。这个三角形的上面两条边（指示）的长度分别为？（学生：4厘米、6厘米）那底下的那条边长度是多少？

学生：不知道。（老师：有10厘米吗？）没有。

老师：如果底边长有10厘米会怎么样？（学生：会与上面两条边重合）

老师：现在能明白，实物围成的三角形的边长并不是(4、6、10)了吧！那(4、5、10)你们觉得可以围成三角形吗？

学生：不可能(老师：你是怎么想的)(4、6、10)都不可能围成，(4、5、10)就更加不可能了。（老师：为什么更不可能）因为4厘米和5厘米加起来还没有10厘米长，围不成。

老师：你们都是这样想的吗？我们一起来看看。（演示图4－29）

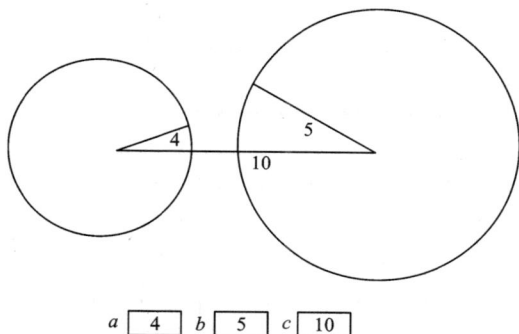

图 4－29

老师：通过刚才的感受你们觉得两边之和等于第三边可以围成三角形吗？（反复演示图4－25）（学生：不能）那两边之和小于第三边能围成三角形吗？（反复演示图4－29）（学生：不能）也就是说我们找不到反例。

老师：现在你们相信这句话吗？（学生：相信）同学们，面对一个结论如果我们能找到一些例子说明它是正确的，又不能找到反例，我们就可以相信它。今天我们学习的内容就是（板书：三角形的三边关系）

老师：我希望今天你们能学会这个内容，更希望你们能记住今天我们学习这个内容的过程，期待以后的你们越来越会学习数学。今天我们的课就到这了，谢谢你们，下课吧！

表 4-12　课后学习辅导设计

课后学习辅导设计	
目标	1. 了解学生对本节课知识的掌握情况 2. 让老师了解教学目标的达成情况并反思调整 3. 引导学生对自己学习情况进行自我检测及反思
作业单设计	 下课通行证　　姓名： 1. 用自己的理解来说说三角形的三条边有何关系。 2. 在这一节课中你学会了什么(除了本课知识)？ 3. 通过本课，你发现在数学学习上你还有哪里需要改进？
情况反馈	学生课堂参与度较高；对教学内容掌握情况较好，90%左右的学生能够在理解三角形的三边关系的基础上，学会学习定义和概念。从下课通行证反馈来看，教学设计中的个别环节需要加强学生问题意识的培养
跟进措施	1. 教师调整教学设计中的个别环节，促进目标的达成 2. 对于个别掌握情况不佳的学生进行跟进辅导

(本课获得全国小学数学第二届魅力课堂竞赛暨第四届名师课堂展示特等奖)

(三)核心课程的研究平台——加水教研

"新六艺课程"将核心课程的课堂教学调整为 35 分钟，比原来的课时缩短了 5 分钟。可就是这 5 分钟，也着实让老师们在调整之初很不习惯，很多老师反映说既定的课时内容教不完。这是我们课时调整之初便设想到的，35 分钟，势必要求各学科教师向每节课要效率，必然在课堂教与学的方式上进行探索。"教学的问题在于使学生的经验不断地向着专家所已知的东西前进。所以，教师既需要懂得教材，还需要懂得学生特有的需要和能力。"作为教师，需要"把教材作为在全部的和生长的经验中相关的因素来考虑"。而在促进教师备课这一专业成长的路上，同伴互助一定是便捷、有效且具有持久力、生命力的方式之一。

1. 生命中的每一刻，都在帮你我加水

著名特级教师于漪说："备课即研究。"而现实中很多教师因过度依赖名师的教案而放弃了自己的深度思考。为解决教师备课的难题，学校推出了"加水教研"。水是生命之源，能量之源。加水教研的品牌诉求语是：生命中的每一刻，都在帮你我加水。

　　学校将教师按照3—5人一组的方式成立TT团队，每个团队由TT教师（领衔教师）带领进行"独立备课—集体研课—观课议课"集体磨课活动，关注学与教的各项动态数据分析评估，进行享想课堂范式研究，探索享想课堂的一般规律。一组单元教学内容会分解到同学科年级组的每一位教师手中，这位教师在一周中集中精力备好一个内容，等到了周研的时候再和大家共同探讨，形成定案大家用到下一周的教学中去。每月一次的开放课，则给了大家观察、诊断、分析、交流教学实施的机会。这样做的好处，是帮助教师深度备课，既节省了时间和精力，又便于教师在研课中达成教育共识；同时老教师的智慧被共享，也避免了新教师因经验缺乏而影响孩子的成长。这种智慧分享的过程就是"加水"的过程。传承博才的"分享教育"理念，我们始终相信一个人可以走得很远，一群人才会走得更快。

　　美国《连线》主编凯文·凯利在《科技对未来的影响》报告中谈到："在未来，所有我们可以想象得到的、能够被分享的东西都一定会被分享。"最先启动"加水教研"的英语组感言：我们自己存在的短板，让我们困惑已久的问题，不需要出远门、不需要求大师，在组内某次周研中就能完美解决。语文备课组长这样说：这不是一个人在备课，而是与办公室的教师们一起探讨遇到的问题，形成具有集体智慧的教学资料。每位主备人遇到难以处理的问题总是会请教导师的意见。如此看来，每篇课文主备人悉心备课，吸收和采纳众多意见，再融入本人的思想，就能在周研时形成有效的教学方案。

　　迈克·富兰曾生动地说道："当教师在学校里坐在一起研究学生学习情况的时候，当他们把学生的学业状况和如何教学联系起来的时候，当他们从同事和其他外部优秀经验中获得认识、进一步改进自己教学实践的时候，他们实际上就是处在一个绝对必要的知识创新过程中。"老师们通过"加水教研"，开展合作交流，解决教学问题，让35分钟的课堂得以增效，而最受益的一定是课堂中的学生。

2. 既要做正确的事，也要正确地做事

　　我们以"加水教研"促进教师专业成长，是落实常规常态课堂的有效方式。如果主备人是年轻教师，一般会在教学重难点与策略，或是个性生教学等方面请教经验丰富者，这对其把握方向、少走弯路有着极为重要的意义；资深教师作为主备人则是经常需要信息搜集与处理方面的帮助，年轻教师知识储备更新更快，创新的思维更容易激发出来，处理技术性的问题更得心应手，所以他们的参与能改善与提升年龄稍长的主备人备课效率。

　　一位刚工作一年半的数学教师坦言："备课对于教学新手的我一直是个问题，每一学期所接触的教材，对我来说都是新的，知识点之间前后的关系把握不好，有时上一节课的重点没抓住或是难点没突破，又得花新课的时间去补窟窿，我就像一个水性不好的人，看着湍湍河水，一个人摸索着过河的路，走得慢且艰难。而通过数次'加水教研'，我在备课这条路上收获了很多，前面有导师带领，还能与同伴携手过河，我们感到踏实且安心。有一次我备课的内容是除法的解决问题。我将教学重点放在如何教孩子通过图来解决平均分以及包含除两种除法意义的数学问题上，我自以为这样的设计是可行的，然而在导师的指导和团队的帮助下，我才发现整节课最重要的环节是教孩子如何读题、审题，这一部分我竟全然略过。可以说，如果没有这样的说课，没有导师的指点，一节旨在培养孩子能力的新课会被我上成旧知识的练习课。自那以后，我在备'解决问题'这一类型的课时，都会注重孩子读题习惯的培养，后来渐渐发现，孩子确实有很大的进步。"

所以，在教学研究性活动中，必须要注重团体中教师的合作与交流。日本学者佐藤学称之为"合作性同事关系"。在"合作性同事关系"中，"一个老师，要紧的不是忙着去否定，不是去证明，更不是糊里糊涂地照搬，不加任何改变。他应当像蜜蜂一样，在教法的百花园中到处采集有用的花粉，回来酿造自己课堂教学的蜜"。

对于集体备课，余文森教授这样说道，我们更希望听到在集体备课中学习和运用了哪些教学法；在集体备课中解决了哪些问题，而且是个人力量不能解决的问题，同时又产生或提出了哪些新问题；在集体备课中诞生了哪些"点子"，哪些点子是原创，哪些点子在实践中被证明是"金点子"。在集体备课中，老师们不仅分享彼此的经验智慧，更增强了凝聚力、集中了老师的注意力、融洽了老师间的关系等，这些也是集体备课"软成果"，这是更重要的成果。因此，我们还要求老师们树立大备课观，备课可以延伸至教师的生活。教师唯有不断学习、阅读，才能厚积薄发，才能在"加水教研"中有更多的能量之源。

二、主题课程发展综合动力

1996 年，联合国教科文组织国际教育发展委员会提出的教育目的是：把一个人在体力、智力、情绪、伦理各方面的因素综合起来，使他成为一个完善的人。这个完善的人是全面发展又富有个性的健全、和谐、自由的人，始终拥有朝向美好、朝向未来的心境和能力的人。在通过核心课程为学生夯实基础学力的基础上，博才小学又提出主题课程的建设，其原因有三：第一，儿童是通过整体感知的方式来认识世界的。著名教育心理学家维果茨基说："儿童的直觉、思维、动作中都显露出根据统一的印象将各式各样缺乏内在联系的成分连接成不能分割的混合形象的趋势。"主题课程以主题任务的方式为学生呈现一个事物或现象的整体，让学生在整体中综合运用分科知识与能力去解释、探究、解决遇到的问题。第二，生活中的事物本就以整体的方式存在，解决生活中的问题并不能靠单一的某一学科思维。比如，纽约一幢多层办公楼里，租户们每天都在抱怨等电梯的时间太长了。于是办公楼的经理向一家从事电梯系统设计和运行的专业工程公司求助。工程师们在听了对问题的描述之后，做了长时间调查。提出了三种办法应对当前的局面。其一，增加电梯数量；其二，现有电梯换成速度快一点的电梯；其三，可以引进电脑控制。而一位心理学专业的年轻人则认为，问题的关键是如何让这些等待者在等待过程中心情愉悦地打发时间。他提议在等电梯的地方安装几面镜子，这样一来，那些等电梯的人就可以看看镜中的自己或别人，但却不会被看出他们在照镜子或看别人。经理采纳了他的建议。镜子很快装好了，成本低廉，等电梯时间长的抱怨声也随之消失了。电梯装镜子的想法，已经跳出了根据学科的分类来单线条地解决问题的思维，这是一种综合思维运用的体现。第三，未来社会需要更多具有综合能力——特别是创新能力与合作能力的人才。过早地分科教学，不仅破坏了知识的完整性，还降低了人运用多学科知识解决问题的能力，降低了人的创新能力，因为很多创新往往发生在不同学科间的交互与融通之中。

美国佛罗里达州立大学艺术教育系博士陈怡倩教授给统整课程下了一个定义，即把两个以上的学科知识有效地联结、利用、融合成一个整体的教学架构，来帮助学生跨越各学科，获得对知识的全面理解。依据这个定义，我们将学校统整课程分为几种类型：学科延展课程、专题学习课程、基地实践课程、主题实践课程。接下来我们介绍的主要是主题实践课程。

（一）主题课程的框架

主题课程是以主题为导引，通过学生自主体验、合作学习，综合运用多学科知识与能力解决真实问题的学习载体。主题课程发展的是学生通过自主学习、相互沟通、共同合作在真实情境中解决真实问题的能力，这是一种影响人并使之可持续发展的综合动力。综合动力是核心素养的另一种表达方式，它是教育教学的价值取向，是多种能力的融合和贯通，也是跨学科综合运用知识、方法的通用能力。主题课程是学生核心素养发展最直接、最生动、最有趣的一种学习途径，它集自主性、实践性、整合性、开放性于一体。

2017年10月教育部印发《中小学综合实践活动课程指导纲要》，纲要提出综合实践课程重在培养学生综合运用各学科知识，认识、分析和解决现实问题的能力，提升综合素质，着力发展核心素养。我们将主题课程与教育部综合实践课程的培养目标、内容选择和组织形式进行结合，均衡考虑学生与自然的关系、与他人和社会的关系、与自我的关系这三个方面的内容，加强各学科的整合，确立了我与自己、我与自然、我与社会、我与世界四个版块，每一个版块都是一个主题鲜明的课程群。而优秀传统文化教育、革命传统教育、国家安全教育、心理健康教育、环境教育、法治教育、知识产权教育等则以专题的方式，与国家安全教育日、全民国防教育日、世界环境日等重要时间节点结合来开展。

美国教育家杜威认为最好的教育就是"从生活中学习"。主题课程的设计是从孩子们的生活内容出发，按照孩子的生命节律，设定课程目标，每一个主题课程都有一种颜色，计划用一周的时间来完成。

表 4－13　主题课程目标分解表

主题板块	标识色 寓意	年段	目标	核心素养
我与自己	橙色 悦纳	低年级	了解自己，悦纳自己	审美雅趣 科学精神 学会学习 健康生活 学会交往 创新实践
		中年级	悦纳自己，完善自己	
		高年级	悦纳自己，善待他人	
我与自然	绿色 和谐	低年级	走进自然，亲近自然	
		中年级	亲近自然，保护自然	
		高年级	亲近自然，对话自然	
我与社会	蓝色 责任	低年级	接触社会，了解社会	
		中年级	了解社会，亲近社会	
		高年级	亲近社会，服务社会	
我与世界	紫色 开放	低年级	感知世界，走进世界	
		中年级	走进世界，融入世界	
		高年级	放眼世界，融合世界	

　　综合考虑时间与空间安排的合理性，主题课程呈现出一种相对有规律的编排，如表4－14。

表 4－14　主题课程学年安排表

年级段	上学期	下学期
一年级	底色课程（我与自己）	底色课程（我与自己）
二年级	嗨，小果子（我与自然）	小小校园规划师（我与社会）
三年级	9岁的天空（我与自己）	9岁的天空（我与自己）
四年级	月亮生日快乐（我与自然）	英雄剧场（我与社会）
五年级	小小城市规划师（我与社会）	春天厨房（我与自然）
六年级	毕业课程（我与自己）	毕业课程（我与自己）

　　"我与世界"主题课程系列主要以研学的方式开展，在三至六年级中选拔学生参加，时间具有灵活性。

（二）主题课程的特征

1. 跨界与联结

（1）跨越岗位·联结教师

主题是各学科教师的联结点，它将各学科老师联系在一起，为学生的学习共同策划、统整课程设计，实现了老师们之间的良性沟通。每一次主题课程研发，各学科老师会聚集在一块，花一个月以上的时间进行探讨。比如在"春天厨房"绿色主题课程中，师生们结合中国二十四节气文化与传统"吃春"习俗，查找了大量资料，一起开始了"我与自然"主题课程的探索之旅。科学老师和语文老师、数学老师一起设计组织了春分祭日仪式，向太阳行礼，观测日影，并给太阳送一首诗，了解中国"吃春"文化；体育老师、音乐老师则带着孩子们玩起了"竖蛋"游戏。连爸妈都参与其中，和孩子们一同去找寻节气食材，并制作食谱，烹饪一道春天的美食……整整一周的实践活动，孩子们在老师们的指导下自己策划，遇到问题自己想办法解决，并记录下一路的感受与收获。

（2）跨越教室·联结时空

主题也是学习空间的联结点。"我与自己"的底色课程和毕业课程中，孩子们开始尝试年级之间、班级之间的组合。六年级的哥哥姐姐会布置出校园参观和礼仪学习相结合的氛围，带领弟弟妹妹学习体验"博才十礼"，此活动既有准备过程中高年级同学的一种自我反思、自我完善，也有低年级同学对校园爱与温暖的传承。这种混龄的学习方式不仅让高年级同学体会到责任担当，还让低年级同学对榜样有一种向往。"我与社会"蓝色主题课程之"月亮生日快乐"活动开展的时候正是国庆、中秋八天长假，孩子们大部分的时间是在祖国甚至世界各地，因此世界便成了他们的教室。"我与世界"紫色课程中，我们倡导孩子们行万里路，在研学中一路体验一路收获。这些年在日本、韩国、美国、芬兰等国家游学中，孩子们打开了视野，开放了思维，获得了成长。

（3）跨越学科·联结思维

主题将品德、艺术、健康、科学、语言、数学六个课程元素有机融合在一起，它就像炖汤，各种食材的营养已综合在"汤"中。比如在"嗨，小果子"为主题展开的各年级组"我与自然"的绿色主题课程中，二年级组结合7—8岁儿童的生理、心理特点以及认知规律，以"童趣性""可操作性"为评选标准，选择了"豆子"这一果实作为本次课程活动的主题。没有语文、数学、英语、音乐、美术、体育这些课程概念，教师开展包班教学、协同教学、跨班级走班授课，科学、灵活地安排课时，真正贯彻"统整课程"的教育理念。从了解豆子、种豆子、观察豆芽的成长（科学）、写观察日记（语文）、测量豆苗的高度（数学）、制作豆子贴画（美术）、制作打击乐器、打节奏（音乐）等方面进行学科知识整合，学习的是豆子衍生出来的各学科的知识要点，体会的是豆子纷繁多变的精彩课程，感受的是生命的顽强、伟大，获得的是对大自然的敬畏和热爱，养成的是珍爱粮食的美德。一位参与课程的老师这样说：到今天，每个孩子种的小豆子都长出了豆苗，形态各异，或低眉，羞答答的样子，或抬头，昂首挺胸地迎接阳光的照射。一碗豆子，都在肆意地生长着。每一颗豆子又何尝不是一个孩子，他们接受来自各方的爱，把所有的养分都用到每一处，用力地成长着，长成不一样的人，在不同的地方发光。我们，能给他们的并不多，爱、体验、感受，不阻挡他们向上爬或是向下钻，他们总能找到合适的地方，展露拳脚。

2. 项目式学习

每一个人都有着独特的学习方式，如何在学习中关注到个体，让他们实现个性化的深度学习，我们想到了项目式学习，即以解决问题为导向，通过孩子亲身体验参与，在问题解决的经历中去主动获得知识和学习的方法。项目式学习有三个核心要素：真实的问题、真实的情境、真实的探索。

（1）真实的问题。在项目式学习中，一定要有严谨的学术态度，项目设计应与国家课程标准相链接，帮助学生找到想要探索的有价值的问题。所谓有价值的问题，是包括项目的核心问题，既对应了孩子的最近学习区，又能激发孩子的探究欲望，有重点突出的知识领域和核心概念，能培养孩子的思考方式和习惯。

（2）真实的情境。项目必须和"真实的世界"相关。每一个项目的确立，一定有一个相对真实的情境，在这个情境中去寻求一种之前没有存在于世界的东西。比如，孩子们在小区垃圾站规划的项目中，他们发现垃圾站设施设备的更新和居民倾倒垃圾的习惯之间的矛盾是造成小区垃圾站管理问题的根源，于是他们尝试从与社区街道管理层沟通、调查小区居民资源入手，大家齐心协力共同改善了垃圾站设备的问题。他们又通过粘贴海报、倡议活动、知识讲座、送温馨提示到每家每户来提升小区居民的意识和素质。当孩子们看到小区的垃圾站旧貌换新颜时，除了满心的成就感之外，更多的是拥有了将这个世界变得更好的信心与决心。

（3）真实的探索。项目式学习中，每个孩子都是学习的主人。在这个过程中，孩子既有自己的自主探索，也有与小组团队的合作交流，遇到困难时还可向成年人（老师、家长、社会人士）寻求帮助，或者通过书籍、网络查找资料。老师们在这里要做的是引导孩子进行经常性的头脑风暴，指导孩子如何将学习成果进行物化展示。当然如果条件允许，一个大项目团队人数最好不要超过 50 人，按照低于 15 比 1 的配比安排导师，关注引导个别学生的动态。

主题课程让孩子意识到世界在改变中变得越来越好，人也在经历中变得越来越好。这样的活动让每一个人在与他人相处中、在项目执行中，发现自己的不足，加以调适；也有些人会发现自己的优势，有了今后努力的方向。主题课程的价值不仅在于改变了教师的行走方式，也让孩子发现自己是一种可能性。当我们放手信任孩子时，孩子的可能性就这样被引发出来了。主题课程培养的实际上是孩子终身学习的能力，正如湖南师范大学刘铁芳教授所说的："当你七八十岁的时候，还想学习，那才是真正的终身学习。"也许这就是主题课程的魅力吧：让老师发现了学生，让孩子发现了自己；让课程改变了教师，让教师改变了课堂。

乔布斯说：伟大的创意来自永不停止地拒绝接受现状。我们不得不承认，因为人类不断地突破自我，所以我们的生活是越来越便捷，品质也越来越高。如果我们的学生在主题学习中，能够发现这个世界有可以变得更好的地方，并付诸行动让它最终成为现实，我们还需要担心人的责任、善意和实践能力吗？所以我们要鼓励孩子做喜欢的事情，将美好的事情坚持做下去。

3.主题课程的实施案例

案例一：我与自己——底色课程

一年级是孩子学习生活的起始年级，当儿童完成了幼儿期的教育正式跨步迈进学校教育，儿童将由原来的自然状态，进入一种"文化式""文明式"状态，由原来依循自然需要的生活方式，转为一种有目的的理性生活方式。这一生活方式的转变是缓慢而长期的，一年级正是这一过程的开始。因此，适应生活方式的转变，顺利开启另一种存在样态，是一年级学生生活引导中的重大主题。一年级底色课程的构建就是帮助儿童顺利实现转变，适应新生活的途径。

一、"底色课程"的框架构建

《现代汉语词典》对"底色"的释义是"底子的颜色，也用于比喻"。百度百科对"底色"的解释是："绘画时第一层着色，染纺织品前用作底层的颜料。"显然，底色指向最初的行为和结果。因此，我们的课程建设要坚持底线、底色、底蕴的思路。

我们总会思考，我们的每一个孩子毕业后，学校要留给他们什么样的烙印呢？我们的"新六艺课程"给了我们一个很好的答案，那就是我们的学生毕业后都具有遵礼仪、爱阅读、善表达、写好字、好运动、有雅趣六个特质。学生在一年级所接受的教育，是学生发展的"底色"和基础，于是一年级底色课程构想就呼之欲出。一年级底色课程提取综合实践活动的元素，打破学科之间的壁垒，发展学生自主研究、综合实践能力，顺利将六种特质的种子种进孩子的心里。处于幼儿园和小学阶段的学童具有不尽相同的身心发展特征，他们在初入校时可能会出现恋家情绪大爆发、对陌生环境不适应、对周围环境充满新鲜感、对小学求知感到茫然等特点，在这个过渡阶段，借助底色课程实现幼小衔接的软着陆，保证学生在身体和心理上适应学校，同时规范学生行为礼仪，激发他们向学之心，显得尤为必要。

二、底色课程实施

学生从入校到毕业，经历了从幼儿到少年的蜕变，为了留住他们不断进步和成长的足迹，结合动画片《哆啦A梦》里机器猫的四维口袋灵感，从入校开始，我们便为每一位学生准备了"成长口袋"，里面记录学生每个学期在校的进步、荣誉和得意作品。沉甸甸的口袋是学生成长中留下的不可磨灭的印迹，待到毕业，那是学校送给他们的最珍贵的礼物。

（一）入学

根据道德与法治课程标准中课程目标部分对"行为与习惯"的要求，新生入校需先解决的一大问题就是行为礼仪的规范。开学第一个月，我们的礼仪课程第一个亮相，在开学的第一天举行一年级的"开笔仪式"，并开设"开学第一天"行为礼仪规范课程。为落实培养

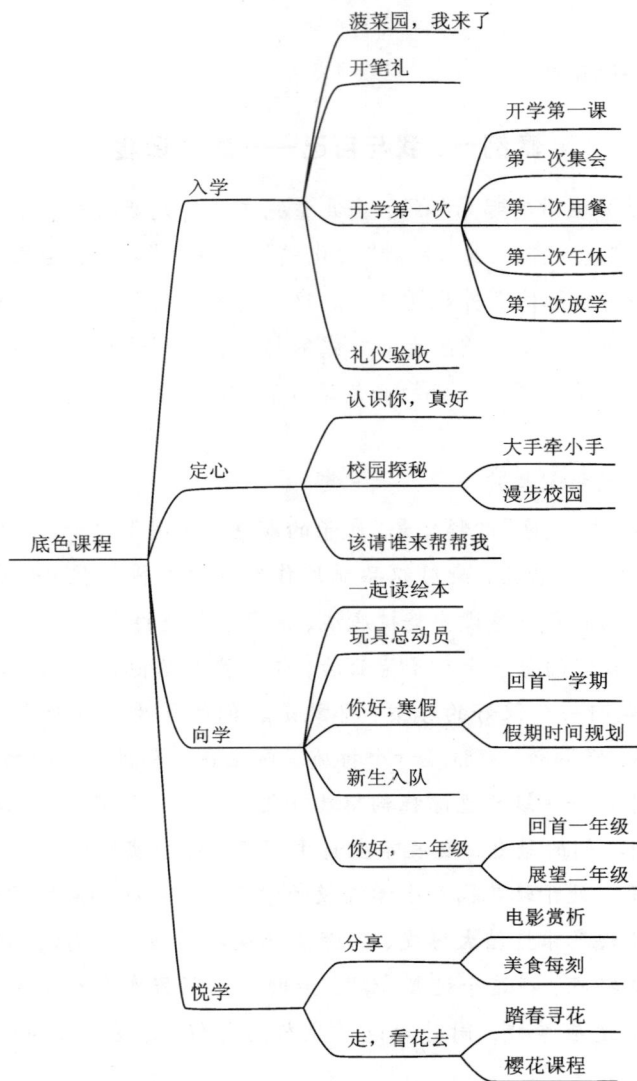

图4-30 底色课程结构图

学生良好的行为习惯，我们在"细"上下功夫，力求收到最好的效果。"开学第一天"给学生进行"第一次"培训：开学第一课、第一次用餐、第一次集会、第一次午休、第一次放学。为了进一步推动一年级班级文化建设，促进班级间礼仪教育的学习、交流与分享，践行"分享"教育理念，老师们非常重视下面两项工作：

1. 开学第一课。课程基于孩子对故事的喜爱而展开，老师巧妙利用绘本，如《大卫上学去》和《大卫上课啦》《我要放学了》等，与学生互动，设计了"开学第一课"的范式教学。在绘本的教学过程中，老师创设不同的情境让学生们进行讨论和表达，把绘本中的情景进行加工，搬进我们的课堂进行实操。为了便于学生记忆，老师将绘本的描述性语言提炼成朗朗上口的顺口溜，比如在《第一次放学》中，整理出一段："放学铃声响，老师把话讲，桌面整理快，凳子归位轻。书包归类整理好，座位垃圾别忘掉！排队出教室，楼内静无声。踏起步，甩起手，落脚轻。抬头挺胸甩手臂，礼让他人真修养。"每天放学时，教师带领孩子们一边诵读，一边完成这些动作。通过不断的练习，书面上的文字通过实景操作已内化成他们自己的东西，成了他们生命的一部分。

2. 开学第一个月。学校各个处室和班级教师齐心协力开展"知书达礼"文明礼仪月课程礼仪，课程内容有：课堂礼仪，路队礼仪，集会礼仪，课间礼仪，就餐礼仪，就寝礼仪。通过比赛形式来验收，评选出"礼仪模范班级"。

（二）定心

道德与法治课程标准中提出，要引导学生"在学校里情绪安定，心情愉快"，"喜欢和同学、老师交往"。针对入学新生对校园人物有陌生感和距离感、遇到困难时不知如何向任课老师以外的老师求助的情况，我们在开学的第二个月设置了"认识你，真好""校园探秘""该请谁来帮帮我"等课程，引导学生熟悉校园环境，正确认识生生交往关系，师生交往关系。

1. "认识你，真好"课程。在"认识你，真好"的课程里，我们鼓励他们去认识新朋友，结交新朋友，初步体会友谊，提升他们在校的愉悦感。根据罗宾·邓巴提出的150定律：人类智力将允许人类拥有稳定社交网络的人数是148人，四舍五入大约是150人。我们将"认识你，真好"课程从班级逐步扩展到年级，创建一个其乐融融的大年级。让每一个孩子无论遇到谁，都可以享受到来自朋友的关怀，都可以说一声：你好，我的朋友。结合教材《道德与法治》第一单元的教学，教师在课堂上指导学生做能简单介绍自己的名片，教给学生友善交往的技巧；与此同时，老师会特别关注弱势群体，带领他们亲身体验交往的快乐，促进其人际交往能力的发展。在接下来的校园生活中，学生们带着自己设计的名片走遍学校，达成他们的每一次"交往"。

2. "该请谁来帮帮我"课程。在师生关系的建立中，我们的"该请谁来帮帮我"课程也备受学生喜欢。教师首先预设校园情境："羽毛球被同学打到树上去了，饭菜凉了……我们该怎么办？"教师引导学生讨论该向谁请求帮助，旨在让孩子们知道在校园中遇到困难，是可以向学校的教职员工请求帮助的。然后教师带领学生参观校园，参观学校教职员工的工作场所，各个部门工作人员都热情地跟学生打招呼，介绍该部门的职责。学生进行现场提问和采访，让他们在与老师的交流过程中，体验师生关系，收获校园生活技巧。参观结束，学生开始讨论和总结"该请谁来帮帮我"，并制作"校园36计"收藏到本班的智囊包里，学生在校有事，锦囊可以帮忙。

（三）向学

向学之心是一个人倾向于认识、研究、获得某种知识的心理特征，是可以推动学生求知的一种内在的力量。幼小转型期间，我们要将学生引领到求学的轨道上来，不断保持并激发他们对学习的热情，保证六年学习之路不离轨。

1. 阅读课程。阅读是激发学生学习兴趣，关乎学生终身发展的重要因素。绘本阅读是低龄孩子最喜欢的阅读方式之一，低年级小学生也不例外。基于绘本的优势，我们组织老师集体备课，从图画书到桥梁书精心挑选出了近200册适合低年级学生阅读的书目，各个班在班级设立图书角，制定借阅制度，将一部分书放进我们的班级图书角，一部分作为亲子阅读书目，通过亲子阅读登记表进行阅读情况反馈。结合班级借阅登记表和亲子阅读登记表，我们评选出每个星期的阅读小明星，以激励更多孩子保持高涨的学习热情。

2. 玩具课程。一年级孩子处于转型期，童心依旧，结合转型期儿童的生理、心理特点，以"童趣性""可操作性"为选择标准，我们选择了"玩具"为本次活动的主题。开学初班级设立玩具朋友的家——"卡通角"，学生可以将自己的玩具带到学校展示。教师开展协同教学，科学灵活地安排课时。从认识玩具、玩具原理(科学)、说说我跟玩具的故事(语言)、用玩具学算术(数学)、我跟玩具合影(美术)、玩具主题曲(音乐)，在老师的指导下，学生化身为自己的玩具角色，排练小剧场(表演)、周末开设亲子课程——在家和父母设计跟玩具一样的服装。周五活动课上，学生穿着自己设计的衣服在校园展示，欣赏话剧表演。玩具课程让学生爱上学校，也感受到学校对儿童天性的呵护。

(四)悦享

学生喜爱自己的校园，觉得校园赏心悦目，学生热爱自己的校园生活，觉得校园生活让人愉悦，在校园生活中能成长为更好的自己，这些都是道德与法治课程标准中明确提出的。我们从校园环境和校园生活两个方面开发课程，让我们的学生醉在校园里，乐在学校生活中。

1. 自然课程。陈鹤琴先生曾经说过："大自然、大社会是活教材。"大自然向孩子们展示了具体、形象、生动的内容，并为孩子们激发探索兴趣、掌握知识和方法及获得对周围世界的感性认识提供了素材。大自然既是孩子们成长的乐园，也为教师提供了无尽的教育资源。课程标准对小学生亲近自然、热爱自然提出了明确的要求。学会分享是儿童社会性发展的需要，是儿童社会行为的重要能力之一，可以增进儿童与同伴的交往。

"走，看花去"活动的灵感来自在校园中的几棵樱花树，每到樱花盛开的季节，花团锦簇，吸引了很多学生驻足观看。我们便选择了樱花为本次活动的主题。春天是个百花盛开的季节，活动前布置亲子实践：学生寻找植物，用自己的方式去记录美丽，可以拍下有关植物生命形态的照片，也可以画下学生眼中的植物。用简单的任务营造积极愉悦的活动氛围，进而引发学生对身边植物的关注。教师开展协同教学：积极鼓励孩子进行交流展示，将学生带到操场欣赏樱花，捡拾地上的樱花瓣(语文)、探讨花儿为什么万紫千红(科学)、做樱花书签(美术)、学唱《樱花》(音乐)、领悟赏花礼节(品德)。周末老师组织社会实践活动，带领学生去省植物园欣赏花的盛宴，做文明赏花的监管员。樱花带给了大家美好的视觉效果，樱花课程培养了学生热爱大自然、爱护大自然的情操。

2.分享课程。我们的分享课程好吃又实用。教师向学生推荐了关于分享的书目《红狐狸和蓝狐狸》《长大我最棒》《石头汤》《暖房子经典系列之月亮是谁的》，组织阅读分享会：谈绘本，演绘本，说收获。在班级设立"分享小乐园"：植物角、作品展区等。人人学唱儿童歌曲《我们一起来分享》。我们会一起分享适合一年级学生的电影，如第一学期的分享课程里欣赏电影《小鹿斑比》、第二学期的收心课程里欣赏电影《小尼古拉》。

3."美食每刻"课程。老师们利用周五活动课组织孩子们开展"美食每刻"分享活动，每个学生可以带两种自己最爱的健康零食到学校，在活动课上与其他同学一起品尝。品尝零食只是起到一个抛砖引玉的作用，通过味蕾上的满足，旨在告诉孩子：分享的不仅仅是零食，还有我们的情绪和感受。当然分享有时候也不一定会带来快乐，教师还需预设情境引导学生明白要乐于分享，但是也要知道哪些不能分享。

本期课程结束之后，班级中不稳定的小群体逐渐减少，一些固定只和几个小朋友玩耍的同学都渐渐融入了其他群体。

三、底色课程实施步骤

表4-15 一年级底色课程推进表

时间	主题	具体工作
7月	领取入学通知书	领取并亲子共阅入学注意事项
8月	一年级新生家长会	查看分班结果
		新生家长会
		发放一年级新生入学手册
	年级教师岗位前培训	年级教师岗前培训
	一年级教室文化装饰	教室文化布置：白板、黑板、墙贴、中队名称、班级公约
		年级组刊
9月	礼仪课程 幼小衔接	9月1日 "菠菜园，我来了"
		9月3日 开学第一课
		9月3日 第一次用餐
		9月3日 第一次集会
		9月3日 第一次午休
		9月3日 第一次放学
		第一周 礼仪学习
		第二周 礼仪学习+认识你，真好
		第三周 礼仪学习+该请谁来帮帮我
		第四周 常规礼仪验收

时间	主题	具体工作
10 月	校园生活	第五周 国庆假期
		第六周 玩具总动员
		第七周 校园探秘
		第八周 该请谁来帮帮我
11 月	分享	美食每刻
		电影欣赏《小鹿斑比》
12 月	你好，寒假	收集一学期精彩瞬间
		寒假生活安排表——时间规划
2 月	收心课程	电影欣赏《小尼古拉》
4 月	樱花节	踏春寻花
		赏花，制作樱花书签
6 月	新生入队 你好，二年级	收集一年级精彩掠影，展望二年级

底色课程秉承教育是为了学生终身发展奠基的理念，全面深入践行素质教育，通过构建完善的课程体系，提高课程实施效度，重构考核评价体系，让儿童经过系统的课程学习，不仅积累一定的学科素养、精神素养和身体素养，还能对校园生活和学习活动充满兴趣与渴望，享受学习，学会学习，从而唤醒孩子的独特智能，形成核心发展能力，为其终身发展打好底色。从儿童当前的生活出发，又朝向儿童未来的生活，让每一个孩子积极地走向世界。

案例二：我与自己——毕业课程

习近平总书记在党的十九大报告中勾画了我国基础教育发展蓝图："让每一个孩子享有公平而有质量的教育。"什么样的毕业课程是公平而有质量的？什么样的毕业课程才是最好的课程？基于这些思考，学校重新定位了六年级毕业课程。通过有目的、有计划、有结构的系统化活动课程，构建完善的毕业课程体系，从而提高课程实施效度，唤醒学生沉睡的潜能，让课程成为适合孩子们生长的跑道。博才小学毕业课程既关注当下教育中毕业生的生活状态，还考虑他们走进中学、大学，乃至未来的生活状态，有效地实现新六艺课程目标，培养"博贯六艺、才通八德"的博才学子，真正为学生的终身发展奠基。

毕业课程是什么？

毕业课程是指学校为了实现培养目标而选择的毕业阶段的教育内容以及进程的总和。毕业课程应当以满足六年级学生成长的需要为出发点，着力引导学生了解自我，规划自我，启动每一个学生幸福成长的内动力。

一、毕业课程的构建

毕业课程作为育人的重要载体，是进一步深化差异化、个性化教育，促进学生发展的重要课程模式。因此，为了实现让学生全面而又有个性地发展的目标，毕业课程作为课程实施的重要环节，其构建至关重要。那么如何站在生命立场、文化立场，从儿童出发、实践出发，关注儿童个体生命的自主成长呢？我们认为毕业课程要紧扣三个关键词：成长、感恩、规划，让毕业生在成长的喜悦中告别成长的烦恼，感恩生命的美好，在人生规划中更加明晰自己的努力方向、人生目标。

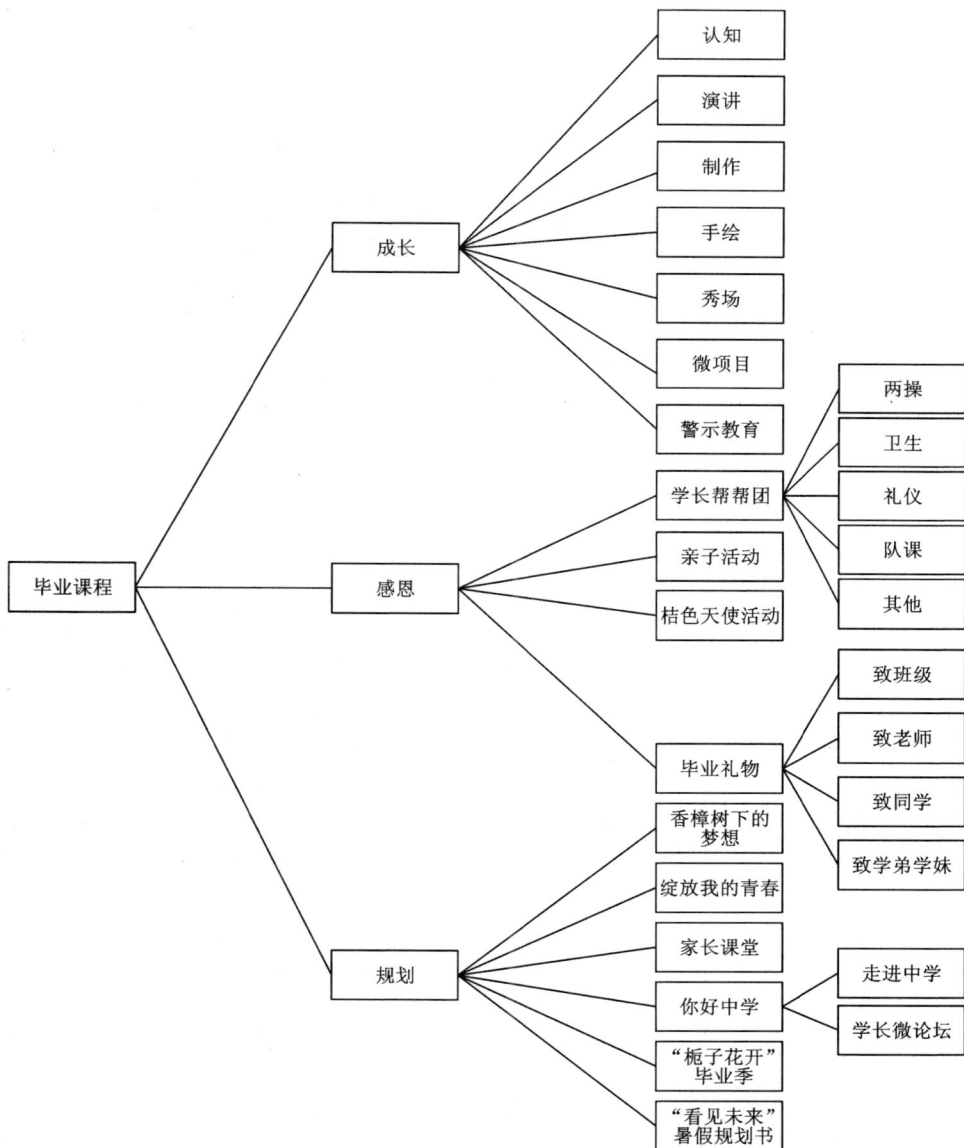

图 4－31　毕业课程结构图

二、毕业课程实施步骤

表 4-16　毕业课程实施步骤时间推进表

时间	课程实施
9 月	六年级毕业课程发布会
	学长帮帮团
	梦想大观园
	心理团辅
10 月	人生初规划
	家长课堂
	爱国教育
	我长大了
11 月	绘制心中的菠菜园
	橘色天使志愿者活动
	手拉手爱心活动
12 月	绽放我的青春(演讲比赛)
	警示教育
	"My 秀"剧场
元月	制作成长相册（假期）
	班级吉祥物设计（假期）
3 月	吉祥物成果展
	家长课堂
4 月	心理团辅
	啦啦操比赛
	毕业生微项目研究
5 月	给学弟学妹们的一封信
	师生、生生留言本设计
	学长微论坛
	走进中学
6 月	"My 秀"六一文艺汇演
	难忘小学生活
	毕业菠菜园
	"栀子花开"毕业礼
	暑假规划书

三、毕业课程实施

(一) 成长

儿童发展是长期的系统工程, 需要我们关注其成长的点滴。为此, 这个阶段我们将课程目标定位为: 感受生命成长的喜悦, 启动学生的内驱力, 激励学生成长为更好的自己。

1. 认知

进入六年级, 孩子性格开始浮躁, 有的叛逆, 有的青春萌动, 还有的对学习开始厌倦, 沉迷网络等。课内, 我们主要依托《道德与法治》教材, 开学即制定一份自我评价表, 给每一个孩子一个自我分析的平台, 让每一个孩子在自我诊断中认识自我。学科教师再根据学生的不同差异, 实施个别教育, 帮助每一位孩子实现他近段的努力目标, 鼓励他朝更高的目标迈进。

表 4 – 17　自我认知表

内容	优势	努力的方向	我的人生初规划
性格特点			
学习习惯			
人际交往			
运动健康			

我们联合心理老师, 对学生的自我认知情况进行分析。在年级组开展"我长大了"的团辅活动, 利用班会课开展青春期心理安全教育主题活动。心理课上, 通过一个个生动有趣的例子, 对学生青春期的生理、心理特征、性格变化以及学习习惯与人际交往等方面进行指导。通过团体辅导、班会活动, 同学们加深了对青春期心理健康知识的了解, 增强了他们对青春期的认知能力和自我保护意识, 我们通过日记、问卷调查, "致六年级的我"等形式, 引导孩子们思考如何走出青春期的迷茫。

2. 制作

孩子们自己收集一到六年级见证成长的照片, 制作成长相册, 在班级和年级中进行分享。相册可以介绍年龄, 可以抒发情感, 可以编出小故事, 也可以用写诗、写歌的形式记录生命成长的美好。孩子们在教室里为自己打造一个"我的成长园", 定期更换班级同学成长相册、成长日记、成长作品等。毕业典礼上, 请学校领导、老师们为自己的成长簿签名留念。

3. 演讲

学生将自己1—5年级的个人证书、奖牌、表演服装等有纪念价值的物件拿出来进行分享, 写一篇有关"成长"的演讲稿, 通过一些具体的温暖的记忆, 描述自己美好的成长故事。年级组开展以"绽放我的青春"为主题的演讲比赛。

4. 手绘

手绘一幅"心中的菠菜园"地图。整合数学、信息、美术等学科教学内容，小组合作完成。根据每一个组员的分工，了解学校的面积，将花园、球场、教室等让自己记忆深刻的地方画出来。毕业季，孩子们可以将地图赠送给母校。学校将这些手绘地图交给下一届一年级新生班主任，让新生尽快熟悉校园环境。孩子们也可以选择收藏手绘地图，多年以后仍能回顾校园生活的美好。

5. 秀场

在毕业季这个特别的时期，我们还会为学生搭建一个展现自我、实现梦想的舞台。

老师们非常重视孩子们小学阶段最后一个"六一"文艺秀场，各班成立了班级活动策划小组，让学生自主对节目内容、活动形式进行策划与编排，提升他们的创造力、合作力与个人价值。秀场舞台会给每个孩子展现自我的机会，他们可以演讲，可以演唱等，自主选择，自由发挥，让他们能够展现出独一无二的自己，并对在母校度过的最后一个儿童节留下难忘的回忆。"My 秀剧场"是博才学子展示特长的平台，不管你是谁，只要你有特长，就可以来这个秀场。六年级学生在毕业季当然不会错过这个吸引力十足的大舞台。学校成立了以学生、家长与学科教师为组合的策划组，一切尊重孩子的兴趣与爱好。每一个人都能充分发挥特长，产生自我发展的内动力，在舞台上感受到自我成长的价值，树立更为高远的人生目标，也激励学弟学妹们成为更好的自己。

"舞动青春啦啦操比赛"是六年级女孩们展现活力的舞台，也是孩子们开动脑筋、发挥创意的重要赛场。这是一场学生自主策划的比赛。服装准备、音乐曲目、动作编排等都是孩子们利用课余的时间独立完成。每个班选出 10 位大众评委直接决定比赛成绩。在啦啦操比赛中，孩子们的组织管理与团结协作能力都得到了很大的提高，他们将会以更阳光健康、积极向上的心态迎接中学生活。

6. 微项目

根据国家课程的内容、学生关心的社会问题，依据学生的研究兴趣和成长的需求，老师指导学生自主确定毕业微项目。如《鲁宾逊漂流记》的舞台剧、班级零食现象研究、毕业生的困惑调查、书香城堡管理研究、校园花卉的艺术表达等。学生确定项目，组建团队、申请导师、确定方案、学习探究，最终在毕业前夕，按照汇报类、展览类、My 秀类进行毕业成果汇报。

以《鲁宾逊漂流记》舞台剧为例子，从前期的原著研究，再到角色定位、舞台化的剧本设计、排演的语言表达、动作细节的揣度、背景和服装的设计制作，最后到海报宣传、展演组织，都是对孩子们小学积累的知识能力的实践运用与检验。孩子们通过实践探究、观察、发现提高了思辨能力、探究能力与合作能力。毕业季微项目小队在年级组分享小队研究心路，学生自主学习的意识与能力也明显增强。各科老师在对孩子们研究报告的指导中，更能深刻地意识到，老师必须成为一个学习者、探究者，而不仅仅是知识的传授者，没有教师发展就没有学生发展。

7. 警示教育

帮助学生树立正确的人生观、道德观、价值观，走好人生每一步。组织学生前往少管所，直观感受法制教育现场，接受法制教育，提高学生的守法意识和纪律观念，做一个遵纪守法的人。

(二) 感恩

教育作为引导学生生活的活动，不能够脱离当下，必须根植于现实，让学生学会感恩，这个阶段的整体课程目标设计为"珍惜当下，感恩有你"。通过辅之以系列的具体活动，促进学生积极地感恩社会，感恩父母，做有爱心、有责任心、为自己的人生目标努力奋斗的、积极向上的人。

1. "学长帮帮团"

即使要小学毕业了，孩子想要获取自由和权利，但也应该在毕业之际遵守规则，遵从规范，成为学弟学妹的学习榜样。开学初，我们就开展了"学长帮帮团"温暖行动。班级与班级相对接，比如六（1）班与一（1）班牵手，六年级的学长学姐关心、关爱一年级的弟弟妹妹，成为一年级小朋友学习的榜样，如大课间的篮球操训练、眼保健操的指导，中午卫生的打扫，放学路队引领等。又如开展"学长上队课"的活动，大哥哥、大姐姐们要手把手地教一年级的孩子们系红领巾、敬标准的队礼、唱队歌，虽然对六年级的孩子来说已经很简单了，但他们还是在教室里一遍又一遍地练习，争取更加标准。一个高个子的男生主动给一年级的小朋友讲起少先队员的故事，漂亮的大姐姐替小妹妹重新把扣错的纽扣扣好。一群群爱阅读的大小影子伙伴共同建起了爱心小书屋。一群群调皮娃在牵手共进的活动中，也在不断地规范自己的行为，努力成为学弟学妹学习的榜样。年级组开展"每月一星"评选活动，塑造典型的优秀毕业生形象，传播正能量，彰显榜样的力量。

2. 亲子活动

周末的亲子时光也是教育的良好契机。六年级孩子利用周末，走进社会，与家长一起开展公益实践活动。比如"牵手山区小伙伴——爱心捐书活动"，同学们在家庭读书角，选出了有价值的书本，在书里写上祝福，与父母一起把书籍邮寄到山区小伙伴的学校。虽然不知道这本书会到谁的手上，但是那份发自内心的祝福就像一座桥，将小伙伴的心连接起来。许多同学收到了回信，如获至宝，在班级分享牵手的美好。

在家委会的组织下，同学们与家长一起带着物资与满满的关怀，走进敬老院，开展"大手拉小手——橘色天使志愿者活动"。他们赠送礼物与祝福，表演节目，为敬老院里的老爷爷、老奶奶们带去了欢声笑语。通过这些活动的开展，增强了孩子的社会责任意识，培养了博爱的道德情操。

3. 设计毕业礼物

吉祥物也是班级文化、班级特色和班级精神的象征。寒假先由学生自己单独设计，再小组推荐，最后班委会确定本班吉祥物，年级组展示各班吉祥物，毕业典礼上各班通过不同的形式展示班级特色。

让孩子能在回顾童年的时光中，既充分肯定个人的成长，又懂得成长离不开老师无微不至的关怀以及同学之间真挚的友谊。结合语文学科内容，可以运用各种形式来设计毕业礼物，如书信、倡议、诗歌、散文等，表达自己对母校、老师、同学的感谢之情。根据学校与班级实际，可以开展"难忘小学生活"主题活动，为小学生活划上圆满的句号。

对学生来说，小学中最难忘的记忆就是与朋友一起度过的时光，他们可以搜集各种照片，自己动手做成书签或者卡片，可以在照片的一边写上哪一年级照的，比如"三年级可爱小熊"之类的话语，送给最亲密的小伙伴们。制作留言本也是不错的选择，附上自己的照片，写上自己想对老师说的心里话，也可以用画画的形式表达心目中的老师形象。尽管时光流逝，那份浓浓的师生情将永不褪色。

（三）规划

中国梦的实现首先在于"教育梦"的达成，"教育梦"的实现首先在于理想的树立。教学中，我们应当鼓励孩子树立梦想，以自我发展与自我实现为驱动，积极、自信地参与到学习之中。因此，这阶段的整体设计目标为"审视自己、欣赏自己、规划自己，立志做一个有理想、有目标的毕业生并为之努力"。

1. 带领学生观看影片《厉害了我的国》《"天眼之父"南仁东》《"杂交水稻之父"袁隆平》等创新故事，让学生在感受祖国的飞速发展的同时，初步认识到创造对一个人、一个民族、一个国家的重要性。结合学校开学典礼的主题"致敬英雄，达礼花开"，完成一篇习作——"I Have a Dream"（我有一个梦想），将习作打造成一个"梦想大观园"。

2. 家长资源服务于学生的成长，资源决定着教学的实力，家校资源共享已经深入到每个班级，从此家校合作让家长资源走进课堂。

比如，我们开展以"绽放我的青春"为主题的家长课堂系列活动。每一位家长都来自不同的行业，其中不乏行业精英、道德模范，他们有着丰富的人生阅历、广泛的兴趣爱好、特殊的职业背景，这是学生身边最宝贵的资源。为了让学生获得更多的课外知识，更加理想的人生规划，学校邀请优秀家长走进课堂，和学校一起努力，培养身心健康、气质独特的学子。

表 4－18　家长课堂设置表

课程内容	树立人生理想、关注生态环境、体验生命成长、提高生存技能、倡导文明礼仪、学习医学常识等
课程形式	班主任邀请家长结合自己的专长和工作特点，以讲座、授课、体验等形式进行
课程实施	1. 年级组制定活动方案，班级落实本学期"家长进课堂"的活动安排 2. 活动前，班主任要和家长落实授课内容 3. 班主任提前布置教室环境 4. 活动结束后，班主任及时上交家长讲座电子稿，每班上交 5 份学生听课记录表（由教导处提前发给学生） 5. 建议把家长讲座内容发到班级群里共享
课程要求	1. 讲课时间控制在 30 分钟之内 2. 内容要符合孩子的认知水平 3. 有教案、课件，语言符合六年级孩子的特点 4. 班主任全程参与活动，帮助家长组织课堂

3. 你好中学

学生利用周末的时间，开展"走进中学"的活动，参观校园，认识学长，初步体验初中生活，使中学生活的种子在孩子们心中生根、发芽、成长。怀着对中学的美好期待，努力学习，开启新的征程，并用微信推送、QQ 空间等记录行走的足迹。

学校邀请已经在博才毕业的成绩优异、品行端正的学生重回母校，开展"学长微论坛"的活动。参与授课的同学们提前写好发言稿，做好课件，生动有趣地将自己的学习方法和初中趣事与即将走进中学的学弟学妹们分享，启发学弟学妹们热爱学科知识，让他们体验奇妙的生物、化学、物理等学科实验，让他们对初中生活不再担心与恐惧，对未来的学习充满信心与期待。课后，同学们结合自己的情况，调整自己的复习计划、学习方法。分小队在"班级成长栏"中展示自己在学长微论坛中的收获与体会。

4. 给学弟学妹们的一封信

正值毕业，即将离开校园，六年级孩子要把自己的经验分享给学弟学妹，这也是他们展示自己的机会。于是孩子们开展了"给学弟学妹的一封信"活动。

六年级学生给学弟学妹们的信中可以诉说自己的六年小学生活如何难忘，也可以告诉学弟学妹们学习的重要性，还可以分享自己小升初考试的经验。这些内容既可以当成给自己的小学生涯划上的一个句号，也可以当成是给学弟学妹们的关怀与鼓励。

5. "栀子花开"毕业礼

通过隆重而有意义的毕业典礼为毕业生们提供"最后一课"，让毕业生们尽情表达对师长培育、学友陪伴的感恩之心，进一步激发孩子们作为博才学子的骄傲自豪，引导全体博才学子乐观向上、心怀天下，充满自信地迈入中学生活，展望更美好的未来。

仪式前期，孩子们会制作微信邀请函、毕业相册、班级宣传栏等；而教师会准备各类奖状证书、素质报告书、毕业手册、微信问卷等。等到了毕业日这天，师生们会策划三个这样的环节：其一，布置成长园。孩子们根据班级文化搜集成长资料，自主设计特色成长园。其二，家长自由参观学校，在留言墙上留言并合影留念。其三，参加毕业典礼。活动内容分为"成长""牵挂""约定"三个篇章。典礼完毕，全体毕业生穿越毕业门，走向启航门，与老师握手、拥抱，接受祝福。

5."看见未来"暑假规划书

小学生活画上了一个完美的句号，也标志着本次毕业课程告一个段落。在小学阶段最后一个假期，孩子们还要为自己设计一份暑假规划书。主要达成目标为博才学子的六个特质：遵礼仪、爱阅读、善表达、写好字、好运动、有雅趣。计划书的内容自主设计，可以与小伙伴一起完成，为即将来到的中学学习生活奠基。博才孩子由此一步步走上了自我规划，自我凸显的道路。

四、毕业课程评价

评价和反馈是毕业课程至关重要的一个环节，能反映出课程质量的优良与否，并为老师提供有关学生在毕业课程中所收获到的成长信息。合理的评价也会直接影响学生对毕业课程的认知程度。毕业课程根据六年级孩子的差异性，每个活动设置了不同的评价标准、评价方式、评价措施。引导学生明确前进的目标，落实学习任务，最大程度地激发师生参与活动的兴趣，更多地给予孩子们自我约束和发现的能力。

表4-19　毕业课程评价

课程板块		情感态度	参与程度	合作探究	创新实践	总结性评价
成长	自评(1—3☆)					
	组评(1—3☆)					
	师评(1—3☆)					
感恩	自评(1—3☆)					
	组评(1—3☆)					
	师评(1—3☆)					
规划	自评(1—3☆)					
	组评(1—3☆)					
	师评(1—3☆)					

毕业课程既是对学生一个阶段学习的升华，也是对学生下个阶段学习的启蒙，其关键性与重要性不言自明。为此，我们重视毕业课程的设计，明确课程目标，让每个学生都能

成为自我发展的主体。

案例三：我与自然——春天厨房

冬寒渐退，春影难掩。阡陌路巷，草木挑绿；潭底枝头，欢游唱鸣。春天是个美丽的季节，春天的大自然更是迷人，甚是可爱，令人神往。老师们充分发挥大自然独特的育人功能，挖掘学科间的综合育人功能，开展跨学科综合主题课程，让春天这位神奇的老师，带给孩子真实的体验，让孩子触摸春天，感知春天，认识春天。

一、从身体出发，打开联接万物的通道

春天里，绿树、青草、五彩缤纷的花朵，飘浮的云彩，飞翔的小鸟，都会给儿童带来新鲜刺激和感官体验，让儿童更加敏锐，对所见所闻充满好奇和求知欲。这时，何不给儿童提供一个自己寻求答案的机会？大自然馈赠给人们的除了怡人的景色，还有各种食物原材料，以及很多地方还保留的吃春习俗。吃春又称为咬春或者啃春，即指要在特定的节气吃适宜的食物，这些神奇的美味会给人们带来丰饶、健康、充满乐趣的生活。这些美食的背后体现着人与自然和谐相处的中国文化内涵。这时，何不让儿童循着厨房的香味去追寻？"我与自然"系列主题课程——"春天厨房"就这样应运而生，正如课程专家钱峰所说：应四季时令，随万物歌唱，教育当寻根问道。

二、融跨界思维，探寻自主学习的路径

1. 自然融合，设计课程

"春天厨房"主题课程确定了以下三维目标——

乐学：在探究节气美食的过程中，感受人与自然的亲密、和谐，感悟生活的美好，激发学生主动学习和探究的兴趣。

学会：了解春季的节气知识、吃春及祭日等传统习俗；体验制作节气美食，体会适时而食、愉悦而食的生活方式，习得探究、实践的路径和方法。

会学：运用自主、合作、查找资料、聘请导师等方法，解决问题，制作春季美食，品味生活的品质。

要达到课程目标，学生不能只运用单一的知识、技能、态度，而是需要综合性的学习情境和任务，这些情境应包括家庭、学校、社会、公共领域以及自然环境，教师还需致力于提升学生综合运用多学科知识技能解决实际问题的能力，让学生在与情境的有效互动中发展核心素养。

通过顶层设计、年级组研讨、集体备课、个人创生等方式，老师们确定了以下课程内容：

表4－20 "春天厨房"——主题课程设计("我与自然"系列)

阶段	课程	形式	活动程序
课程启动	教师的味蕾在跳舞	教师庆"三八"女人节饮食文化活动	1.分组烧烤；2.魅力歌手献唱
	聊聊"吃春"那些事	学校统一大课	1.了解"吃春"的文化；2.介绍"春天厨房"主题课程实施方案(学校)
		春分祭日仪式	1.向太阳行礼(年级组)；2."竖蛋"游戏(班级)；3.送给太阳的诗(班级)；4.测日影(班级)
		班会	1.探讨活动方法(班级)2.分解任务单(班级)
课程研究	找寻节气食材	亲子实践活动	1.寻找、接触、认识当季食材；2.节气食材图文秀
	与"春分"约会吧	春季户外实践活动	1.记录观察笔记(白天)；2.测日影(白天)；3.春天送你一首诗(白天)4.观看《舌尖上的中国——长沙片》(晚上)
	我是大厨	"大厨与'大'厨"综艺节目	1.春食谚语对对碰；2.春食制作follow me(穿插介绍食具、食材、择洗切、佐料、火候与色香味、营养的关系)；3.大厨接招
		"大厨菜谱"研究活动	1.讨论分组、分工安排；2.研究菜谱
		"大厨露一手"周末实践	1.聘请导师；2.前期准备；3.烹饪食物；4.整理成果(视频、PPT、漫画、文字、图片等形式呈现)
课程汇报	我的"春天厨房"	班级成果交流展示会	1.回味活动过程；2.整理班级特色资料；3.编制成果集
		校级成果展示会	邀请41个家庭现场烹饪春天食物，"春天厨房"课程成果展示拍卖会

　　每个内容都是从生活中自然衍生出来的。利用天时、地利、人和，让学生顺其自然地了解，比如"春分祭日仪式"课程，在"春分"这个节气举行古老的祭日仪式、朗诵与春天有关的诗句、体验"竖蛋"的玩法以及探究日影的关系，通过语言、科学等学科的知识与技能，让学生感受自然的力量、探究自然界的奥秘。

2. 教师融合，无痕实施

课程的实施一定要彰显和谐、自然之美，要润物细无声，这是"春天厨房"内容设计时刻关注的。教师、家长、学生都成了课程的设计者和实施者，因为没有什么学习比融入生活更容易让人接受的了。当"教师的味蕾在跳舞"主题课程启动时，当全体教师都开始品味春天的味道时，还怕孩子们不跟随着步伐一路寻来吗？

来瞧瞧四年级的孩子们是如何度过"春分"的：

在春分这日，四年级全体师生安静有序地坐在大礼堂里，刘璐老师一曲古诗吟唱——《春晓》将大家带入春意盎然的世界。紧接着，刘锦老师带着四年级的学生一起"向太阳行礼"。她从"日"讲到"祭"，从"祭"讲到"礼"，从"拜师礼"延伸到"太阳礼"，带领大家了解祭日礼仪的由来，通过仪式向带给我们光明温暖的太阳献上了真诚的祭礼。而后，科学与数学齐上阵，科学老师奇趣的讲解加上数学老师精准的配合，两人带着学生一起畅游了日影的世界，并运用各种工具制作了简易的测影仪。最后，佘思旎老师掀起了全场的高潮，那就是大家最期待的春分习俗——"竖蛋"。当鸡蛋像不倒翁似的，稳稳地立在了桌上，孩子们抑制不住地欢呼起来……这样的课堂情景在课程的实施中随处可见。在"春天厨房"主题课程中，没有传统意义的课堂，"小菠菜"走进田间、拿起农具，体验食材的来之不易；带上笔纸、观察记录，认识自然间的"春味"；采集野菜、制作美食，感受大自然的馈赠。"小菠菜们"就像一个个自然的精灵，欣赏着春天的诗意、感受着自然的神奇、探索着万物的奥秘。在这里，学习是跟随着老师一起过日子，在日子中慢慢成长。

图4-32　"春天厨房"主题课程

3. 项目融合，综合实践

"春天厨房"虽然是教师、家长、学生共同参与，但是儿童才是课程的中心，教师只是引领者；虽然整体设计了多个课程内容，但是每个内容都只有主题，具体研究方法、研究途径都由教师和学生共同制订。例如完成测日影这个任务时，学生首先要提出研究问题，于是我们看到有的学生选择研究一天当中不同时刻的影子长短，有的学生选择研究同一时刻不同日期的影子长短，有的学生选择研究同一时刻不同地点的影子长短，接着学生要根据研究内容寻找伙伴，然后选取工具分工合作，最后根据数据总结规律。这一系列的过程，教师好比一根火柴，点燃了学生内在的热情和智慧，使学生进入自发学习、进入主动探索、进入真正的思考。

在制作美食的瞬间，六岁孩子的诗情被点燃，写下了令人难忘的诗句：

外婆的美味
——1601 班　邹瑧儿

香香的肉丸

鲜鲜的果蔬

一曲曲叮叮当当的厨房交响乐之后

它们都静静地等待着，等待着一起汇合、欢跳

它们来自不同的地方

它们最终会相守在一起

带给我们幸福

各种色彩和形状的食材

等待着聚会

多么奇妙的一场相遇

阳光明媚的春天来了

草儿绿了，花儿红了

鸟儿欢快地嬉戏打闹

我静静地等待着，外婆的胡辣汤

等我长大了

我一定会记起

有一种童年的幸福时光

叫外婆做的美味

还有很多孩子制作了色彩鲜艳、形状各异的蔬菜拼画，一个个精美的拼盘都是孩子在向我们进行内心的表达。

在"我是大厨"环节，"小菠菜们"上网查询方法、采购食物、制作美食，有的用相机将制作过程拍摄下来；有的直接拿小样让伙伴们品尝……只要给孩子平台，孩子从来没有让我们失望过。

图 4 – 32 "春天厨房"主题课程学生作品

三、多元评价，为孩子成长导航

课程评价应用活动记录、研讨式评价、展示性评价等评价方法，开展促进学生可持续发展的多元评价，创设丰富多元的活动内容与任务情境，鼓励和尊重学生自主选择写作、表演、演讲、绘画、制作、实验等符合个性、彰显特长的表达表现方式。

评价主体可自评、互评、师评、家长评相结合。

具体操作方法：

1. 量化评价

学生用画"☆"的方式，自评或互评参与活动的状态或效果。优秀：涂满三颗星；良好：涂满两颗星；一般：涂满一颗星，或不涂色。

2. 描述性评价

老师与家长用描述性语言来评价学生参与活动的状态或效果。

表 4 – 21 "春天厨房"主题课程学生参与活动情况评价表

评价维度	总目标	年级段目标	自评	互评	师评	家长评
乐学	感悟美食与自然融合的生活品质		☆ ☆ ☆	☆ ☆ ☆		
学会	了解节气知识及饮食文化		☆ ☆ ☆	☆ ☆ ☆		
会学	获得动手策划、制作美食的能力		☆ ☆ ☆	☆ ☆ ☆		

"春天厨房"唤起了孩子们对自然的好奇，并学会了对事物的持续专注、深度思考。在

活动中，学生展示的综合素养也越发丰富而多样，学生真切地体会到了学习的快乐、人与自然和谐共处的非凡意义。

案例四：我与社会——小小城市规划师

城市日新月异地发展，人们的生活按理说应该是越来越便捷。然而，城市的孩子却越来越多地宅在家里看手机、玩游戏，因为父母们担忧"安全"不敢放手让孩子独立出去活动。有没有一种方式让孩子能够走进城市，去发现城市的善意和美好，或者通过孩子的一些努力去让城市变得越来越好？1996年，联合国儿童基金会提出"儿童友好城市"的概念，会议建议将儿童的根本需求纳入街区或城市的规划中。2015年开始，长沙市提出创建儿童友好型城市的想法，建设"儿童友好型城市"需要倾听儿童的需要，给儿童提供社会参与的机会。那么，在儿童心中，理想的城市是什么样的呢？我们期待有一门这样的课程让孩子能够触摸到城市，感受到城市的美好与不完美。

一、主题选定，让儿童看见未来

长沙市在进行城市规划的时候，已经深入贯彻了"对儿童的友好其实就是对所有人的友好"的理念，作为教育人，我们也深刻认识到让孩子从小有城市建设的参与感，会让孩子更具有责任感、认同感，也能感受到这座城市对儿童的善意。于是，博才小学的老师们经过讨论决定，以"小小城市规划师"作为"我与社会"课程的主题。其目标是：让孩子在社会实践体验中，了解城市，关注城市建设，参与城市规划，培育社会责任感和朝向美好的生活状态，并获得解决问题的思维方法，打开走向社会的通道。

二、手册研发，让教师看见方向

选题确定后，学校成立了主题课程研发小组，研发团队由管理人员、年级组教师、学生代表组成，主要负责该课程的目标设定、实施与评价方案，以及师生角色定位，并将操作原则做一个整体方案，最后编写《主题课程教师研究手册》。研发小组首先分头提取与主题相关的各学科知识及目标链接信息，然后将核心素养在课程中进行分解，接着依据目标设计评价量规，再分年级制订课时计划。考虑到学生年龄梯度的特点，学校将大主题按照低中高三个学段分设为小小校园规划师、小小社区规划师、小小城市规划师三个小主题。

表4-22 "小小城市规划师"学段项目及目标

学段	项目	目标
低年级	规划校园	乐学：在了解、参观中发现研究价值，感知校园建设，激发孩子规划校园的兴趣 学会：收集整理信息，大胆表达自己的意愿和设想 会学：通过各种形式展现心中的校园
中年级	规划社区	乐学：在收集社区相关资料的过程中，感知长沙的城市建设速度与规模，大胆表达自己的意愿和设想 学会：体验调查社区居民生活状况，通过与人交往、搜集整理等途径获得信息，分析大数据获得结论 会学：用各种形式呈现结论，规划心目中的社区
高年级	规划城市	乐学：在收集相关资料的过程中，感受长沙城的文化魅力 学会：学会合作与交往，学习搜集、整理、分析信息数据 会学：综合运用知识，规划心目中的城市

表4-23 高年级"小小城市规划师"主题课程量规

内容	A	B	C
了解长沙城的历史文化、建设特点	有相关资料的收集，汇报有见解	收集部分资料，能简单地介绍	资料收集不全，说不清楚
合作、沟通	团队成员分工协作，沟通顺畅	团队成员有分工但不够明晰，愿沟通但缺少方法技巧	不能有效合作，沟通有问题
独立思考和创新的能力	能独立思考，有创意地完成任务	独立思考能力一般，创新能力一般	独立思考能力较弱，创新能力较弱
责任心	很强	一般	弱
批判性思维	很强	一般	弱
呈现形式	多样、有价值	简单	有一些问题
复盘	能发现他人的成功之处，找出自己或团队的问题，并能客观地分析原因所在，提出改进思路	能看到他人的优点，发现自己或团队的不足	不能清晰地看到问题

我们在操作中发现，好的课程设计如果没有对无关因素进行有效控制的话，不但会影响活动的效果，还会让师生对课程的价值意义产生怀疑。因此，在课程设计完成的基础上，研发中心对课程的操作提出了四字原则：

1. 研。课程的研究性分为两层次，低年级是在体验中研究，中高年级则是在体验中研究，在研究中体验。师生在完成项目时，要用研究的思维来提出问题、设计调查清单、亲身调查体验、对调查结果进行分析呈现，最后进行规划。

2. 足。一方面，老师要给足孩子研究的时间，学校规定至少要有32课时；另一方面，从学校课程核心研发团队派出老师担任各年级组课程执行导师，以满足年级组教师课程咨询的需求。

3. 放。教师在活动中要调整自己的角色定位，只做孩子课程情境的创设者、方法的指导者、思维的引导者、学习的陪伴者、遇到困难时的协助者。学校研发中心设计的只是一个简单的课程标准和框架，更多的是放手让年级组老师们去发挥自己的创造性。

4. 融。不仅学科之间要融合，教师之间也要融合，必要时教室空间也可以融合。

三、思维导图，让成长看见美好

各年级组分头进行主题课程二度研发时，使用了思维导图作为辅助工具。思维导图是一种图像式思维辅助工具，兼具左右脑的机能，它能将思维可视化。我们发现，在实操中不同年级因为想法不同所呈现出来的思维导图也各有千秋。低年级的思维导图突出童趣的特点，着眼点比较小，以引导孩子关注身边与自身相关的学习、生活、游戏场所之设施建设为主。中年级通过时间轴的方式表达活动的全过程。高年级运用鱼骨的图示清晰地呈现出活动的步骤、方式和阶段目标。（如图4-33、图4-34、图4-35所示）。

为了便于统筹时间、场地、教师等资源，每个年级组还制定了一份课时计划。在计划中，我们看到学科之间在这里得到了融合，抛锚式教学与情境式教学也得到了融合，核心素养真正实现了落地。（如表4-24所示）

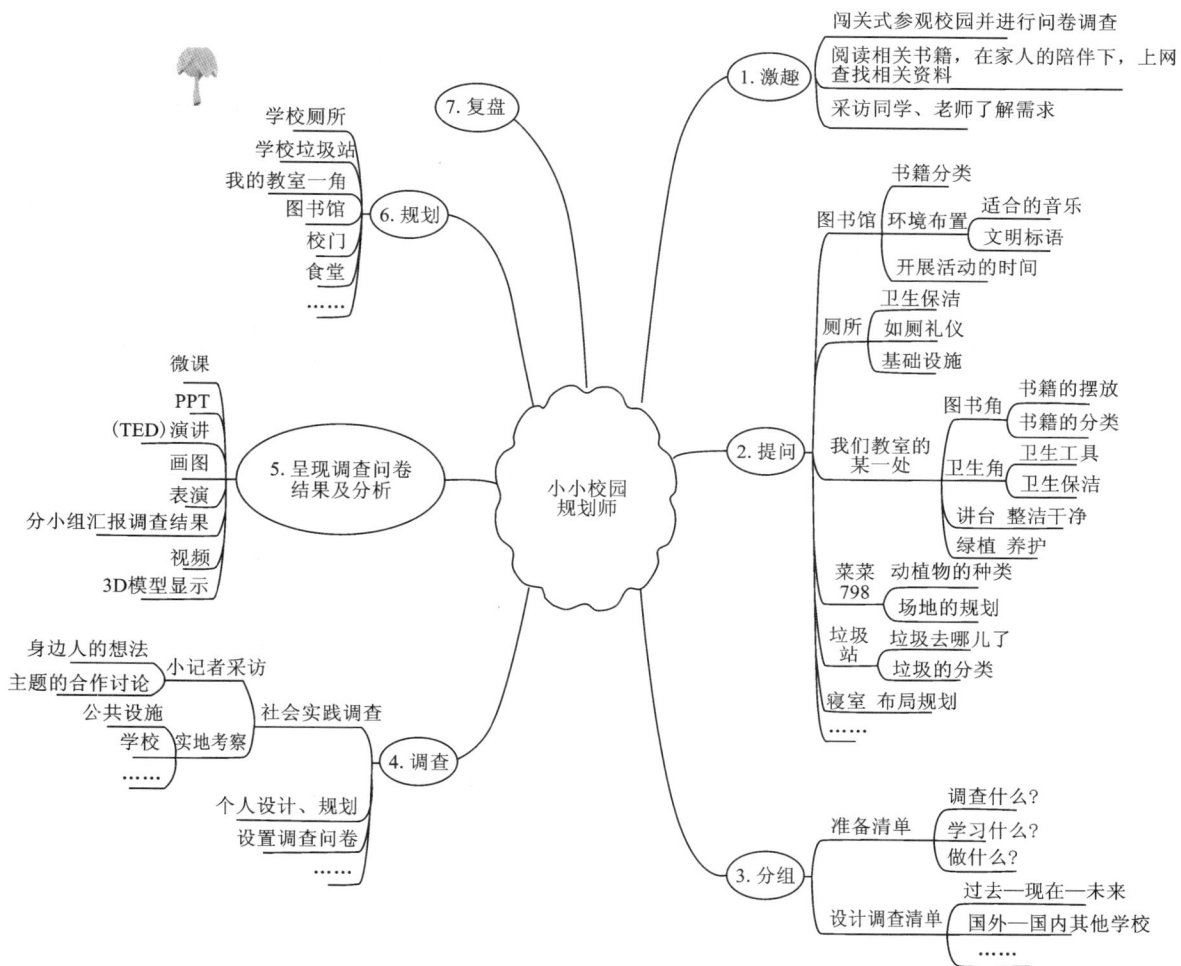

图 4 - 33 低年级"小小校园规划师"项目开展思维导图

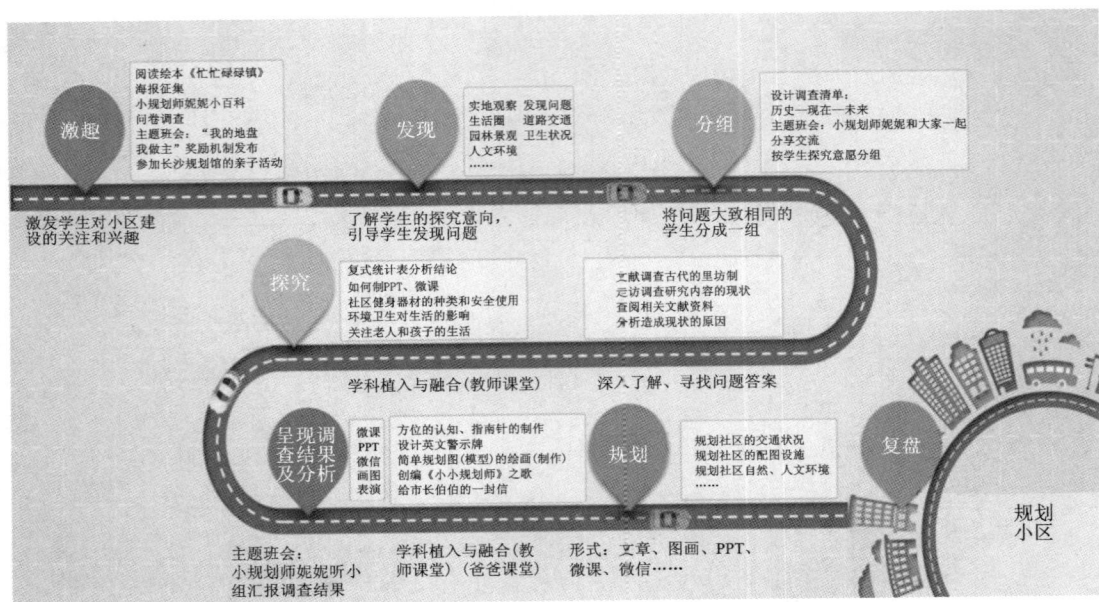

图 4-34 中年级"小小社区规划师"项目开展思维导图

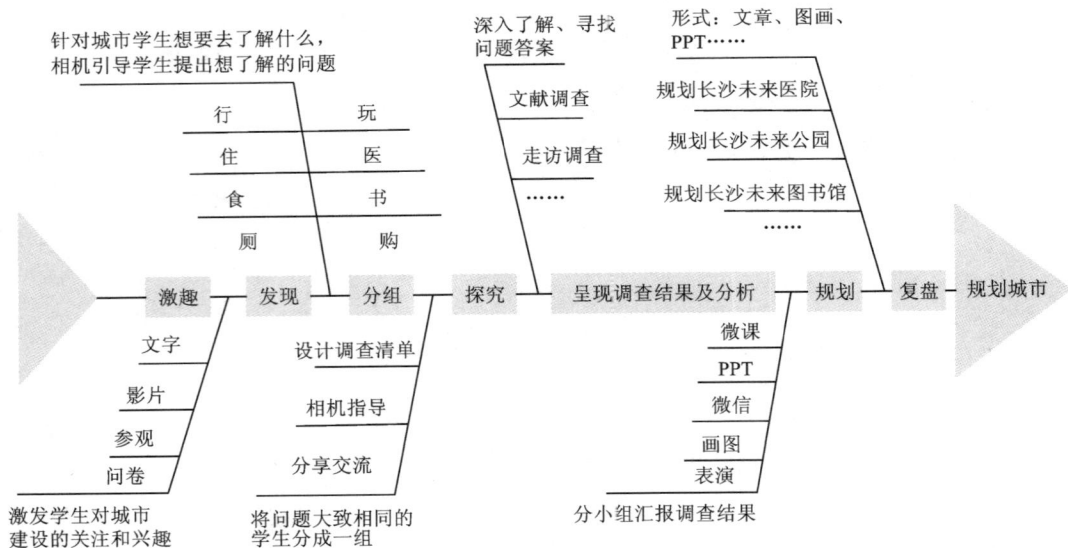

图 4-35 高年级"小小城市规划师"项目开展思维导图

表4－24　"小小社区规划师"三年级课时计划

授课内容	目标	核心素养	授课时间	课时	负责教师
绘本《忙忙碌碌镇》	了解社区生活、激发探究动力	善于学习	4.22晚	2	（语文教师）
《给市长伯伯的一封信》	学会书信格式，尝试用书信的方式与人交往，呈现研究结论	学会交往科学精神	4.23—5.4	2	（语文教师）
创编歌曲《我是小小规划师》	尝试为歌曲作词，并感知创编的愉悦	审美雅趣	4.23—5.4	2	（语文教师）（音乐教师）
文明、美观好社区	学会绘制规划图的基本方法、学会辨别文明的社区行为	审美雅趣健康生活	4.23—5.4	3	（语文教师）（美术教师）
复式统计表	学会制作复式统计表，并运用它分析结论	科学精神	4.23—4.27	2	（数学教师）
设计英文警示语牌	学会阅读、书写简单的英文警示语，制作美观警示牌的方法	善于学习审美雅趣	4.23—5.4中	4	（英语教师）（美术教师）
制作指南针分辨社区方向	学会制作指南针并会使用指南针辨别社区方向	学科精神创新实践	4.23—5.4	2	（信息技术教师）
微课、PPT的制作	学会用微课、PPT表达自己的想法	善于学习创新实践	4.23—5.4	2	（信息技术教师）
社区各类健身器材	了解健身器材的功能，学会正确使用社区健身器材的方法	健康生活	4.23—5.4	1	（体育教师）
"我是社区规划师"启动仪式的主题班会	了解活动内容、激发探究动力	善于学习	4.22晚	1	（各班主任老师）
"我是社区规划师"探究意愿分享、分组的主题班会	强化探究意愿、引导探究方向	善于学习	4.23班会课	1	（各班主任老师）

授课内容	目标	核心素养	授课时间	课时	负责教师
"我是社区规划师"调查结论分享主题班会	分享、比较调查结论，获得更多其他社区信息	善于学习	5.1晚	1	（各班主任老师）
"我是社区规划师"规划成果分享主题班会	分享规划成果，习得不同的呈现方法	善于学习 创新实践	5.6晚	1	（各班主任老师）
学生周末自主探究、规划	体验探究社区的过程，感知社区规划的概念与方法，发现问题、研究问题、解决问题	学会交往 科学精神 善于学习	4.2—5.6周末	6	（各班主任老师）

　　思维导图的学习方式被孩子们运用到小组的合作学习当中。比如，研究城市图书馆规划的小组，决定从图书馆的藏书量、藏书种类、阅读环境、借还管理、阅读群体、阅读需求等方面进行调查研究，绘制了长沙市具有特色的图书馆地图，向大家进行推荐。接着，孩子们依据调查到的人们的需求，综合各图书馆的优点，用思维导图、PPT、文字、模型、设计图等方式对学校的图书馆进行再规划。在这样的研究探索中，由于孩子们置身于真实的情境中，与社会有了亲密的接触，接收到城市建设对人特别是对儿童充满了善意的信息，也萌生出一种要将这个社会变得更好的责任感与使命感。更可贵的是，老师们会真的很重视孩子们的规划建议，会联系学校图书馆馆长、校长、总务后勤人员共同来听取孩子们的想法，学校图书馆也真的将孩子们的建议纳入到后期改造中去了。

　　四、复盘反思，让课程看见生长

　　活动成果汇报展示之后并不代表课程学习的结束，而是要趁热打铁地组织师生进行复盘。"小小规划师"主题课程汇报之后，课程研发中心组织开展了两种复盘的行动。一种是还原活动的全过程，将活动的步骤、每一步提出的问题及解决的方案反复推敲，思考还可以怎么改进效果会更好。研发中心把这种复盘方式推荐给了学生组成的项目小团队，由各班导师组织开展。通过复盘，孩子们以旁观者的视角来重新审视团队、反思自己。比如四年级公厕规划研究小组的同学在复盘中意识到，他们组之所以没在规定时间内完成任务，是因为这样几个原因：一是人员组合时没有考虑将住得较近的同学编在一个小组，大家每集合一次需花费很多时间；二是团队成员都不擅长做PPT，加之动手能力强的同学不多，所以在成果展示上显得没有特色。复盘之后，这组同学意识到不仅自己今后要加强动手能力的培养，还体会到一个团队中每个人都要有各自的优势，才能扬长避短形成合力。

还有一种复盘方式是从某一点上进行反思，比如分享成功的小案例、分析成功的原因；总结存在的问题，及问题产生的原因和解决的办法。第二种复盘方式用在了年级组教师群体和研发中心的核心成员中。复盘，让师生在回望与反思中建构生成新的知识方法联接点，为课程设计又赋予了新的活力与内涵。

学校设计的主题课程一般是一个"课程群"，我们认为仅把几门有内在逻辑联系的课程召集至一处，只是一个"课程集合"。只有课程间完成了主题整合，成为一个体系，实现了课程功能的优化，才能称为"课程群"。这个春天，博才主题课程"小小规划师"的足迹遍及学校、小区和我们的城市。真实的问题驱动、任务设计、合作解决问题、公开的成果表达与讨论，教与学方式的转变发生在一个个鲜活的教育现场中。教师和家长以协助者、陪伴者、欣赏者的身份在做着"染心"的教育，让学生沉浸到真实情境中去，就是寻找一切与课程联结的可能性。而这个过程，就在实践着博才"新六艺课程"的总目标：让每一个孩子积极地走向世界，在自主中成长为更好的自己。

案例五：我与世界——芒果小·大使英国行

研学古代早已有之，而现代教育意义上的研学，是随着世界和平的潮流、全球化发展的进程而产生，并已经逐渐成熟为一种国际性跨文化体验式的教育模式。随着经济与科技的迅猛发展，教育已经不再拘泥于课堂。2016年，教育部等11部门联合发布《关于推进中小学生研学旅行的意见》，要求把研学旅行纳入学校教育教学计划，一定要精心设计研学旅行活动课程。学校的主题课程之一"我与世界"就是以世界为书本，引万物进课堂。通过研学交流活动让孩子们离开本来的熟悉的环境，到另外一个全新的环境里进行游历和学习，这是一种跨文化的体验式教育模式，旨在让孩子们用开放的心态了解世界，走向世界，体验世界，认识世界。

"我与世界"主题课程为孩子们提供了具有深远教育意义的文化探索和发现的旅程，有利于培养孩子们的文明素养和文化宽容精神，增进对不同文化的认识和尊重，在语言强化训练、思想道德教育、人格养成教育、文化知识教育和世界和平教育等方面都具有特别重要的作用和良好的效果。所以，在多方助力之下，2017年寒假，博才的孩子们有了这次作为"芒果小大使"出访英国的经历。

一、科学定位，明确目标

芒果小大使的英国出访，应该是一种有主题、有目标的校外实践活动，是整合了课程的系统与活动的，以自由多变为特点的综合性学习形式。这次的出访实践活动打破了学科界限，学科间交融整合，共同为主题服务，活动内容丰富、形式各样、知行合一，让学习充满了趣味。

基于此，老师们将游学活动定位为：在课堂教学以外，与师长或同伴精心策划和组织，通过交流、学习、游历、研修的形式，围绕预设的项目主题进行自由经历、亲身体验、合作探究的综合实践活动。

二、精选内容，统整课程

从活动走向课程，需要设计者和实施者多一份对未来人才培养的理性思考，同时要赋予活动以丰富的文化教育元素，烙下学校独特的教育文化印记。在这次活动中，经过反复的思考，老师就以下几个问题给孩子们设计了一些课程。

第一个问题：去哪里？

对应课程：绘本课、科学课、礼仪课、安全课堂、中国传统文化课、语言课。

阅读课：老师带领孩子们从共读《我与世界》这一绘本出发，体会世界很大很大，我们要用包容和开放的心态去面对所见、所闻、所感。

科学课：由于英国各方面的信息很多，孩子们一开始并不了解，于是科学老师给大家好好地科普了一下，让孩子们知道欧洲大陆西北面的英国，是一个以英语为第一语言的高度发达的资本主义国家。通过小组活动，孩子们自己找寻分享了很多相关的信息，并在老师的引导下，在地图上找英国和中国的位置并测算他们之间的距离，然后猜想选择合适的出行方式和路线。孩子们对这个环节特别感兴趣，参与热情也特别高，通过时区的测算，他们了解到中国和英国之间相距8800公里，飞机是最佳的出行方式。

语言课：老师们跟孩子聊了一些英语常用的礼貌用语和句型，引导每一个孩子自己完成一份英文的自我介绍，通过虚拟的情境来进行英语交流。

风俗礼仪课堂：李老师（曾在英国曼彻斯特市任教两年）给孩子们讲解了很多曼城的生活习俗和必须要注意的礼仪。孩子们对于他们要去的曼城也格外好奇，纷纷向李老师提出各种各样的问题。李老师耐心地给孩子们一一讲解，仔细到与当地人说话要保持的距离，甚至是上洗手间的习惯。

第二个问题：为什么去？

对应课程：行前会议。

这应该也是这次课程的目标之一。作为"芒果小大使"，孩子们是作为有根有文化自信的中国人去英国交流学习的，所以行前老师组织了庄重的行前会议。行前会议老师特意选在了博才诗院召开，博才诗院室内装饰风格古韵雅致，采光很好，内有孔子画像，选择这样一个有中国传统文化特色的地方，就是希望孩子们明白，不管我们去哪里，始终不能忘记我们从哪里出发。会议中，孩子、老师、家长集聚一堂，我们一起聊起为什么要有这次研学课程。领队老师带大家诵读孔子表达自己观点的诗句：君子和而不同。并要大家都谈谈自己的看法。秦镶涵的妈妈说："'不同'也是我们此次行程一定会有的感受，中国和英国的风土人情、人文地理肯定有很多的不一样。"六年级的苏明君说："孔子说，君子和而不同。这也是孔子在外交方面很有名的理念——人与人之间、国家与国家之间虽各有不同，但在人际、国际交往中能够与他人、他国保持一种和谐友善的关系。"学校刘校长及时告诉大家："所以，用包容的心态去对待我们此次行程中的见闻和经历，尊重接纳世界多元文化、传播中华民族的传统文化，这就是在此次活动中作为芒果小大使的使命！"而且我们还了解了孔子关于"后生可畏"的典故，孔圣人还说，仁者乐山，智者乐水！原来2000多年前，中华伟大先贤孔子打破了"学在官府"的传统，杏坛设教，开启了体验式教学的新篇章，成为我国研学旅行的奠基人。

行前会议中策划了一个行拜谢礼的环节。拜谢礼上，孩子们穿着中国传统的汉服手握半拳认真地鞠躬作揖，现场的氛围庄严而肃穆，"一谢孔子明礼、指引之恩，二谢父母养育、爱护之恩，三谢师长教导、助力之恩！"孩子们的声音也格外洪亮而清晰。梓轩妈妈说："看到孩子这么正式地向我行礼致谢，我顿时感觉眼泪都要出来了。就是觉得他瞬间长大了，我想他自己当时也应该是有所感悟的。"

第三个问题：去干什么？

相对应课程：行程中的各种活动。本次行程安排很紧凑，孩子们要去英国参与的活动很丰富。

2017年2月5日，孩子们终于踏上了英国之旅，飞行20多小时后到达英国曼彻斯特机场。漫长的飞行时间，没有一个孩子抱怨辛苦，他们在飞机上用英文跟旁边的人打招呼，并尝试着交流。他们带着认真又忐忑的心试探着，像一只只初出妈妈怀抱的小兽。

2月6日，我们到英国的第一天，竟然下起了鹅毛大雪，我们很兴奋，因为今天我们要去中国驻曼彻斯特领事馆。孩子们穿的是精神的橘色校服，大家保持着有序的队形从车上下来，立刻就有领事馆的工作人员撑着伞过来接孩子们。领事馆的范领事带着大家经过朴素厚重的大门和长廊，在会客厅拍了合影，然后在会议室坐了下来。尽管内心雀跃不已，但孩子们很有礼貌，时时刻刻都保持着有序的队伍，行走时很安静，坐下来时抬头挺胸，很精神的模样。这应该与行前礼仪教育是分不开的。范领事问孩子们知不知道什么是外交，孩子们开始有些拘谨，好在街舞小王子睿睿带了头："我认为外交就是和外面交往！"得到范领事的鼓励后，孩子们渐渐大胆起来，开始用自己的语言来诠释他们对外交的理解。范领事说外交就是一个国家在国际关系方面的活动，还列举了很多外交方式，也跟孩子们聊了很多成功外交的典型例子，并叮嘱孩子们一定要记住："不管用什么样的方式，你首先一定要有资本跟别的国家、别的人建立外交。"这句话很有道理，甚至有些哲学意味，孩子们听得似懂非懂的却认真地点头。不管他们懂了没有，但他们一定是记住了有人曾慎重地跟他们说过这样一个道理，以后遇到具体的事情，说不定就懂了。从领事馆出来，就有几个孩子凑在一起嘀咕，等老师过去又笑着跑开了，一会儿又踌躇满志地跑过来："我们将来想做外交官，老师，你说，我们的理想能实现吗？"孩子们眼里写满了憧憬，是一种能让人为之一动的纯真。是呀，美好的种子就这样悄然种下，多年后定有参天大树或满树繁花！

曼切斯特大学，是一个有着古老优美建筑的学府。2月7日，孩子们参观了曼彻斯特大学的博物馆。他们对博物馆珍藏的木乃伊畏惧又好奇，看到高大的恐龙化石又惊叹不已。最后是一些有趣可爱的小动物们捕捉了他们所有的关注。"在这所大学里竟然养着好多小动物，以供这里的学生们观察、研究、记录。这些小动物住在适合他们生存的玻璃房子里，每一个人都可以近距离地观察到他们，光蛙类就有十几种，实在是太神奇了。这所学校的学生好幸福啊，校园这么美，还有这么好的博物馆！我将来要上这样的大学才好。"一洲同学在日记中写道。

第四天，孩子们来到拥有500年历史的博尔顿学校与那里的孩子们一起学习。孩子们在这里看到并参与了英国同龄人的学校生活。高大、厚重的建筑和校园环境让孩子们耳目一新，英国的老师一边带着我们去学校的健身房参观，一边介绍学校的体育课程。原来在这所学校，学生每周都要上健身房，体育老师也会指导孩子们如何管理、锻炼自己的身体，他们除了必须要上的体育课之外，还可以自主选择各种有趣的社团，比如说皮筏艇社团等。我们的小大使也用流利的英文跟英国的孩子们介绍了自己学校的体育课以及篮球、花样跳绳等社团。来到对应的班级，跟英国的小朋友们一起上数学课，因为两国的教育体系与内容不同，所以课堂上的练习对于我们的孩子来说比较容易，他们的答题速度也让英国的小朋友惊叹不已。孩子们在参观与国内完全不同的校园环境、参与不同于国内的学习方式的同时，也跟英国的同龄人介绍自己的校园、自己在学校一天的学习生活，并将精心准备的中国结和剪纸作品送给自己的伙伴，希望将中国的文化传递给英国的小伙伴。令孩子们震惊的是，我们在这所历史悠久的学校发现了孔子教室，从长长的走廊开始，全部都是中国元素，浓浓中国风让大家觉得自豪又亲切。走进教室，负责孔子学院的是一位对中国文化极有兴趣的老师，他带着很多同样喜欢中国文化的英国孩子在教室里上剪纸课。因为有着同样喜欢的剪纸活动，孩子们之间很快就熟悉了。梓轩小朋友因为有着很好的英语基础，所以跟自己的搭挡交流毫无障碍，每每到一些难剪的地方，他都会像个小老师一样，主动走过去教小搭挡怎么剪，或者是帮旁边的同学做小翻译。值得一提的是，在这所学校所有的课堂里，每个孩子都有一台平板电脑，只要课堂需要，老师会带着孩子们一起使用。关于这个问题，我们还在回程时开了一场小型的辩论赛。辩论赛由当天的小队长汉州主持，正方为上课使用平板很好，反方为上课使用平板不好。孩子们从时代发展到学习需要再到视力的维护，辩得不亦乐乎。

孩子们参加牛津大学的孔子学院的学习活动时，分别进入不同的班级进行了体验。尤其是午餐后，大家一起在学校的礼堂参与了即兴的演出，博才的孩子们观看了英国孩子们的舞蹈、独唱，并给他们带去了吟诵、街舞等节目，双方的孩子们分享着喜悦并相互欣赏。

第四个问题：收获了什么？

相对应课程：研学手册、当日班会、"我回来啦！"回归分享、摄影展。

行前老师制定了完善的研学手册，它包括行前准备工作、行中记录与思考，以及行后期许，每个孩子都会在对应的时间段阅读并完善它。比如行前每完成一项准备工作，就做上记号；孩子们会利用行程中的碎片时间，用绘画或文字的形式，表达自己的所见、所闻、所思，行程结束后就是满满的美好记忆和思考；研学手册的最后一页是用来记载孩子们对自己的评价和对将来的期许的。虽然白天行程很满，但是孩子们还是很喜欢完成自己的手册，他们的图画和文字都很稚嫩，但真的是对行程最直观、感性的记录。

每天晚上研学团队都会有一个主题会议，主题因当天的活动或突发事件而定。比如到英国的第一天，主题是选举出团队的管委会成员；而从大使馆回来那天的主题是"我的理想"。那天晚上，就在平常集合的大厅里，孩子们聚在一起，老师跟孩子们说："今晚我们的会议就是来聊一聊自己的职业理想，像梓轩，今天就告诉我他将来想做一名外交官，当然这是他关于自己职业的理想，你们的理想是什么？关于职业的，关于生活的都可以说。"老师发现聚集了十几个孩子的房间静悄悄的，那一刻好像听得到思维的流动。果然，短暂的沉默后，他们举起手来。第一个发言的是小涵，他是本次行程中年龄最小的孩子，平时并不太爱说话，但当时却整整衣裳走到前面来，对大家说："我的职业理想是，将来要做一个 CEO，我要办一个大公司，我要赚很多的钱用来帮助很多无法上学的小孩！我要让很多孩子都像我们一样幸福，都可以到国外来研学！"当然有很多说想做外交工作的、想当老师的等，总之，志向就这样立下了吧！

回学校上课已经是 2018 年上学期了，孩子们在研学结束后就是寒假，正好利用这段假期，他们在家整理了自己手机里的照片、研学手册上的记录，用 PPT 或其他的形式整理、表达出整个行程中的所见所闻所思来跟没有参加活动的其他孩子分享，并在班级、学校举办了"芒果小大使英国出访"的摄影展！

三、适时评价，鼓励引导

为促进课程的有效实施，有必要设置评价环节，以评价来引导和促进学生积极地参与课程的学习。

课程研发团队考虑到本课程的丰富性和多样化的特点，本着存异求同、抓大放小的思路，在设计评价方案时以时间为轴，针对研学前后的三个环节分别进行评价：游学前的准备、游学时的活动、游学后的收获。在每个环节都列出具体的条目细则，让学生对照。评价表分自评和他评，综合后得分。每一环节超过 10 分的即可得一颗星，每次活动得到三颗星的，则可获得优秀课程的积分。这个评测的细则其实是引导学生进行游学前后自我锻炼和管理的指南。自评和他评相结合，既尊重主体，意图唤起学生的主体自觉教育，又注重伙伴评价，引导学生遵守纪律，团结合作，相互督促帮助。当然，他评也可以是老师、家长的评价。这个栏目设计兼容性强，操作灵活方便。游学评价设计三颗星，采取保底不封顶的形式，允许优秀的学生可以表现更好，要求更多的学生力争达三星。

行万里路，读万卷书。"芒果小大使"英国出访课程打通了历史，融合了不同文明过程，在国内和国际、传统和现代之间找到了融合点。活动创造了一个真实的外语学习环境，提升了学生的外语信息表达能力。通过丰富多彩的活动，引导孩子感知时代脉搏，培育动手能力和创新能力，陶冶情操，修养品格。青少年时代是人生中寻找自我、建立自信、培养独立人格的黄金时期。研学，不仅能引导青少年学习其民族优秀的文化传统，还能助其开阔眼界和拓展人际关系；不仅有利于培养青年学生的文明素养和文化宽容精神，增进对不同文化的认识和尊重，也使他们能够更好地认识和传承本民族和本土的文化与历史传统。通过研学，孩子们走近人类优秀的历史文化，探访世界不同文明的历史遗迹，体验不同文化所带来的生活感受，尊重和依赖人类共同的文化、语言和精神的遗产，传承并丰富了全人类共同的文化和道德价值观。

三、个性课程发展优势潜力

马克思说："人是一个特殊的个体，并且正是他的特殊性，使他成为一个个体，成为一个现实的、单个的社会存在物。同样的，他也是总体，被思考和被感知的社会主题的自为存在。正如他在现实中既作为社会存在的直观和现实的享受而存在，又作为人的生命表现的总体而存在一样。"学校设置个性课程的着眼点就是学生的差异，目的就是让学生的特殊天赋得到发展。

关于个性课程的提出并非突然，早在 2500 多年前，孔子提出"因材施教"至今，引导学生个性化学习一直是教育者孜孜以求的理想境界。《国家中长期教育改革和发展规划纲要（2010—2020）》指出，要在遵循教育规律和人才成长规律的基础上，创新教育教学的方式与方法，探索多种培养的方式，"关注学生不同特点和个性差异，发展每一个学生的优势潜能"。

在学校办学宗旨"博贯六艺，才通八德"的引领下，我们一直在思考：如何"贯六艺"，怎样"通八德"？国家课程能否满足孩子积极自主地走向未来？我们用什么方式引领学生更全面地发展？为顺应国际教育的改革趋势，提升我国人才培养的质量，结合学校办学理念"为学生的终身发展奠基"，我们在建构个性课程时，力图将学生的潜能得以发展，优势得以发挥，给国家课程以补充，丰富个性课程的内涵，为每个学生搭建个性化成长的舞台，让每个学生找到自己的闪光点，让每一个孩子积极地走向世界，在自主中成长为更好的自己。

教育的灵魂就是引导着人不断地去探求美好事物，以个体心灵中不断萌生的对美好事物的欲求来激励、引导个体生命的自我成长。个性课程是在核心课程学习的基础上的纵向深度学习，通过兴趣课程与社团课程来满足孩子们个性化学习的需求。

（一）个性课程的基本构架

斯坦纳说，我们不应塑造儿童以适应社会为目标，而是帮助他，使其发展个性。教育要尊重孩子的人格独立，注重孩子的个性化发展，保护孩子的天性，让教育成为属于孩子自己的教育。基于此，我校的个性课程在设置时，总是力求既有意思，又有意义。

新六艺课程体系下的个性课程其核心思想是"优化对个体的精准服务"，从而满足学生个性化需求，打通供给主体之间、层级之间和领域之间的边界，融合学校和社会优质资源，使最适合学生个性发展的课程通过供给顺利地抵达学生的内心，实现从"实际发生"到"实际获得"的转变。

霍华德·加德纳的多元智能理论把人类的智能界定为解决特定类型的现实世界问题的一系列能力，并将智力分为不同类型：文字/语言智力、逻辑/数学智力、视觉/空间智力、身体/动觉智力……

我校个性课程分为"兴趣课程"和"社团课程"两大分支，分别从品德、语文、健康、艺术、科学、数学六大元素去设置不同的课程，满足孩子个性化的需求，体现学生的主体性，更好地发现学生的"最近发展区"。兴趣课程旨在采取自由选择的方式参与学习，发展兴趣爱好。社团课程以自由组合的形式，自主开展活动，提升交往、合作、创新等综合实践能力。

关于个性课程的科目设置，学校每年会做一次统筹安排，每个学期期末对兴趣课程有测评，测评包括对学生学习情况的考核、教师执教情况的考核、学生对学习该兴趣课程的满意度问卷调查，综合以上情况，对课程设置做全面的情况分析和总结反思，以便使下一学年兴趣课程的开设更加优化，更符合孩子的需求。与此同时，一学年的个性课程出台后，会采用电子问卷调查的形式，统计出学生想参与的兴趣课程和社团课程的科目，结合之前的期末测评情况，保留受孩子欢迎、在课程实施中效果良好的课程。因此，学校的个性课程一直走在朝向更好的路上，我们始终把学生放在课程中央，引领学生不断向上发展。

1. 兴趣课程

任何人与生俱来都有擅长之事。那为什么有些人能够发展才能，有些人却一辈子连基础的事情都做不好呢？其中的差别，在于是否拥有自我肯定的能力。

兴趣课程就像神奇的魔法师，"点燃"每一门课程，"引爆"每一种学习潜能，孩子们如"春起之苗，不见其增，日有所长"。正如孩子们所说："兴趣课就像一个磁场，具有强大的吸引力和无限的魔力。"

创意美劳课，剪、撕、揉、贴、捏，开启手、脑风暴；外教口语课，领略西方文化、开拓国际视野；金话筒小主持人课，通过提高演讲与口才能力，使孩子们来一场华丽的蜕变。精彩纷呈的个性课程为孩子们提供了广阔的自由选择空间，让他们沉浸其中、流连忘返。在兴趣课程的推动下，校园处处一片生机：琴房里，古筝声、钢琴声、二胡声，声声悦耳；烘焙坊，蛋糕、饼干、曲奇，香味扑鼻；棋室，国际象棋、围棋，棋逢对手；舞蹈社，拉丁舞、民族舞、街舞，舞动奇迹；墨香阁，软笔、硬笔，谁与争锋……不同的兴趣课程深深吸引着来自不同班级的博才学子，未来的达人、专家就在兴趣课程中悄然成长。

2. 社团课程

学校社团课程鼓励学生全程参与，自创社团，给学生赋权增能。根据学校各类问卷及咨询，结合自身的兴趣、特长、成长需求，鼓励学生对学校的社团课程的开发和建设提出建议，撬动学校优质教育资源，形成学生自主申报—规划活动—展示成果三个步骤。社团课程利用放学后的时间，社团成员聚集在某个场地，每个星期开展两次交流学习，每个学期开展社团展示活动。

目前学校共有六大版块 20 多个社团，包括街舞社团、嫩芽诗歌社团、安慰天使社团、798 种植社团、多肉培植社团、朗诵社团、戏剧社团、唱诗班社团、学长帮帮社团等。

社团课程与兴趣课程相比，更多的是让有着相同爱好的孩子在完成学业课程之余，做自己感兴趣的事，提升交往能力、专业水平。

（二）个性课程如何实施？

1. 选课走班

个性课程是多样化、可选择的，兴趣课程实施的是选课走班的教学组织形式，学校根据品德、语文、健康、艺术、科学、数学六大版块开设丰富多彩的兴趣课程科目，包括创意美劳、烘焙、国际象棋、笛子、民族舞、足球、剪纸等 40 多项。

我们鼓励学生根据自己的爱好、需求来选课，而孩子的不同需求主要源于他确定的未来自己的发展方向，因此，每一位学生在选课之前，要明确内心深处的需求，才能在兴趣课程中选出适合自己的课程。有的孩子有多种需求，所以，在设置教学时间时，我们尽可能提供多个时段，以便学生在上课时间不相冲突的情况下，选择多个课程学习。如在星期二下午选择了"疯狂科学"，周三下午还可以选择"国际象棋"，星期一至星期五早、晚还可选择体育类"篮球""花式跳绳""定向越野"等课程。每个学期孩子能有一次选课的机会，每次选课，都能促使学生对自己内心潜在才能进行发掘，最好的教育是给学生提供适合的课程，把选择权还给学生。学生的选择过程，其实也是一连串的学习过程。

有的课程在小学六年连续开设，有的课程只在指定的学段设置，学校建设网络选课平台，学生可以在网上完成选课，为保障学习兴趣的持续性，要求课程学习至少坚持一个学期，如果发现不合适，下一个学期可以改选其他课程。

通过选课，孩子们有了属于自己的个性课程，选择不同，学习内容就有了不同。教室的设置已经完全打破了行政班教室的布局，同一年级的不同学生，甚至不同年级的学生，因选择同一门课程而走进相同的教室，他们会认识更多志同道合的朋友，有了更广阔的交流学习平台。

2. 自主参与

个性课程让学生有了一个选择和尝试的经历，兴趣爱好得到滋养，他们会逐渐发现自己的个性特长，明晰自己的发展方向。社团课程是学生养成合作、关爱、责任、担当等公民素养的重要平台,大大增加了学生在校园生活中交往和活动的范围和空间,赢得了学生的广泛喜爱。从 2013 年到 2018 年,学生社团每年持续增长(见图 4 - 36),调查表明,2017年全校有 90% 的学生参加过社团课程,55% 的学生参加了多项社团课程。50% 的社团发起都是由学生申报组建的。

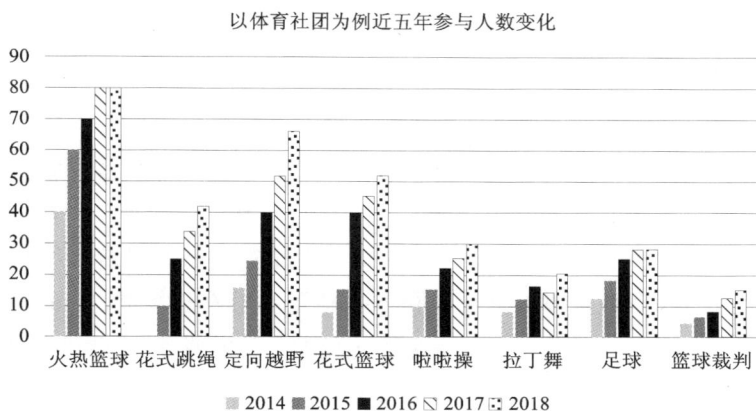

图 4 - 36 社团参与率统计图

在社团课程的学习中,我们很欣喜地看到学生能主动地提出要建设社团。以多肉培植社团为例,学校七色花种植园、"菜菜 798"对于喜欢花草的孩子们来说,就像魔力城堡。学生会自主地走进种植园,参与种植活动。其中一个叫小雯的五年级女孩,她特别喜欢多肉植物,在她的召唤下,30 多名爱好多肉的孩子自发形成了一个多肉培植社团,孩子们在轻松的社团活动中习得了一些多肉植物的养护知识,掌握了简单的种植技能,甚至做了一些创客活动。学校科学组的郭敏老师恰好也很喜欢多肉,孩子们找到郭老师担任顾问,遇到不懂的问题时,郭老师会给予帮助。短短一年时间,多肉培植社团,从刚开始的 30 名孩子已经发展为现在的 100 多名学生,社团学习使他们学会了用"叶插繁殖"的方法观察、绘图,体会到从一片叶子、一小节枝条到生根、发芽并发育成一棵完整植物的奇妙。郑舒文在日记《心叶球兰拯救记》中写道:在这之后,我每遇到不顺心的事,看到精神抖擞的心叶球兰便会有克服困难的决心与希望。可见,孩子在社团实践中,不仅培养了自己的责任心、耐心,而且也学会了观察、比较,提高了动手解决问题的能力。

从社团课程中,我们可以看到学生在各个不同的领域发挥着自己的优势,在实践中提升了能力,发展了综合素养。

案例一：心叶球兰拯救记

博才小学六(2)班　郑舒文

自从参加学校多肉培植社团的活动，我感觉自己越来越喜欢多肉了。

有一天，我买了一个心形多肉植物：心叶球兰。回到家里，我根据社团学习的知识，将心叶球兰移植到盆里，从那天起，周末放学我回家的第一件事情就是把心爱的心叶球兰拿到阳台晒太阳，直到下午再拿回来，可谓是细致入微。但是，好景不长。

一次放学回家，我照样准备把它拿出去晒太阳，可是却发现，它原先翠绿的叶子变得枯黄，失去了以往的美丽。我赶紧上网查了查心叶球兰的护理方法，上面说心叶球兰喜欢潮湿的环境，于是我就把心叶球兰浇透了水，看看能不能让它回归原先美丽的容貌。

一个星期过去了，我跑去看叶球兰长得怎么样了。不看不知道，一看吓一跳。心叶球兰不仅变得更黄了，还皱巴巴的。妈妈看它变成这样，就对我说："估计是活不了了，把它丢了吧。"我心里极不情愿，于是想到了学校多肉培植社团的郭敏老师。请教郭老师后，我按郭老师说的，把它放在通风的阴凉处，心里默默地祈祷着希望它能活下来。一天，两天，三天……它还是没变化，妈妈又劝我放弃，我坚决地摇摇头，我相信，它不久后就会好些的，要上学了，我依依不舍地把它放下，跟妈妈去了学校。

又到了周五，妈妈来学校接我时就告诉了我好消息，心叶球兰又变得生机勃勃了，我开心极了。一回到家，我便冲到阳台上，眼前的心叶球兰终于松开了它紧皱的眉头，舒展开了它的身体，看着它，我不禁热泪盈眶。通过这次拯救行动，我知道了，其实心叶球兰最正确的养殖方法是这样的：春季秋季应给予阳光照射让它多吸收紫外线，种植的土壤肥不必太重，但是要保持土质松软，为保湿可以在花盆之上铺些青苔。夏季阳光照射时间不宜过长，有烂掉的叶片应该及时剪掉，如果烂根严重，需更换种植的土壤，并将花盆更换或消毒后再种入，所换新土土质要偏干燥不宜太湿，等长出新芽时才可继续浇水，更换期间最好不浇水，使用喷雾器喷洒叶片表面即可。最好放置在有阳光且通风的地方，在早上或下午半日阳光直射为宜。

从这以后，每当我遇到不顺心的事，看到桌前精神抖擞的心叶球兰便会又有了克服困难的决心与希望。

学校社团中涌现出了一批爱思考、能做事、会交往的孩子。"尤克里里"社团创办人王应儿，是一个在个性课程下受益颇丰的孩子，她把对尤克里里的喜爱带进了社团，从申报社团到宣传招募成员，从教学到组织展演，王应儿全程自己完成，操场、教室、走廊都是她的社团活动地点，同学、老师都是她的粉丝。作为尤克里里社团的授课老师，她有自己的授课计划和教案，就这样，"尤克里里"社团诞生了，而且吸引了全校尤克里里的爱好者。

放学后，校园中回响着动听的尤克里里声，呈现着个性课程的活力。

"菜菜798"种植社团成员乐于参与，种植园在孩子们的劳动下，到处一派葱茏和生机，菜地里长满了黄瓜、辣椒、白菜等时令蔬菜，百合、向日葵、乒乓菊、大丽菊等花卉依着时令开放，"鹌鹑基地"吸引着孩子们，等待鹌鹑蛋孵化成一只只可爱鹌鹑的过程更是让孩子们感觉一切都那么美好。

嘻哈街舞社团多次代表学校参加展演活动，孩子们对街舞的热爱和坚持，让我们看到了个性课程的魅力。诗歌社团的诗集《树下花开》让我们看到了一颗颗温暖的童心、一首首温情的诗歌。四（3）班刘志臻同学特别痴迷于写诗，他创作的诗歌《大染坊》得到了诗人雪野老师的肯定。

社团课程的学习中，自主、包容、倾听弥漫在课堂里，爱、欣赏、互助绽放在校园中，我们只是以最少的干涉和最小的行政权力去推动学生立于天地、自发地成长。

3. 家校共修

个性课程的学习和巩固离不开家庭的配合，根据课程特点，与家庭联动，共同指导学生个性课程学习，做到"有要求、有指导、有评价"，将学习活动向家庭及社会延伸，学生可以利用课后、假期，按照课程的标准自主学习，进一步拓展学习空间。

为了让家长了解孩子个性课程的学习情况，我们通过以下措施来推进工作：定期邀请家长参加学生个性课程汇报演出或分享活动；每学期期末通过成长 APP 把孩子兴趣课程和社团课程的考核等级情况发给家长；成长软件将自动生成孩子 1—6 年级的个性课程学习曲线图，从此图可以清晰地看出孩子在个性课程中的学习情况；如果发现有的孩子在某个方面表现特别突出，老师会给家长更全面的指导，建议家长借助社会优质资源，让孩子在个性成长的路上学得更专、更精；每到寒暑假，学校会制定个性化作业菜单，与家长合作，利用假期共同指导学生继续个性课程学习。

案例二：今天，我们一起寻找英雄！
——博才小学 2018 上学期暑假创新实践作业设计（节选）

亲爱的小菠菜们，作为新时代的好少年，如何才能成长为新时代的英雄榜样？这个暑假让我们一起与历史对话，与社会对话，与自己对话来寻找英雄吧！

新时代的英雄，无论遇到什么挫折，都能坚持自己的理想和信念。

博才学生的特质：遵礼仪、爱阅读、善表达、写好字、好运动、有雅趣。

一个人的梦想能有多大？大到可以直抵苍穹。一个人的梦想能有多久？久到能够穿越一生。24 载，8000 多个日夜，为了追逐梦想，500 米口径球面射电望远镜工程首席科学家、总工程师南仁东心无旁骛，在世界天文史上创下新的高度。

"中国天眼"首席科学家兼总工程师、中科院国家天文台研究员南仁东是 FAST 工程的发起者及奠基人。自 1994 年起，他一直负责 FAST 的选址、预研究、立项、可行性研究及初步设计。在长达二十多年的科学征程中，南仁东以超乎常人的精神和毅力，克服了前进道路上的种种困难，为铸造大国重器"中国天眼"做出了举世瞩目的贡献，奉献了一个清华学子对国家民族的全部赤诚和心力。

坚持，让一个当初没有多少人看好的梦想，最终成为一个国家的骄傲。

同学们，你还知道哪些英雄人物呢？让我们一起把他们找出来，和大家认识一下吧！

【暑假作业菜单 4：学英雄·贵坚持】

★必做项目：

1. 美术：自制一张打卡表，并每天坚持。

2. 体育：每天确保一个小时的锻炼时间，可以跳绳、踢毽子，和爸爸妈妈一起晨跑，也可以跳跳健美操，有条件还可以打乒乓球、羽毛球、篮球，要求每个同学都能较为熟练地掌握两种体育锻炼方式。

3. 阅读：每天早晨进行一刻钟的经典诵读，每天上下午的阅读时间不少于半小时。

4. 书写：每天坚持书写习惯，按要求自觉完成读书笔记、读后感、日记、游记等作业。

☆选做项目：

5. 特长：坚持一项自己的特长，如小明已被选为"王妃"篮球队队员了，但每天仍不断练习运球；婷婷的钢琴已经过了十级，但她每天仍坚持练琴八小时以上，因为她希望开一场个人演奏会……

每一名家长都应该是家校共育的合伙人，都应该是同频共振、磁场相似、步调一致的合伙人。所以，在落实个性课程学习的过程中，学校和家庭的合作，才能让花有花的芳香，让树有树的伟岸，让草有草的柔美。

（三）个性课程的三大样态

1. 样态之一——My 秀

以人育人，以美育美，绽放生命光彩。当个性课程深入孩子的心中，教育就充满了活力。校园里群体的多样性和个体的独特性构建成了一道丰富的风景，各种力量相互影响、相互促进，形成了和谐的校园生态。

学生在个性课程的滋养下，生命越来越精彩，笑容随处可见，由内而外散发出来的自信让每一个孩子绽放出生命的光彩。其中"My 秀"就是一个聚集快乐和感动、融合成长和成功的一个能量场，每一次"My 秀"都有不同的主角、不同的形式，但相同的是他们在敢于秀出自我的同时，成为了更好的自己。

　　"My 秀"源于学校原教导处主任宾俐一次偶然的思考，走在校园中，宾主任发现很多班级墙壁上都张贴了学生的书法作品，可见每个班都有学习书法的孩子，特别是六（7）班的一幅作品十分吸人眼球，上面写着我校的育人目标"博贯六艺，才通八德"，笔酣墨饱，剑拔弩张，仔细一看，出自一个叫陈雨鸥的女孩。深入了解后，发现雨鸥学习书法已 6 年，一直坚持，班里还有一个叫李佳怡的孩子，篆书、行书、隶书特别棒，她们俩既是同班同学，又是专业路上的知己，相互促进成长。

　　从看到"博贯六艺，才通八德"这八个大字的那一刻，一个大胆的想法在宾主任脑中酝酿：我们是不是可以设置一个平台，让更多的人认识学校里类似陈雨鸥、李佳怡这样有特色、有特点的孩子呢？这样既可以给这些坚持学习特长的孩子一个展示的平台，也能影响到更多的同学，带动身边的同学了解更多的事物，看清楚自己内心的需求。因为从某种意义上说，无论我们设置多少课程，都无法全部满足学生的所有需求，因为每个孩子个体成长经验不同，我们要让他们获得个体的、内在的价值感、存在感。但如何在现有的教育体制内，满足每一个学生的个体需求便是一个难题，"My 秀"正是要尝试解决这样一个难题。"My 秀"让有特色的孩子将自己展示给全校孩子，这个过程就是孩子生命成长的最好经历。经过讨论，这样一个特殊的展示平台就出现在了博才小学的校园中。"My 秀"，让学生绽放生命光彩，发现自己的优势。

　　"My 秀"宣传栏上，这样写道：My 秀——一个与您分享成长，与您分享趣事，与您分享收获的舞台。自信、勇敢、努力，你就能成为 My 秀的主角，所有人为一睹你的风采而来，所有人都将为你喝彩！简单几句，寥寥几笔，却道出了"My 秀"的真面目。

　　自主申报，统筹规划，助力"My 秀"双引擎。"My 秀"是个性课程下的另一种样态，我们期待它能更好地促进学生改变被动学习的状况，调动广大学生学习的主动性、积极性；发展广大学生的优势潜能，有效培养其创新能力。因此，博才小学在个性课程理念下，以"My 秀"作为载体之一，更好地实现了学生全面而富有个性的发展。

　　以激发每一个孩子的潜能为主旨，我们借助"My 秀"这一平台帮助每一位学生找到自我。为了提供给学生最大限度的可能，我们必须扩大"My 秀"的展示范围。

　　自主申报。将"My 秀"申报表发放到每个班，愿意展示自己的学生便可填写申报表，提交给学校教导处。利用学校网站和微信公众号，将"My 秀"申报表公示在网站和公众号里，学生可以随时随地申报。申报表格的设计相对开放，最重要的是要写清楚班级、姓名、秀场项目和申请理由。透过孩子们的申报表格，我们能欣喜地看到那份认真、那份执着。

　　申请理由和推荐理由是最能看到学生内心需求的。有孩子说："我想申请上'My 秀'，是因为我想让我的好朋友看到我弹琴的样子。"我们读懂了，原来上"My 秀"表演能让朋友更欣赏你。还有的孩子说："上'My 秀'是我这个学期的目标，已经准备了一个多月了，希望能展示自己的成果。"这是一个有目标有计划的孩子。推荐理由有的是请老师写，有的请同学写，还有的请家长写，还可以自己写……总之，只要你有梦，都可以追；只要你敢秀，都欢迎。

给予最强有力的支持，让学生乐于分享。根据孩子的申报情况，学校统筹规划"My秀"的场次、时间、内容、场地布置安排，星期三放学后是我们约定的时间，学校大礼堂是我们活动的场所。以2018年上学期为例，"My秀"每个月开展了两次，分别有西洋乐专场、啦啦操专场、街舞专场、戏剧表演专场、手工专场、机器人专场、国画专场、乐高专场。有的场次因为需要展示静态的作品，学校后勤部门会全力支持，布置好会场，像手工专场和乐高专场、国画专场，在大礼堂两侧需要有展台，这些都离不开后勤部门的帮忙。

整个"My秀"活动我们会招募学生志愿者，调动孩子的积极性，培养学生的协调能力、交往能力。为了活动能够顺利开展，每一场"My秀"会有一位老师负责牵头，带领学生志愿者共同完成，同时，家长也是"My秀"的支持者。演出学生可以邀请自己的父母来观摩，在准备阶段帮助孩子一起准备服装、道具等。在学校、老师、家长、学生的共同支持下，"My秀"得以顺利开展。

如西洋乐专场，音乐组谭颖颖老师是本场"My秀"负责老师，在她的带领下，通过招募志愿者，组成了西洋乐专场的学生服务团队。（见表4-25）

表4-25 西洋乐专场学生服务团队

学生姓名	负责任务	学生姓名	负责任务
宋 欢	主持人	黄文轩	主持人
刘晨晨	调度	宋义乔	调度
王婉仪	秩序维护	姚佳艺	秩序维护
罗一涵	灯光	林子宾	音乐
邓熙然	场地布置	刘于彦	场地布置
杨梓闻	宣传、摄影	曹家铭	门票回收

在活动开展之前，谭颖颖老师给每个孩子明确分工，并进行培训。岗位上的孩子通力配合，共同促进"My秀"的顺利进行。

从"有意思"到"有意义"，孩子们在"My秀"中蜕变。学生敢于展示比展示内容更重要，在"My秀"的展示过程中，有的场次会出现表演者演出一般或出错的现象，有老师质疑，如果展示出来的并不专业或并没有代表性，那又有什么意义呢？其实在这个过程中，我们需要的是耐心，更需要的是教育学的视角和教育者的情怀。"My秀"肯定是一个知识技能的秀场，我们期待看到专业的、有特色的、有科学性的展示，但我们更渴望通过这样一个平台，学生能够展示自己、激励自己、认识自己、肯定自己。我们必须认识到，在兼顾专业性的前提下还要更注重后者，通过这样一个过程，学生就能自我校正、自我反思、自我教育、自我提升。比如，现场听讲的同学们常常会向主讲的同学提问，主讲人要经得住大家的发问，他必须让自己的知识技能过硬，很多学生都是经历过"My 秀"之后让自己的专业专长更上一层楼的。

如书法专场中，有孩子问道："我软笔书法还不错，可是，为什么钢笔字就不行了呢？"主讲人陈雨鸥答道："这是态度问题！软笔书法练习时，因为你很用心，一个个字观察到位，静心书写，而钢笔写字，往往为了赶作业，只求快，不顾好！"有时候连老师都不一定能回答好的问题，学生结合自己的实际情况给了完美的解答，提问的孩子一定会听到心里去，比起父母的说教、老师的教育，同龄的榜样更有效！

学生自我价值感的增强，为学生的自我实现和各个方面的正向迁移奠定了坚实的基础。西洋乐专场中有一个叫伟凡的参与者，他表演的是萨克斯，当一曲《听海》响起时，全场观众都陶醉其中，当表演结束时，全场响起了雷鸣般的掌声。在最后的提问环节，虽然由于伟凡平时积累不够，语言表达不是很流畅，细节上还有许多有待提高之处，但他还是得到了与会嘉宾和同学们的肯定。伟凡对老师说："听到老师的夸奖，我有点不好意思了，我语文学习不好，下次得学得更好一点。"参加"My 秀"后，伟凡各方面的学习明显进步了，在班级上积极发言，学习热情大大提升。

在"My 秀"中受到鼓舞的孩子还有很多，他们把自己的经历写进作文里，埋在心间，积蓄能量，正积极向上地走向明天。

案例三：街舞"My 秀"

博才小学四（5）班　　殷乐

四月份了，我们舞蹈队准备来一个炫酷的"My 秀"。这可是一次全新的体验——这是我们第一次参加"My 秀"，并且是一次纯街舞的"My 秀"。

上周，我们的舞蹈老师彭老师让我们把舞蹈服装准备好并带到学校，还特意叮嘱了好几遍：黑色夹克、黑色西装长裤、搭配白衬衣，并带上红篮球服、下身牛仔裤……结果，这周还是有许多人没准备齐全。彭老师只好去找，东拼西凑，终于把所有的服装都准备齐全了！看着彭老师忙碌的身影，我想服装让彭老师操心了，舞蹈排练我们就得更自觉才行。

离演出还有 5 天，我们坚持天天练，把所有的课余时间都充分利用起来，甚至把晚自习都给用上了。我们一个动作练几十遍，一直练到整齐为止……虽然很累，但是大家都咬牙坚持着！

终于，到了"My 秀"正式演出的这一天。我们成为了当场的主角，这个舞台是因为我们而建造起来的。开始表演了，炫酷的舞姿、夸张的表情、完美的配合，我们听到了台下的欢呼声！第一个节目结束，我们马上又开始第二个。每一个节目都有它的精彩，这是无与伦比的一幕!

我们成功了!有同学问我:"你这么辛苦为的是什么?"我毫不犹豫地回答:"因为我喜欢啊!"今天大放光彩的那一刻,我发现自己原来可以这么酷!

中国工程院院士、国家总督学顾问韦钰教授的"因脑施教"的理论给了"My 秀"新的思维。她认为:人一生中,一定有一件事情他做起来最省力、学得最快。如果有人发现了这一点,以后一辈子都做这件事情,他会幸福,也会充满兴趣。纵观"My 秀"台前幕后的孩子们,他们正因为做着自己擅长的事,所以感到幸福,并且越做越好,"My 秀"让每一个学生都有了蜕变的机会。

灵活开放,开发资源,促进学生的个性发展。新加坡教育存在一种"怪"现象,学校"逼着"学生玩儿。放学就意味着可以回家吗?NO!还要去参加 CCA!所谓 CCA 是英语 Co-Curricular Activities 的缩写,翻译成中文就是"课程辅助活动",类似于中国学校的拓展选修课一样。新加坡从小学二年级至大学都有各种各样的 CCA,包括艺术、体育、制服团体等,学生可以根据自己的兴趣爱好加入不同的团体。各个学校都有自己"拿手"的 CCA,定期举办文艺汇演,学校之间也经常进行交流和比赛,邀请家长和社会各界人士前来观看,场面之大,水准之高,令观者震撼!其实,教育的本身就是让学习者在快乐中体验学习,CCA 为孩子们提供了最好的展示自己的平台。

"My 秀"就是博才专属的"CCA",它有多种展示形式:一是静态的作品展示,如书法展、手工作品展、绘画作品展等;二是动态的展演,如啦啦操、街舞、西洋乐、民族舞等;三是互动式的讲坛,如 TED 演讲、沙龙等。还有的是动态和静态相结合,我们鼓励学生自创自发出更多"My 秀"形态。近两年的"My 秀"活动,让我们看到了这种直接由学生自发创造的课程体现出的不可替代的独特意义。

魏书生在《班主任工作漫谈》中说道:"学校、班集体是将学生载向远大前程的渡船,是培养学生生命的幼苗在合适的阳光、土壤、肥料、水分中长大的园地,是学生走向社会各个不同岗位的实习场所、实习小社会,是学生德、智、体、美、劳得到最大限度发展的培训基地。"如果学校作为一个培训基地的话,我们不应该只培训某一个人或者某少部分人,而应该培训所有的人。领奖的都是班长或者某个指定的人,说明只有班长或者少数人得到了锻炼的机会,久而久之,学生就会有事不关己的想法,一些有能力的学生都不敢表现自己了,他们获得锻炼的机会少之又少,他们的能力又怎会得到提升呢?他们的成长历程是不会快乐的。

让人欣喜的是,我们会接到以班级形式提交的"My 秀"申请,例如五(8)班提交了这样一个"齐心协力"申报活动。这个活动讲究的是同学们的团结合作能力,为了展示班级学生齐心协力的风貌,五(8)班学生利用课余时间,自发组织训练。一开始,学生把脚绑起来走,由于每个人步调不一,走一步都难以成功,通过老师的指导与同学们的练习,最终同学们可以做到整齐地跑步，甚至可以十六位同学一起跑。在正式展示时，同学们展示了二人三足跑、八人九足跑、十六人十七足跑、八人九足跳兔子舞等。每一项展示都收获了热烈的掌声和赞许的目光，同学们都露出了开心的笑容。活动过后，同学们都有相同的感受：通过参加"My 秀"，班级更加有凝聚力了，这次活动是紧张的，也是开心的，我们还想再展示。

"My 秀"让每一个学生成功，每一个学生受益。个人、小团体、集体，只要你们想登上"My 秀"的舞台，一切皆有可能。

"My 秀"为个性发展提供更好的展示平台，它的影响力越来越大，家长们看到孩子的成长后发出如此感慨：

2018 年 6 月 3 日，博才小学大礼堂热闹非凡，"My 秀"西洋乐专场，孩子们的秀，秀出童心，秀出自信，每一个孩子都表演得那么认真，那么陶醉，观看的小伙伴们，伴随着洋哥的《大梦想家》一起歌唱，把晚会推向了高潮。

（李梓洋妈妈）

2. 样态之二——校园小小节日

"电影日""义卖日""交换日""游戏日""天才日""小丑日""帽子日"这些节日对于博才小学的学生来说并不陌生，因为这些节日是属于学生自己的节日。在"电影日"里，学生观看《放牛班的春天》，感受音乐的魅力，电影讲述的是一个落魄的作曲家不得已来到一所顽童寄宿学校当老师，用音乐悄悄改变孩子的故事；"交换日"中，学生把自己的物品拿来互相交换，还有的学生会互相交换思想；"乐高日"学生带来自己拼装好的乐高积木，现场开展拼装比赛；"游戏日"学生们会创设自己喜欢的游戏，玩自己创编的游戏；在"义卖日"，学生把自己的物品卖出来，又把挣来的钱捐给需要的同龄儿童；"双胞胎日"大家一起分辨真假双胞胎，双胞胎们在台上尽情展示，台下的学生们寻找并思考相同与不同……

"校园小小节日"成了校园生活中的一部分。"校园小小节日"缘起于"儿童本位"思想，在当下，中国的教育实践中或忽视儿童、或过分管治儿童，不合理的现象比比皆是，长期以来，因为多种原因，儿童个性发展的缺失，成为当今学校教育的普遍问题。学校只有给儿童提供个性发展的可能，个性化教育才能真正落地，也只有这样，才能创设一种适合儿童生长的良好环境。在我们的个性课程中，有选择的机会、有展示的平台，如果还有学生自己设计喜欢的节日会怎么样？基于此，我们开始开发"校园小小节日"课程，当然，这里的节日，并非是国家的传统节日，而是学生自主开发的、符合儿童特点的、学生喜欢的小节日。我们的"小小节日"还有一个特点就是"小"，但在这些看似小的节日里，却让儿童获得了自我成长的经验。比如"天才日""梦想日""小丑日"等，都是学生自主设计、自主开展、自主总结的过程，学生自主创造自己喜欢的节日，自己组织参与这些节日，在这个过程中，这些校园节日成为生活的一部分，为儿童生活增添了乐趣。

（1）"校园小小节日"的教育价值

"校园小小节日"尊重儿童的"天性"，满足儿童自己做主的心理需要，深受孩子们喜爱。心理学家发现，尊重不仅仅是因为他们年龄小需要爱护关心和培养，还在于他们从出生起，就被认为是一个独立的个体，有自己独立的个性和意愿。

无论父母还是教师，都没有特权去支配或限制他们的自由，因为在他们以后的成长过程中，大多数情况下，师长都是不能代替他们做选择的，所以，要让儿童从小认识到自己是一个独立的个体。"校园小小节日"实施的过程，实际上是儿童自我学习、自我管理、自我提高的过程，而不是命令式的、给予他知识的过程。经过教师的引导，学生锻炼了自我、合作能力、思考能力、表达能力、想象能力等方面都得到了提升，同时民主参与意识也增强了。

（2）"校园小小节日"的分级课程目标

"校园小小节日"是学校个性课程培养学生自主能力的课程分支，不同阶段的学生的身心发展有较大的差异，因此，"校园小小节日"课程目标设置上也有依据年龄设置的不同课程目标：①培养公民意识：个人对自己、他人、集体、社会、国家、自然的责任意识，公德意识、公民法律意识与权利意识、平等意识、追求真理的意识；②提升思考品质：独立思考、辩证思考的能力，联系、想象能力；③发展行动能力：沟通、合作、表达、抉择、实践、自我调适的能力。每一个校园节日都有具体的目标，以"游戏日"为例，各年级的目标如表4-26所示。

表4-26 "游戏日"各学段目标

游戏日		
低年级	中年级	高年级
乐学： 我有自己的想法 我想参与集体活动 会学： 积极构思"游戏日"计划 简单描述"游戏日"的想法 学会： 在活动中能愉快地完成任务 能够有想法和大家分享	乐学： 我是集体中的一员 我能与他人合作做事 会学： 小组讨论"游戏日"计划 阐述开展"游戏日"机会的理由 学会： 在集体中学会分享 能够积极合作完成组内任务	乐学： 我能积极思考 我在活动中体会合作的快乐 会学： 小组合作并开展"游戏日"的计划 预想到可能会有的困难并解决 学会： 能够认识到某些有价值的行为 能够促进班级发展 能够灵活解决问题

从表4-26中我们很清楚地发现，"校园小小节日"有知识目标，同时关注学生能力的

提升，并努力让学生在创设节日、组织节日和参与节日活动过程中形成正确的价值观。

（3）"校园小小节日"的操作程序

首先进行课程准备，可分为四个阶段。第一阶段，设计"我们的小小节日金点子"表格；第二阶段，组织学生讨论"我想开展的校园小小节日"，并完成"校园节日金点子"的表格；第三阶段，收集"校园小小节日金点子"，成立学生评审组进行评议，并最终确定准备开展的"校园小小节日"；第四阶段，"校园小小节日"发布会。

其次进行课程实施，可以分为五个阶段。第一阶段，在全校范围内成立"我们的小小节日"服务委员会；第二阶段，"我们的小小节日"服务委员会制订各个具体校园节日的计划；第三阶段，按照计划开展"我们的小小节日"；第四阶段，按照课程评价表，评价课程开展情况，及时总结经验教训；第五阶段，以照片、文字形式形成记录册。

从操作过程中可以看出，"校园小小节日"完全是以发展儿童个性为主旨的课程。

（4）"校园小小节日"的评价方式——节日护照

"校园小小节日"评价以过程性评价和自我评价为主。

学生积极参与到自我评价过程中，设计"校园小小节日"护照，每个学生在护照上，可以选择自己是组织者还是参与者，参与了什么，有什么感受，最大的收获是什么，在这个节日中，第一次尝试的事情是什么，下次怎样做得更好等。

当然，学生可以让同伴、家长、教师或者其他人士，在自己的护照上留言。在评价过程中，教师通过观察学生学习的态度、兴趣、行为及各种表现，对学生微小的进步及时做出肯定和鼓励，指导学生掌握相关方法，同时根据反馈的信息，教师可以反思自己的引导是否有助于学生今后的发展，并进行及时的修正。

（5）"校园小小节日"的完善与修订

学校的第一个小节日是"义卖日"，学生把活动赚来的基金全部捐给了贫困的同龄人，开展"义卖日"后，学生在思考，如果有个"交换日"就更好了，大家可以不用钱来买，只需要拿出自己不需要的物品交换，不仅可以换来更多的东西，还可以认识更多朋友，经过民意调查，"交换日"又诞生了。

四年级的张恒卓同学特别喜欢看电影，他们家周末有个固定的活动——看电影。有一天，他和学校教导处宾俐主任说：学校里为什么不能开展"电影节"呢？平时大家看电影都和父母一起去电影院，在学校看电影又会是什么感受呢？而且大家在欣赏优秀的电影后，还可以和同伴探讨与电影相关的内容。在张恒卓同学的提议下，学校又开展了"电影日"。

3.样态之三——挑战不可能

中央电视台推出的大型励志类挑战节目《挑战不可能》给观众留下了深刻的印象。《挑战不可能》连续走过三季，季季赢得收视收益双丰收，尤其是第三季节目，更加贴近时代、贴近群众、贴近生活，节目内容追求"人物故事、挑战项目和价值观的统一"，被业界称为距离时代最近的电视栏目。知名电视人许文广说：《挑战不可能》这档节目向观众传递了一种信念，人类在极限挑战下体现出来的人类精神以及完成"挑战不可能"之后肯定自我、证明自我的伟大意义，正是人类能在地球上生存下来并不断进步的一个缩影。

"挑战不可能"让我们看到了学校个性课程与学生个性发展的有效结合点，为了使研究进一步深入，使学校课程文化始终保持旺盛的生命力，我们一直在探究。"挑战不可能"中的"挑战自我"和"挑战极限"的理念引起了我们的关注，经过认真研究，我们将"挑战不可能"活动成功引入校园。

(1)"挑战不可能"的项目设置

任何一个项目只有标准化，才能极致化，"挑战不可能"严格执行设置标准，形成了特色鲜明的特点，不仅带来活动操作的规范性，也带来了活动内容的精彩。"挑战不可能"的点在于"不可能"中的"可能性"，我们看好其标准中的极致，挑战最大的价值在于对"极限标准"的到达与突破。正如在《挑战不可能》节目中国旗护卫队的99步或者101步已经是很高级别的标准了，但都不及100步来得神圣和完美，这就是极致标准的意义和价值。极致标准是对活动潜能的挖掘，是对儿童潜能的挖掘。

在"挑战不可能"中要达成以下几点目标：

★ 让学生享受愉快幸福的童年生活。通过"挑战不可能"活动，让学生收获体验、收获快乐、收获积极向上的情感，让学生对幸福、愉快的童年生活终身难忘。

★ 让学生在活动中学会选择、学会竞争、学会表现自我并发现自己的优势所在，从而增强自信心，确定自信感，进而不断地挖掘自己的潜能。

★ 让学生在活动中不断地超越自我，并在不断超越自我的过程中，学会创新，收获意志、收获毅力、收获精神。

根据培养目标，"挑战不可能"大致可以分为五大类：培养学习习惯——学习类；培养艺术情操——艺术类；培养身体素质——体育类；培养生活习惯——生活类；培养合作精神——能力类。

案例四：博才小学"挑战不可能"申报项目及其简介

一、学习类

1. 日记王(记日记最多的)

2. 成语王(规定时间内说得多者为胜)

3. 查字典王(在规定的30分钟内，不论查的方法，记下页码，查正确的字数多者为胜)

4. 歇后语王(掌握歇后语多的)

5. 故事大王(会讲故事最多的)

6. 阅读王(对作家名字、作品和塑造的人物进行搭配，得分多者为胜)

7. 小图书收藏家(看的书最多、藏书最多的)

8. 小作家(写作文多的、写作文获得竞赛证书的或在报刊杂志上发表文章的)

9. 小朗诵家(读课文最有感情、最流利、普通话最好的)

10. 小演讲家(口头表达最好、口头作文最好的)

11. 小播音员(普通话最好的)

12. 小诗人(创作儿童诗最多、最好的)

13. 《三字经》小博士(连续背诵《三字经》内容多者为胜)

14. 元曲小博士(背诵元曲最多的)

15. 唐诗小博士(背诵唐诗最多的)

16. 宋词小博士(背诵宋词最多的)

17. 《西游》之星(熟知九九八十一难等)

18. 《史记》之星(熟知《史记》人物等)

19. 《论语》之星(能完整背诵《论语》的)

20. 《水浒》之星(熟知《水浒》故事,能详细说明108将及其特点……)

21. 《红楼》之星(熟知《红楼梦》故事,知道故事中人物及事件的梗概)

22. 《三国》之星(熟知《三国》故事内容、人物、事件等)

23. 圆周率王(比背的小数位数多少)

24. 算24点高手(规定时间内算出的组数多者为胜)

25. 速算王(规定时间内得分多者为胜)

26. 概念王(规定时间内背数学概念多者为胜)

27. 魔方王(根据拼成的面数和时间的多少确定)

28. 解题王(在规定时间内答题得分多者为胜,题源《数学王国》《小学生数学报》等)

29. 数学故事王(规定时间内讲数学故事多者为胜)

30. 速记王(一分钟看一组英语单词,事后正确说出所列单词,以正确率高为评比标准)

31. 单词王(根据给出的首字母,拼出英语单词,多者为胜)

二、艺术类

32. 折纸王(规定时间内比花样)

33. 神剪王(规定时间内比剪纸花样)

34. 舞蹈王(掌握的舞蹈种类多者或跳得最好的为胜)

35. 小百灵鸟(比会唱的曲目多少)

36. 小歌唱家(唱歌的技能最好)

37. 小演奏家(会演奏的乐器多者为胜或演奏的曲目多而好者为胜)

38. 小巧手(手工最好、最多的)

39. 小画家(某种画画得最多或最好的)

40. 小编辑(自办小报最多的)

41. 小小书法家(硬笔)

42. 小小书法家(软笔)

43. 视听王(听音乐能正确说出歌曲名称,以说出歌曲名多少为评比标准)

44. 简笔画王(在规定时间内,简笔画动物数量最多者为胜)

45. 双手书写王(规定时间内写的字数多者为胜)

46. 折纸飞机大师(空中飞行时间长者为胜)

47. 七巧板大师(规定时间拼的花样多者为胜)

48. 小发明家(小发明、小创作最多)

49. 小军事家(熟知各种兵器、各国军队等)

三、体育类

50. 踢毽子(一分钟内踢毽子个数多者胜或以 3 分钟为准,踢出的不同花样数多者为胜)

51. 仰卧起坐(一分钟内做仰卧起坐个数多者胜或连续做的个数多者为胜)

52. 跳绳(一分钟内跳绳次数多者胜,可单跳也可双跳;或连续跳的个数多者为胜)

53. 原地投篮(规定时间内距离篮圈 2 米外投入多者为胜)

54. 快乐呼啦圈(选手于腰间转呼啦圈,以所转圈时久或呼啦圈个数多者为胜)

55. 足球颠球(每位参赛者有一次机会,在边长为 1.8 米的正方形内用双脚轮换颠球,规定时间内数量多者为胜或连续颠的个数多者为胜)

56. 蒙眼单脚站(时间长者胜)

57. 集体跳绳(在规定的时间内,比参加跳的人的个数;也可比连续跳的个数,多者为胜)

58. 原地颠乒乓球(原地颠乒乓球,在规定时间内颠的个数多者为胜,或连续颠的个数多者为胜)

59. 旋转篮球(连续旋转篮球不掉地,时间长者为胜)

60. 轮滑或滑板(在规定时间内花样多者为胜或滑出的距离长者为胜)

61. 俯卧撑(连续做的个数多者为胜)

62. 象棋大师(在挑战赛中胜出者)

63. 围棋大师(在挑战赛中胜出者)

64. 跳棋大师(在挑战赛中胜出者)

65. 五子棋大师(在挑战赛中胜出者)

66. 国际象棋大师(在挑战赛中胜出者)

67. 小飞侠(跳得最高的)

68. 小飞人(跑得最快的)

69. 跳远王(跳得最远的)

70. 投掷王（投垒球最远的）

71. 小武术家（表演套路多的或动作到位的）

四、生活类

72. 完美削皮（削出最长苹果皮）

73. 穿针引线（比规定时间的数量）

74. 巧剥花生（规定时间内比数量））

75. 夹弹珠（装满肥皂水的脸盆里放若干弹子，在规定的时间内夹上最多的为得分最高者，可五人同时进行游戏）

76. 手称物体（对一物体用手掂秤，最接近实物重量者为胜）

77. 目测距离（对给出的距离不用测量工具能做出起始标记，最接近者为胜）

78. 能工巧匠（正确拼出中国地图或其他拼图，以用时少者为胜）

79. 计时大王（根据指定的一个时间，不借助计时工具确定出这个时间，最接近者为胜）

80. 打字高手（5 分钟内进行打字，正确率高并打字多者为胜）

81. 小收藏家（对某些物品有一定的兴趣和爱好，并收藏有一定数量）

82. 小旅行家（去过的地方最多）

五、能力类

83. 搭桥过河（提升团队协作能力的游戏。可 4 个人使用 5 块砖头，从起点出发，脚不能沾地，最快到达终点的团队获胜。）

84. 同起同坐（同组人员手挽手，肩并肩，背靠背，并在此状态下同时站起和坐下。）

85. 疯狂毛毛虫（用软垫铺成一条道，多人跪于软垫，后一人的手抓住前人的脚踝前进，用时短的组获胜。）

……

说明：如果有的同学特长、爱好没列在上表中，可自己命名进行申报。提倡申报富有特色和创意的项目。

(2)"挑战不可能"的操作程序

"挑战不可能"的实施讲究科学化、合理化。首先要制定优质的活动方案，按照流程实施。在活动的流程上，主要有申报阶段、积极实施阶段、阶段评价、活动展示几个层面，在"挑战不可能"的申报阶段，学生可以在家长的帮助下，结合自身学习兴趣以及特长等来提出有特色的申报项目，学校在活动上不限项目，只要学生能提出不同凡响的才能，且报名人数超过十人，这一申报项目就能被受理，如果不超过十人，也可以将在此项目上获得成绩的证书带来，请学校审核认定，凡申报的同学都要填写申报表（见表 4－27），班主任将班级申报情况进行汇总，并填写好表格（见表 4－28）。这些都得到完善之后，再进入实施阶段。这一过程中，班主任要能针对学生申报的项目，指导督促学生利用可利用的时间加强项目的训练，然后初步对申报活动的学生成绩加以确定，再筛选一到两名学生来参加校级挑战，对学生项目评比需要学校组成评比小组界定成绩（见表4－29）。组织比赛时，既有分散组织，如初步海选，每月或每两个月举行一次，又有全校集中挑战的活动，如前五名挑战或冠亚军对决，每学期举行一次。最后对成绩特别突出学生的成果进行展示，颁发证书。

表4－27　博才小学"挑战不可能"申报表

项目名称			
申报类别 （个人或集体）			
申 报 人			
所在班级			
家长姓名		手 机	
项目介绍			

说明：

1.填写"项目名称"栏，请以"＊＊之最"或"最＊＊"为题，一项以上请标序号；该栏所填内容将作为审核标准，请务必填写准确。

2."项目介绍"栏，一定要介绍清楚您申报项目的"唯一""第一"特征、评判的标准等内容。

3.其他栏目请尽量填全，便于联系。

表 4 – 28 博才小学"挑战不可能"报名汇总表

班级： 班主任：

序号	姓 名	性 别	申请项目所属类别	申请项目名称	申请项目规则	此项目最佳成绩

注：

1. 申请人数不限，项目不限。

2. 申请的项目可以从学校参考项目中申报，也可以在学校所列活动项目之外进行申报。新申报的项目一定要有详细的规则，便于量化。

表 4 – 29 博才小学"挑战不可能"成绩记录表

年级： 班级： 日期：

纪录保持者	性别	班级	班主任	项目名称	项目所属类别	申请项目规则	此项目最佳成绩

在活动过程中，学校面向全校学生征集新项目，凡有利于身心健康、轻松活泼、有挑战性、可行性强的项目我们都考虑作为新项目加入"挑战不可能"，同时新项目参与者将有机会载入我校吉尼斯大全。项目征集并采用之后，学校将用该同学的名或姓命名该项目，让参与者自我价值感提升。

表 4 – 30 2017 年新增项目表

项目	创始人	创始时间	备注
拼地图	张思睿	2017 年 10 月 20 日	思睿地图
单词拼读	周佳杰、易锦程	2017 年 10 月 20 日	周易拼读
积木拼装	阳承澍	2017 年 11 月 20 日	承澍拼装
单脚独立	罗珊珊、马腾	2017 年 11 月 20 日	罗马独立

在实施阶段，学校会安排一周的时间，分不同时间段、不同地点开展"挑战不可能"活动，根据安排表，学生可自由选择项目进行挑战。以 2018 年为例，安排列表如下：

博才小学 2018 年上学期"挑战不可能"安排表

表4-31　语言智能类项目活动安排（星期一）

项　目	时　间	地　点	负责部门	备　注
诗词背诵	14：30	大礼堂		100首一级
主题演讲	14：30	队室		规定主题提前一天公布
即兴演讲	14：30	会议室		当场抽签确定主题
成语默写（限时）	15：30	博才诗院		
格言默写（限时）	15：30	图书馆	语文组	
日记	15：30	教师办公室		
小说	15：30	会议室		
英语日记	15：30			
查字典	14：30	办公室		
成语接龙	15：30			
英语单词默写	14：30	教室	英语组	

表4-32　数理逻辑类项目活动安排（星期二）

项目	时　间	地　点	负责部门	备注
数学口算	14：30	会议室		
报　数	15：30	运动场	数学组	
数理逻辑	15：30	会议室		
24点	16：00	电脑室	信息技术	

表4-33　视觉空间智能类活动安排（星期三）

项目	时　间	地　点	负责部门	备注
计算机打字	15：30	电脑室	信息技术	
四驱车拼装	15：30	科学实验室	科学组	
搭积木	16：10	机器人教室	科学组	
七巧板	15：30	会议室	科学组	
拼地图	16：10	会议室	科学组	

表4－34　音乐艺术智能类活动安排（星期四）

项目	时间	地点	负责部门	备注
唱少儿歌曲	14：30	音乐室	音乐组	
乐器	14：30	音乐室		
折纸	14：30	美术室	美术组	
绘画	15：30	美术室		
剪窗花	15：30	美术室		
漫画	15：30	美术室		

表4－35　身体运动智能活动安排（星期五）

项目	时间	地点	负责部门	备注
拍皮球	14：30	羽毛球场	体育组	
呼啦圈	14：30	主席台左侧		
跳绳	14：30	运动场北		
颠足球	14：30	新篮球场		
集体"8"字跳绳	15：30	运动场北面		
个人1分钟跳绳	15：00	运动场北面		
投篮	8：30	新篮球场		
踢毽子	8：30	主席台		
俯卧撑	15：30	主席台		
仰卧起坐	15：30	主席台		
颠乒乓球	8：30	新篮球场		

（3）"挑战不可能"的评价方式

"挑战不可能"新纪录的创建者即可被载入学校的"挑战不可能"纪录并颁发证书，同时可以列为学生评优评先进等综合素质评定的指标。全校集中活动时通过网站、新闻媒体、校园报、现场展示等形式进行宣传报道，扩大影响，营造热烈氛围，进而调动学生积极地参加后续活动的热情，为后续活动的持续开展做好铺垫。

校园"挑战不可能"活动，不仅展示了我校坚持推行素质教育的丰硕成果，同时也为同学们展示个性特长提供了广阔的舞台。心有多大，舞台就有多大，每个博才学子带着梦想和激情，都在这样的活动中找到了属于自己的舞台。

四、助力课程聚合成长引力

(一)教师发展课程

"新六艺"课程从生命立场出发,关注"人"的生命成长,对象指向学生,也指向教师,因为师生的成长具有内在的关联性,而开发生命潜能、满足发展需要更是教育的责任。故此,我们在多年工作经验的基础上,进一步完善设计并研发了学校的教师发展课程。

1. 教师发展课程的缘起

(1)教师的生命发展立场。教师作为具体教育场域的整体存在,与教育场域的另一对象——学生不断相互作用、相互影响。就生命立场中的"人"来说,其"自然、社会和精神文化"三个相互渗透的层面特质值得被关注,而自觉地学习、反思和不断超越自我都是实现教师发展的重要手段。

(2)学校的价值文化。作为集团化办学的成功案例,博才小学自建校以来,努力将学校核心价值文化"博学、分享、日新"不断衍生,以香樟文化滋养师生,实现师生分享共赢。学校中的每一位学生其实都是一个世界,教师们在呵护每一位孩子的同时发现了自己,成长了自己。

(3)教师发展课程的基本理念。博才小学的每位教师都应认同学校"新六艺课程"教育使命,即在实施基于学生六大核心素养、运用六个课程元素,实现六种学生特质养成目标的过程中,在帮助"每一个孩子积极走向世界,在自主中成为更好的自己"的同时,发现并成就教师自己,并成为社会广义评价中的"师德的表率、育人的模范、教学的专家"。教师的职业定位在于:在学生当下的爱戴与未来的追忆中,寻找富有乐趣的幸福教育人生。其理念核心为:内驱力幸福成长。一方面,教师按需成长,培训个性化、清单式;另一方面,要为每一位老师寻找并提供合适的发展跑道,拾级而上,成就美好,幸福比优秀更重要。

2. 教师发展课程的构架

(1)教师发展课程的内涵

多年的师训经验告诉我们,师训同任何授课设计一样,只有设身处地地站在被培训人的角度,基于生命立场的长度、教师职业特质要求的宽度,按需设计、科学规划,并让不同发展层次的教师看到他们努力的目标、方向以及路径才是好的培训课程。因此,我们依据马斯洛关于人的需要层次理论,一直在探究与完善学校的《教师职业幸福成长规划》(图4-37所示),并继续加强教师职业发展的"四个工程"(青蓝工程、脱颖工程、蓄锐工程、卓越工程)建设,用教师工程建设形成教师培养的发展思路。

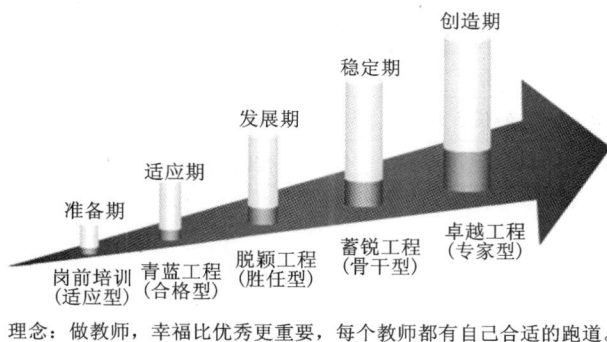

理念：做教师，幸福比优秀更重要，每个教师都有自己合适的跑道。

图 4 – 37　教师职业幸福成长规划图

（2）教师发展课程培养路径

依据职业幸福成长规划，参照教师个人成长轨迹，我们设计了教师成长具体工程框架（表 4 – 36），安排了工程主管责任人（表 4 – 37），并基于我校教师实际情况，着重搭建了教师成长"四工程"（图 4 – 38），以便让每位教师"按照自己的速度，按需培训，在合适的跑道自由奔跑"，从而让每位老师都感觉自在、有成就感。

表 4 – 36　教师成长工程设计框架

教师职业发展阶段	准备期	适应期	发展期（高原期）	稳定期	创造期
成长阶梯	岗前阶段	青蓝工程	脱颖工程	蓄锐工程	卓越工程
规划时间	一个暑假	最长 5 年	5 年(可延长)		至教师生涯毕
发展目标	适应工作	合格型教师	胜任型教师	骨干型教师	专家型教师
学期基础工作量		1.完成职能岗位教学满工作量 2.听课 15 节，听带教老师课 4 节 3.汇报课 1 节 4.教研课 1 节 5.参评论文一篇（禁止抄袭） 6.参加各类教研培训活动 10 次（要求每次有学习笔记） 7.新闻撰写 1 篇	1.完成职能岗位教学满工作量 2.听课 15 节 3.教研课 1 节 4.主动承担学校教科研任务 1 次（资料收集整理、文章撰写、展示、培训、交流、课题研究等） 5.参加各类教研活动每期不少于 5 次（有学习笔记） 6.外出学习并承接 2 次培训任务 7.每期至少参加各类论文评选赛事 1 次	1.完成职能岗位教学满工作量 2.带教 1～2 个徒弟(示范、听课、查教案与作业、解答疑问) 3.1 节示范课 4.主持校内教研活动不少于 2 次（有记录表） 5.主动承接教师培训任务 1 次（组内或全校） 6.每年至少有 1 篇论文参加市级以上论文评比 7.学习课时不少于 20 课时(有学习笔记) 8.参与课题研究	1.完成职能岗位教学满工作量 2.至少带 4 名骨干教师，听课 30 节 3.主持或参与市级以上课题研究，成果有辐射影响力 4.1 节示范课 5.每期指导一个学科或一个年级、一个项目的学术工作 6.专题讲座 1 次 7.每年至少有一篇论文发表在省级刊物或获省级论文评比一等奖

表 4 – 37　教师成长工程主管责任人安排表

监督责任人	科培中心	教师工程评审小组			
成长支持平台（附：各工程教师成长培训方案）	岗前培训	1. 指定带教老师 2. 提供校、区内培训 3. 校、区内各种赛事活动	1. 指定骨干教师引领 2. 外出学习 3. 公开课平台 4. 市级以上赛事支持	1. 聘请名师、专家指导 2. 出省外出学习优先支持 3. 交流课平台展示 4. 省级以上赛事支持	1. 聘请专家引领 2. 外出学习考察自主权 3. 建立示范展示平台 4. 可组建核心教研团队

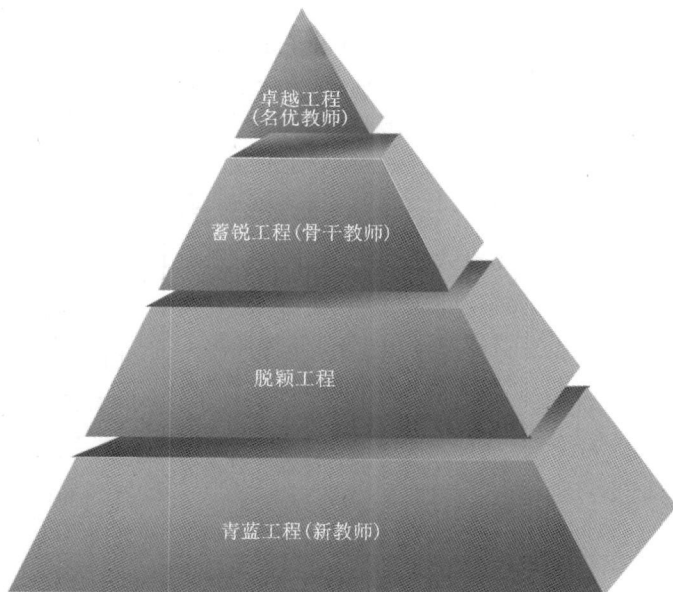

图 4 – 38　教师成长工程梯级图

　　为保证教师成长课程的针对性及时效性，在课程体系构建的初期，我们就对学校全体教学教师进行人员构成分析及效果目标设定，从而保证了教师成长培训课程的科学性。我们结合相关理论，制订培养目标和培养措施，具体如表 4 – 38、表 4 – 39 所示。

表4-38 教师成长四工程操作路径表

内容	阶段目标	培养措施
青蓝工程	教学：适应学校各项常规教学要求。教研：1.上好一堂教研课、参加校内赛课；2.参与区级课题研究；3.参与区级名师工作室活动学习。协作：协助TT教师、教研组完成工作	1.期初各级岗前培训；2.期中、期末青蓝工程汇报课、考核课听课；3.师徒结对，蹲班指导
脱颖工程	教学：按质完成常规教学要求，确保任教学科教学质量。教研：1.校内赛课脱颖，参加区级赛课；2.主持区级小课题、参与市级课题研究；3.参与区、市名师工作室学习，争当区级骨干教师。协作：协助教研组长、学科联系行政、学校处室开展工作	1.选择加入校教科研项目团队，从而进入"研究型教师团队"；2.提供青蓝工程导师途径；3.推荐加入各类教师成长共同体：阅读沙龙、TT团队加水教研、慧享沙龙等；4.香樟人才计划培养管理、学术力量
蓄锐工程	教学：提升任教学科教学质量，起到引领作用。教研：1.参加区、市赛课、展示课；2.参与市、省课题研究，争取市级课题主持；3.进入区、市名师工作室名师团队、担任市级骨干教师。辐射：带动学校学科团队，引领区级学科研究	1.引领：引进专家指导；2.视域：定期外出学习；3.赋能：给予团队引领机会，项目任务驱动；4.推介参与市级以上竞赛与课题
卓越工程	教学：提升任教学科教学质量，起到引领、辐射作用。教研：1.参加省市、国家级赛课、展示课；2.主持省市课题、带领团队进行重点项目研究；3.担任区、市名师工作室首席、省市学科带头人。辐射：带动区、市学科团队，引领省市学科研究	1.推介区市名师工作室首席，个人带动团队，以名师工作室为载体，引领学科，带动学校，分享双赢；2.自主选择培训项目申报；3.推介评选特级教师

表4-39　教师成长四工程管理流程表

阶段	步骤	内容
（一） 准备阶段	完善工程人员划分	教学人员学习教师成长规划及标准，自主向教研组长申报所属工程
		教研组长四工程设计框架标准，向科培中心提交四工程人员构成更新表
		核实完成学校总表
	制订目标计划	制订教师工程建设目标、计划
（二） 培养过程	教研组长制订 学期计划	教研组长根据学校总计划制订学科教师工程培养计划及活动计划
		计划报科培中心备案，并指导修正
		告知工程成员计划内容
	按计划进行活动	按照计划开展活动
		科培中心安排检查落实活动开展情况
（三） 评价总结	对各教研组评价总结	学期末各教研组进行总结
		总结以现场汇报形式存稿并交科培中心
		科培中心对各教研组进行评价总结及指导

3. 教师发展课程的样态：香樟学院

香樟学院是教师成长的摇篮，也是教师追求梦想的地方。

表4-40　香樟学院课程内容

	岗前培训		
专业素养	成长培训		
	常态培训	校内	加水教研
			全体教师专项培训
		校外	外出学习
			名师工作室引领
			帮扶共赢
综合素养 （管理素养）	管理课程培训	后备干部培训班	

（1）岗前培训

根据教师成长四工程操作路径，针对各个教师工程，学校根据培训者需要，在校内制定了一系列的靶向性培训课程，以学校岗前工程培训课程为例，在开学前，所有新进教师要完成岗前培训课程，其中含2～4天的集中通识培训（详见表4－41）及针对一年级教师的岗位培训课程。

表4－41　2018年暑假新进教师岗前通识培训课程安排表

培训时间、主题		培训课程	培训内容	培训形式
第一天 上午 主题： 香樟树下 如期而至	9:00—9:10	开班致辞	欢迎新教师，励志激励	讲解
	9:10—10:10	《香樟树下的守望》	介绍培训的相关内容、学校教师发展规划	专题讲座
	10:10—11:30	破冰	破冰团队建设，学会合作，学会沟通，乐于分享	团体心理辅导
	11:30—11:45	分享交流	新教师分享博才初印象	交流
第一天 下午 主题： 情怀落地 梦想发声	14:20—14:40	《我在博才的成长历程》	介绍成长历程、收获及感悟	专题分享
	14:40—15:00	团队协作，共创思维导图	讨论：怎样做一名博才教师	协作、交流
	15:00—16:00	《做个有德、有才、有味的人》	博才教师的为人处世，加强自身修为及基本功修炼	专题讲座 互动分享
	16:00—16:20	规则下的心灵自由	介绍博才制度、师德师风、抽测自学情况	专题分享
	16:20—17:00	团队协作，共显思维导图	结论：怎样做一名博才教师	展示、分享
第一天 晚上 主题： 走进博才 迈向岳麓	18:30—19:30	博才青年夜校	第一天学习复盘： 共爬岳麓山，以团队为单位，巩固团队建设，再现一日培训收获及实地安全教育	团队拓展

续表 4－41

培训时间、主题		培训课程	培训内容	培训形式
第二天 上午 主题： 课程构建 教学艺术	8:30—9:00	"新六艺"课程整体概念介绍	介绍"新六艺"课程、享想课堂、加水教研以及教研常规工作	专题讲座
	9:00—10:20	分学科研课	教研组长带领新教师进行片段课的研课研讨	协作、交流
	10:20—11:50	片段课展示	推选教师进行片段课展示，新教师、教研组长、行政评课	展示、分享
第二天 下午 主题： 和谐成长 分享日新	14:00—16:30	《香樟文化解读》	了解并融入博才文化	专题讲座 互动分享

新进教师的岗前通识培训课程渗透学校文化、团队组建、专业技能，旨在帮助新进教师尽快熟悉、认同并适应博才工作方式及成长节奏，尽快找到个人坐标，明确成长方向；同时，培训采用了做中学、研中练的理论与实践相结合的互动培训形式，辅之现代化科技手段，以受训者为中心，做人本培训。在此课程培训完毕后，学校会针对一年级刚刚组建的团队进行培训（详见表 4－42）。

课程内容涉及一年级学生的底色课程设计、学科第一课范式研究，形式既有理论讲座也有实操加水教研研讨，老师们从儿童教育心理学角度深度了解一年级新生特点，并学习与新生家长的沟通技巧等工作策略。

表4-42　一年级教师岗前培训课程安排表

培训时间、主题		培训课程	培训内容	负责科室
第一天上午主题：班建	8:30—9:00	《在准备中开始》	一年级班级、年级组工作计划学习	年级组长
	9:00—10:00	《博才"家"文化》	一年级班级文化建设及管理学习	教育处
	10:20—11:20	《新生来了》《心平气和一年级》《开学三十日》	慧享沙龙：多维度认知新生，了解如何帮助一年级新生适应校园生活	教育处、年级组长
	11:20—11:40	主题研讨：我们的第一周	小结：细化第一周工作，并就困惑予以解答	年级组长、教育处
第二天上午主题：范式	14:30—15:00	"一年级课堂教学范式研究"培训解读	结合评价，解读并学习其背景、目标及要求	科培中心
	15:10—16:40	范式课学习研讨	观摩学习、交流分享	各学科展示教师
	16:50—17:20	主题研讨：我们的第一课	小结：开学第一课要点，并就困惑予以解答	科培中心

　　每一堂学科的课堂教学范式课，均由精心挑选的讲师授课，事前TT团队集体研讨：包含课前预习设计、课中活动设计、课后作业设计及批改反馈、学习目标的制定、学习过程的观察、学习目标达成度的反思这六个方面，形成详细教案和设计依据，这样成功保证了示范的规范性、科学性与代表性。

　　（2）成长课程

　　教师成长是一种螺旋式循环、不断提升专业化水平的历程。从新教师入职准备阶段到教师四工程提升，教师从观念到行动都要经历一次又一次蜕变。特别是最后两个骨干教师的提升工程，将实现教师由教学到教育、由术及道的华丽变身。

　　组建活力组织——TT团队。为实现"香樟文化"扁平化管理，在各学科教研组内，TT团队应运而生。"TT"取自英文单词"Top Teacher"，中文取意为"领衔教师"。TT团队工作目标以Top Teacher为核心，实现小组抱团成长，其具体责任与义务，参见表4-43。

表4－43 TT团队责任义务一览表

TT团队要求	1.原则：办公室就近、同年级段同教材原则 2.规模：4—5人左右一个团队，随时随地教研 3.周研：利用每周固定2—3节课时间，全员参与，集体备课研讨
TT团队集体备课导师要求	1.指导TT老师 2.指导TT团队集体备课
TT工作要求	1.指导成员开展日常教学工作，分配各项临时工作 2.组织集体备课活动与其他学习研讨活动 3.自己所擅长的领域分享，交流相互间的不足并弥补 4.指导成员参加各项学习、比赛与教研课 5.关注成员教学进度，期末开展复习研讨并制订复习计划

TT团队将原有学科组织更加细化、便捷化，作为教师成长工程中的活力组织，TT团队以其短小精悍，成为最小的教师团队成长单位。为了活动的顺利开展，学校在原有听课本的基础上，设计了专项"集体研课记录本"。"加水教研"的实施，使TT团队更是焕发出独特的生命力。所有TT老师，在各项外出学习和评选活动中都享有优先权。

打造"超能战队"——骨干教师。骨干教师通过两条途径培养：其一，校外申报；其二，校内培养。根据教师成长四工程，我们将后两个工程的教师定义为校级骨干教师。根据2017年校内外骨干教师人数统计，作为岳麓名校，我校骨干教师占全体教师的28%左右。为了调动这些骨干教师的能动性与创造力，使其发挥出超能战队作用，学校在充分信任、授权的前提下，根据教师个人成长意愿，以项目推进其实现自身成长。

总之，学校教师成长工程配置有单一横向同等水平结构划分的四工程，也有纵向划分的多水平结构的TT团队，更有超能骨干教师个人，从而呈现出一种点、线、面结合的网状结构（图4－39）。

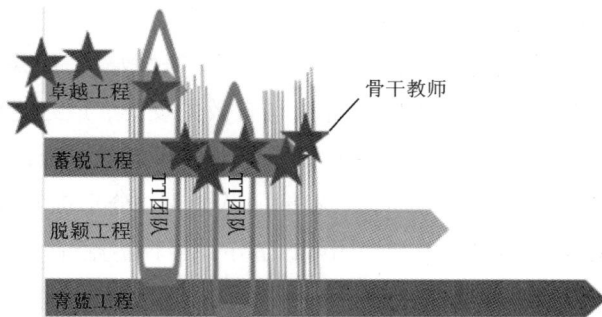

图4－39 教师成长工程配置图

表4-44 教师成长工程考核与晋级表

教师成长梯度	成长梯度考核标准
青蓝工程	1.课堂教学A等(汇报课、考核课、教研课平均水平) 2.教学质量达到学科(年级)平均值以上 3.常规工作无违纪情况
脱颖工程	完成学校各项常规教育教学工作,且考核合格
蓄锐工程	1.以下项目至少一类考核合格: 区级及以上骨干教师 各级名师工作室名师或顾问、校级名师工作室首席名师 区级及以上学科理事 校级及以上特色项目负责人负责每年项目履行职责 申报的教研组长、年级组长、处室及以上负责人以及示范教师,承担相应职责 2.课题主持人所负责课题按时按质进行,并能顺利结题 3.主动承担学校各项带教工作,积极完成学校各项活动项目
卓越工程	1.特级教师考核合格 2.区级及以上工作室首席名师考核合格 3.市级及以上学科带头人考核合格

(3)常态专项培训课程

※**校内培训**

在基于点线面结构的网状教师配置基础上,我们开设了教师成长课程,基于"学习金字塔理论"的"七子"培训理念,如图4-40所示,我们在团队培养中,主要采用5%—50%的基础培训模式;我们的项目研训中,主要采用20%—75%的能量培训模式;而针对卓越群体,我们则采用30%—91%的尖端培训模式。

加水教研。团队以TT教师为核心,通过每周集体备课等活动练好专项,博采众长。一方面,TT团队采用"加水教研"(如图4-41),指导常规教学。即采用集体研课的方式,促进老师们共享经验和智慧,实现深度的备课与有效的反思,最终走向教学质量的提升;另一外面,TT团队指导教研:以教师培训形式,骨干教师示范引领,研磨课堂,展开关于课题、课程、课标等相关项目的主题研讨,发挥团队力量,分享提升;最后,TT团队指导比赛:以赛代训,由骨干教师组成的磨课团队,指导青年教学竞赛,构建"享想课堂"模式,在课堂中落实学科素养。

项目化研训"梦团队"。项目化的研训团队,被称为博才"梦团队"。活动以人为本,拓展教研生活弹性,关注每一个人的团队和团队中的每一个人。

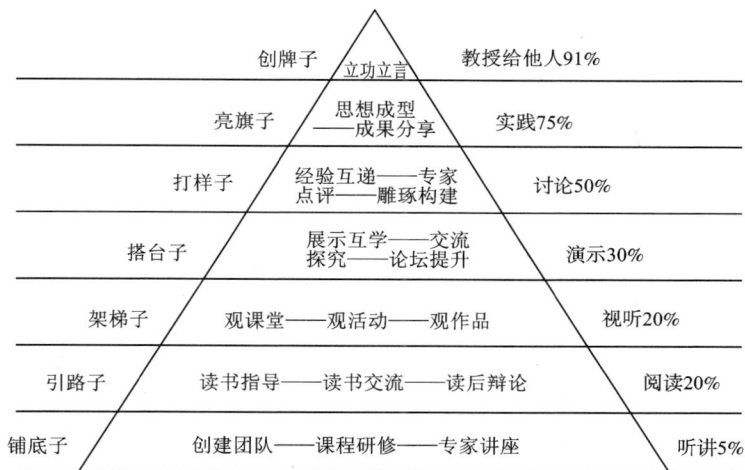

博才教师基于"学习金字塔理论"的"七子"培训模式

图 4 - 40 博才教师"七子"培训模式

图 4 - 41 加水教研

表 4 - 45　2016 年项目化研训梦团队

系列	团队名称	责任人	联系行政	任务目标
名师工作室系列	(1)校德育名师工作室			推动校外影响力与校内带动力
	(2)区传统文化名师工作室			
	(3)区小学科学名师工作室			
	(4)区小学英语名师工作室			
课题系列	(1)省级分享课题		教科室	本期结题
	(2)市级体育课题			本期结题
	(3)区级小课题系列	各教研组长	各联系行政	市小课题申报
学习型建设项目	"读乐乐，众乐乐"书香校园			全员参与、全领域涉猎、全息阅读

※全体教师培训

基于教师四工程管理的靶向性研训：教师培训课程，主要分为"集中培训、以研带训、以赛促训"三类形式。

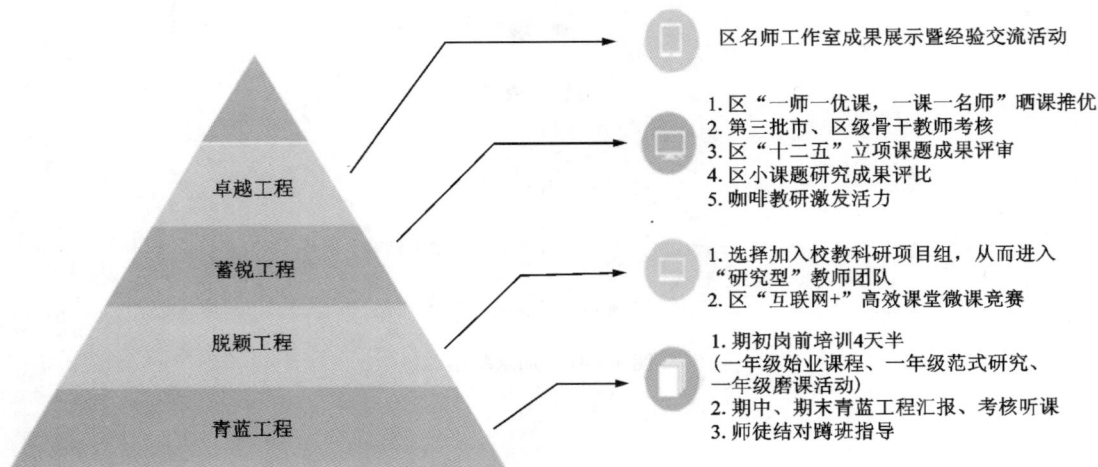

图 4 - 42　教师四个工程靶向培训

表4-46 2018年暑假全体教师培训

培训版块	培训时间	培训内容	目标达成
以课堂改革为核心的教学培训	7月12日 9:00—11:00	教科室做全面推动"日备周研月开放"活动的介绍	全体教师清晰、明了什么是"日备周研","日备周研"带给我们的优势是什么,如何进行"日备周研月开放"
		本期"日备周研"试点组的分享展示+复盘	
	7月12日 14:30—16:30	张新春老师讲座《如何上好一堂课》+互动问答	了解当下的课堂如何转型。聚焦课堂要改变什么,关注什么,如何去做
以课程为核心的教学培训	7月13日 9:00—11:00	针对本学期的主题课程进行系统全面的复盘(一到五年级围绕"小小规划师",六年级围绕毕业课程)	通过优秀经验介绍、分年级复盘研讨、分享交流与现场投票颁奖等,让全体教师在思想上进一步重视主题课程的意义与价值,在行动上能结合学情更有效地落实主题课程,让主题课程在学生成长过程中发挥更大育人功能
指向教师职业幸福的培训	7月13日 14:30—16:30	养生讲座	促使广大教师对健康知识有所了解,有效提高广大教职工的健康水平
指向信息化手段、实现课堂教育飞跃的教师培训	7月14日 9:00—11:00	希沃设备的深度了解+信息中心介绍当下实用的几种信息化技术手段和软件	了解新技术在课堂教学中的运用,思考如何在自己学科的课堂中使用信息化手段

※校外培训

名师工作室引领。以名师工作为引领,尖端辐射、示范引领、资源共享、智慧共生,培养了一批师德高尚、素养深厚、业务精湛的骨干教师。(参见表4-47)

表4-47 2015—2016年博才培养杰出教师代表情况表

名师工作室	首席	培养代表	成绩(以2015—2016为例)
(1)市丁丽数学名师工作室		周楷	全国小学数学(人教版)示范观摩交流、赛课一等奖,湖南省第三届小学数学教师素养大赛赛课特等奖
		刘新芳	2015年度小学数学经典示范课例、赛课一等奖,发表省级刊物两篇
(2)区传统文化名师工作室		赵俊	岳麓区十佳教学能手、校教科室副主任
(3)区小学科学名师工作室		李梦婕	省、市、区教师技能比赛一等奖、赛课一等奖
		贺鑫	第八届全国中小学互动课堂教学实践观摩赛课一等奖
(4)区小学英语名师工作室		彭芳	区骨干教师、市级课题参与人
		蔡能	区小课题研究一等奖、校星教师、菜菜798项目
(5)校德育名师工作室		范舟	省、市、区德育法制课堂赛课一等奖

互联网+。学校借助信息技术,优化、简化管理工作,提高效能;让资源利用最优化、最大化;加大宣传力度,提升宣传品质。

表4-48 外出学习审批程序

阶段	步骤	内容
(一)报名申请	1.上级单位安排	查看外出学习的文件通知
		相关人员报送学校领导审批
	2.学校组织安排	科培中心制定培训学习方案
		发布外出学习的文件通知
	3.自行申报学习	提交科培中心外出学习的文件通知
		等待审批

阶段	步骤	内容
（二） 实施培训	培训前准备	了解外出学习内容和相关事项
		市内报送学校审批，市外报送教育局审批
		报科培中心备案
	参加培训学习	全程按学习要求参加培训活动
		做好学习笔记、收集学习资料 （建议发送美篇或新闻报道一篇）
（三） 培训总结	1. 整理学习资料	学习结束后整理好学习笔记
		写出学习总结或心得体会
	2. 汇报总结	以学习型组织为单位，分享外出学习经验
		文稿提交科培中心备案

帮扶活动。结合各级各类帮扶活动，在整合教育资源、促进教育均衡协调发展的前提下，为骨干教师、青年新秀搭建展示教学艺术和方法的平台，促进教师专业化水平的提高；总结交流优秀的教学经验与教学成果，不断更新管理理念；最后，进一步激活学校内部管理机制，优化资源配置，带动新课程改革，全面提高教育教学质量。以 2016 年为例，我校承办系列国培项目 7 个学科 5 次；"教育部—中国移动中小学校长培训项目" 2 次；帮扶市级学校怀化洪江市塘湾中心学校、岳麓区第五实验小学各 4 次；帮扶区级学校岳麓区雨敞坪镇小学 4 次、博才系列联盟校 4 次；接待湖南师大、省一师范等教育实习生 33 人次。在这些高频率活动中，各层次教师获得了展示的机会，盘活了学校教研局面。

※综合素养

为了在传承中弘扬博才"香樟文化"，进一步优化博才小学的管理队伍，培养学校行政管理干部梯队，推动博才教育事业的可持续发展，学校特针对脱颖工程及蓄锐工程中有需求教师提出一种后备干部管理人才培养方案，提供丰富的教师成长通道，按需搭建平台（详见表 4－49）。

表 4 – 49　香樟人才学员登记表

姓名		性别		出生日期		政治面貌	
参加工作年限		来博才的时间		最高学历及毕业院校		所学专业	
任教学科			专业技术职务				
现任岗位及任职时间			有何特长				
联系方式							
发展意向（仅选一项）	管理类	□ 教研组（教研组长） □ 年级组长 □ 教学部门 □ 后勤部门 □ 项目组					
	学术类	□ 教研组（教研员） □ 工作室（首席、名师） □ 项目组					
从教经历中的主要荣誉							

　　此教师发展课程聚焦"专注·专业·专研"，以寻找最美好的教育姿态、为学生发展引航为目标，高效配置学院管理团队，分工明确。采用"理论培训＋岗位实践"课程模式，内容详见表 4 – 50、表 4 – 51。

表 4 – 50　香樟学院项目组管理团队职责分工表

项目	姓名	职责
导师	龙胜、刘江虹	课程定位，把脉发展
院长	周楷	牵头开展对教师发展的研究，组织进行对培训项目的策划
合伙人	李洁、张晗潞、丁林	共同研究教师发展，具体实施项目开展

表 4 - 51　香樟学院后备干部培训课程

团建	拓展培训	破冰活动(活动)
		室内拓展(活动)
		室外拓展(活动)
	心理引导	自我认知(讲座)
		生活与工作的平衡(分享 + 沙龙)
理论	管理	时间管理(讲座)
		自我管理(讲座)
		目标管理(讲座)
		有效沟通(讲座)
		封闭培训(讲座 + 活动)
	学术	如何做课题(讲座 + 分享 + 选择性任务)
		如何写论文(讲座 + 任务)
		教师专业成长(分享)
		教育理论(讲座 + 交流)
		生涯规划指导(讲座 + 沙龙)
素养	健康生活	游园(定向越野 + 采风)
		爬山(活动)
		趣味运动会(活动)
	夜校	音乐赏析(观赏 + 讲座)
		影视赏析(观赏 + 讲座)
		美术赏析(观赏 + 沙龙)
		手工制作(结合社团开展)
实操	跟岗	根据意向,在导师的指导与评估下开展为期一学期的跟岗实习
	自主项目(二选一)	根据实习部门的需求,学员合作,团队独立完成具体项目
		学院根据学校安排,指定项目给学员,团队独立完成

4. 教师发展课程的文化发展

老师对待职业的态度就是学生对待自己学业的态度,而真正健康的师生关系必须靠人格和学识赢得。

（1）立德树人：展教师风采，引教师成长

例一：教师美丽一刻（2012—2015）

这是个十分钟的小型教师讲坛，旨在让教师们在展示中相互学习，用榜样的力量推动积极正向的价值观，使老师们在认同中获得自我价值感。以 2013 年博才小学半年活动内容为例：

表 4 - 52　2013 年博才"教师美丽一刻"内容一览表

项	主题
1	"读乐乐，众乐乐"大型系列活动——"读自己"原创作品分享会
2	专业以外的美丽
3	做孩子们生命安全的守护神
4	慢艺术生活
5	为学生的学业生命护航
6	做麦田的守望者——谈如何培优及保持学生的学习力
7	快乐工作的密码
8	春雨润桃李，爱心育芬芳
9	我们都是一家人

例二：博才"星"教师（2016—2017）

作为教师发现行动之一的教师个人活动，就像活动推广语说的那样，"星"教师，以己之乐业、敬业、专业，指引着教师的方向和良知，灿烂自己照亮他人。他们，理应被发现，被赞赏，被学习。该活动被老师们亲切地称作"教师美丽一刻 2.0 版"，其发现程度、推广力度、奖励手段都在不断升级。活动自 2016 年开始，先后推出了十多位老中青教师代表，他们有的博学多才，是学校新生代项目活动负责人；有的爱心满满，获得了学生家长高度认可；还有的勇于创新、勤于学习，成为中青年教师学习的对象，并多次获奖晋升等，在教师群体中反响很大。

（2）分享共赢：沐香樟文化，振教研风貌

2013—2017 年，我校进行了省教育科学"十二五"规划立项课题"'分享教育'理念下多校区均衡发展行动研究"，此课题后来被评为省优秀课题。在此课题中，我们明确了"分享"不仅是一种教育情怀、教育理念，更是一种办学策略。其次，采用丰富多彩的活动载体与开展形式，形成"玩教研就是这么任性"的教师行为文化：一方面，咖啡教研、加水教研，创意漫谈；另一方面，慧享沙龙、精英智慧，各显其能。学校逐渐形成了独特的博才教师价值文化，我们站在巨人的肩膀上思考如何把认为合适的事情做好；我们吸纳的同时形成独有特色，成就别人的同时成长自己；我们努力倾听学校不同的声音、调和学校多元的文化、展现学校最美的状态。

在学校这个教育场呈现出越来越美好状态的同时，"小确幸"时时温暖着每一个教师，最具代表性的便是学校的"博才教师社团"，以2017年学校开展社团活动为例，参见表4－53。

表4－53　2017年博才教师社团一览表

2017 年上学期具体安排					
社团名称	社团及学员分布	授课教师	社长	时间（暂定）	地点
"我心飞翔"羽毛球	博才寄宿、博才中海、博才拓维、博才西湖			周二晚 18：00—19：30 周五下午 17：00—19：30	开开羽毛球馆（附三医学院体育馆西侧上坡300 米）
"静觉心灵"瑜伽	星期一（1）班：孙璐 星期二（2）班：周昕			周一、二中午13：00—14：00	校大礼堂
"阅享生活"阅读	博才寄宿、博才西湖			周五晚上 21：00—21：30	线上：微信群 线下：和鸣社
本期加推					
手绘 POP	博才寄宿、博才拓维			周三中午12：40—13：40	线上：微信群 线下：教室
"墨韵笔舞"书法	博才寄宿、博才西湖、博才花溪			周五中午12：30—13：30	图画教室
"花间弥生"插画				每周三晚自习	"花间弥生"花艺生活馆
"灌蓝高手"蓝球	博才寄宿、博才拓维、博才西湖、博才梅溪湖			每周五下午	

正像苏霍姆林斯基所说的，善于分析自己劳动的教师，才能成为一名优秀的有经验的教师。教师只有通过不断的自我反思与终身学习，才能跟随时代的步伐，持续迭代。教师成长课程的开展也是这样。教师成长课程，一直指引着博才教师们向着那光亮的方向，拾级而上，成就更好的自己。

（二）家长成长课程

有品位教育的创办、先进教育理念的确立、幸福校园的创设、教师专业化成长、课程设计与课堂改革等固然是当务之急，但与此同时，家长学校建设、家长成长课程开设也是势在必行。

"盲目教"不如"学会教"，实现由"自然型家长"到"智慧型家长"的华丽转身，需要家长不断提升学习力，只有家长真正进步了，才能为孩子进步提供成长环境。为此，要重视家长成长课程的创设和开发。博才小学在二十多年的办学过程中，逐渐认识到：学校不仅要为学生终身发展奠基，为教师成长搭台，还要为家庭教育导航。为此，我们创办了"为每一个家庭提供更好的教育服务，让每一个孩子在自主中积极地成长为更好的自己"的家长学校——最美大树学堂。

"最美大树学堂"认为家长最大的责任是陪伴孩子一起成长。如何做到"有效陪伴"？这就要进行家庭教育的课程化设计。家长的监护要实现精细化、科学化、民主化和高效化。精细化就是家长监护要基于孩子的生活习惯和学习习惯，不同年龄阶段有不同的任务清单，只有做到有的放矢，才能游刃有余。科学化，就是家长的监护行为要符合教育规律和生命节律。民主化则认为家长管理行为要有"边际"，充分考虑学生感受和情绪，激发学生的自我管理意识。高效化，旨在关注家庭教育的效度，摆脱低效和低层次的重复。

家长成长是学生进步的源头，家长成长课程是家庭教育的根本。

1. 家长成长需要家长教育

当下教育关注什么？一是课程改革，二是培养模式，二者都是育人的关键。家校合作已成为教育事业发展的必然。学校要占领"立德树人"这个制高点，努力营造学校、家庭、社会三结合的良好氛围，培养德才兼备的孩子。

随着经济的快速发展，信息化时代的到来，孩子的信息量和身心发展已超出家长的知识储备和心理预期，导致家长的教育方式简单粗暴，普遍存在用物质刺激和打骂的方式来教育孩子的现象。要改变这些现象，学校应该积极开发家长发展课程，引导家长在营造良好家庭育人氛围的同时，不断提升自身及整个家庭对子女的教育能力，尤其是家长的影响力、合作力和指导力。五年前博才小学曾就"父母是否需要成长的帮助？"为选题面向全校2500名学生家长做过一次问卷调查，结果显示有68.5%的家长认为需要。

（1）父母是教育的主体，不能缺位。

美籍心理学家弗洛姆在《爱的艺术》中谈到父母与孩子的不同关系：母亲是我们的故乡，是大自然、大地、海洋；父亲则代表思想的世界，人所创造的法律、秩序和纪律等事物的世界。父母是教育孩子、向孩子指出通往世界之路的人。6—12岁的孩子在小学教育阶段逻辑思维能力逐步增强，自我意识有了发展，属于自律性道德判断阶段，是开始为探寻社会做好铺垫的关键时期。有心理学研究表明，在此阶段和父母相处得多的孩子长大后会更具有逻辑思维能力，知识面更广，也更勇敢、独立、果断，人际关系更和谐。

（2）父母是教育的客体，不能缺失。

父母作为教育的客体，是需要不断学习的，只有在学习交流中父母自身的素养和教育孩子的能力才会得到提升。

首先，父教缺失的现象在呼唤爸爸教育。2009 年 4 月，新浪网曾就亲子关系问题做过一次问卷调查，在 1998 名被调查者中发现，有 60.7% 的网友认为"现在的孩子是缺失父教的"。而当被问及"你的成长过程中谁承担了更多责任"时，仅有 13% 回答为父亲。父教缺失的原因来自三个方面：其一，受中国传统文化的影响，男主外，女主内，母亲承担了更多教育孩子的责任；其二，社会竞争的压力越来越大，爸爸们总以工作太忙为由，减少或放弃了和孩子接触的机会；其三，爸爸个人的成长经历，也会导致爸爸角色意识的淡薄，缺乏应有的责任感。

其次，终身教育理念的提出在呼唤父母教育。随着社会、职业、家庭日常生活的急剧变化，以及全球化视域下中西方家庭教育观念的交流与碰撞，导致父母们必须不断更新知识观念，才能获得新的适应能力。

再次，教育的专业性也在呼唤父母教育。教育是一门专业性很强的工作，它要求教育者必须拥有专业的知识和专门的技能，必须经过长期的培养与训练。作为孩子成长过程的重要引导者，父母应了解孩子不同成长阶段的生理、心理特点和成长规律，不断调适教育内容和方法，成全孩子的更好发展。

（3）父母是教育的资源，不能缺心。

父母是一种社会资源，具有广博性。父母们来自不同的行业与岗位，他们中有的能直接为学校带来课程资源。同时父母角色主客体的统一性，使这种资源又成为一种再生资源，只要学校合理引导父母资源就能让教育产生"1 + 1 ≥ 2"的效用。

2. 家长成长课程目标

家长成长课程的目标界定为让每一位家长在学习体验中，提升爱的能力，追寻爱的境界，成长为更好的自己。

3. 家长成长课程框架

（1）构建家校共育管理模式

俗话说打铁还需自身硬，家校协作共同体发展的第一步就是促进自身成长。要把团队带好，首先就得让大家知道家校协作共同体在做什么，鼓励更多的家长参与进来，因此家校协作共同体活动中的宣传推广必不可少。

其次，两千多名学生的背后是五六千的家长，怎么才能把这么多家长凝聚起来呢？光靠几个人肯定是不够的，一定是越多人参与越好，这就需要制度的进一步完善，创建能让更多家长参与的平台。

最后，随着家校协作共同体规模的扩展，如何做到不越位就必须有章可循。所幸教育部《关于建立中小学幼儿园家长委员会的指导意见》已经出台，家校协作共同体的责任和权利有了明确的划分。

"最美大树学堂"以"家校同心"为出发点，以"为孩子终身发展奠基"这一核心宗旨为圆心，各个群体的发展围绕圆心开展不同层次的教育研究，并有序地在各自的轨道上，有规律地运行和发展，共同构建了家校共育的"同心圆管理模式"。

从圆心向四周依次排列，距离圆心最近的一层是学校层面确立的"家校同心圆管理机构"。学校聘请了关工委的相关领导为顾问，校长担任家长学校校长，德育副校长、教育处主任任家长学校副校长，同时在家长中公开选拔学校常务理事会长、副会长、秘书长、各部门部长各 1 名，确保家长学校各项工作有效有序开展。第二层是年级层面成立的"家校同心圆服务中心"，由年级组长、年级行政德育导师、学校常务理事会长、副会长、秘书长、各部门部长兼任，执行家校同心圆管理机构的工作安排，指导本年级家庭教育，定期召开本年级家庭教育研讨会，有效落实家长学校理念。第三层是班级层面成立的"家校同心圆服务站"，采用家长自荐或推荐，全班通过产生，设 3 个部门委员各 1 名，班主任任秘书兼辅导员，贯彻落实学校管理机构、年级服务中心安排的工作，服务班级建设，指导班级家庭教育，增强家校联系，交流家教经验。每个家长个体存在于群体之中，家长的发展不是以个体的孤立发展而发展的，而是以共同发展为基础的个体发展而存在的，同时个体发展又促进了群体的发展。

家长个体的发展程度越好，在家长群体内越具有影响力，且具有较大影响力的家长都具有独特的风格和思想，以其独有的思想为圆心，会凝聚周围的家长共同构建一个新的同心圆，这个同心圆是从属于整个大家校共育同心圆中的"子同心圆"。这个圆发展得越好家长也会向圆心的位置越来越靠近，并逐步靠近大同心圆圆心的核心范围。

各个群体和层次之间是相互影响、和谐共存、互相补充的关系。各个不同层次范围内的"子同心圆"思想共同凝聚在一起，经过处在核心位置范围内的管理机构的提炼，就形成了家校同心的核心内涵，在整个同心圆向前发展的过程中，圆心位置上的核心宗旨也在不断地得到补充并逐步完善。

这一模式理论的形成基础受"圆心"理论、"城市同心圆"理论、中国传统文化发展与传播的现象等启发，有别于"金字塔模式的家长成长发展"理论，不是孤立地看待个体的发展，而是关注于个人发展与群体发展之间的相互作用，更具有人文性和可持续发展性。

为此，"最美大树学堂"确立了"三园同建""三教同步""家校同心"的核心内容。"三园同建"指的是家庭即校园，倡导家长要把家庭当成学园；学校即家园，力求把学校办成学生成长的家园；家校共建育人乐园，即形成家校的教育合力，营造学生全面发展和健康成长的乐园。"三教同步"就是树立学校教育、家庭教育、家教指导三教同步，相互促进、协调发展。"家校同心"就是指针对不同的学生和学生的不同个性，面对其学习和品德教育中的"反复"现象，家长和老师要同心协力积极引导，因材施教。

如果说教育生态是办学的土壤，那么实施优质教育服务就是走向葱郁的必然选择。在家校共育的过程中，家委会被我们亲切地称为"家校协作共同体"，共同体中的每位成员都起着督办、反馈、协调的作用，通过预设、召集、实施、反馈的共商机制，确保了实施的效

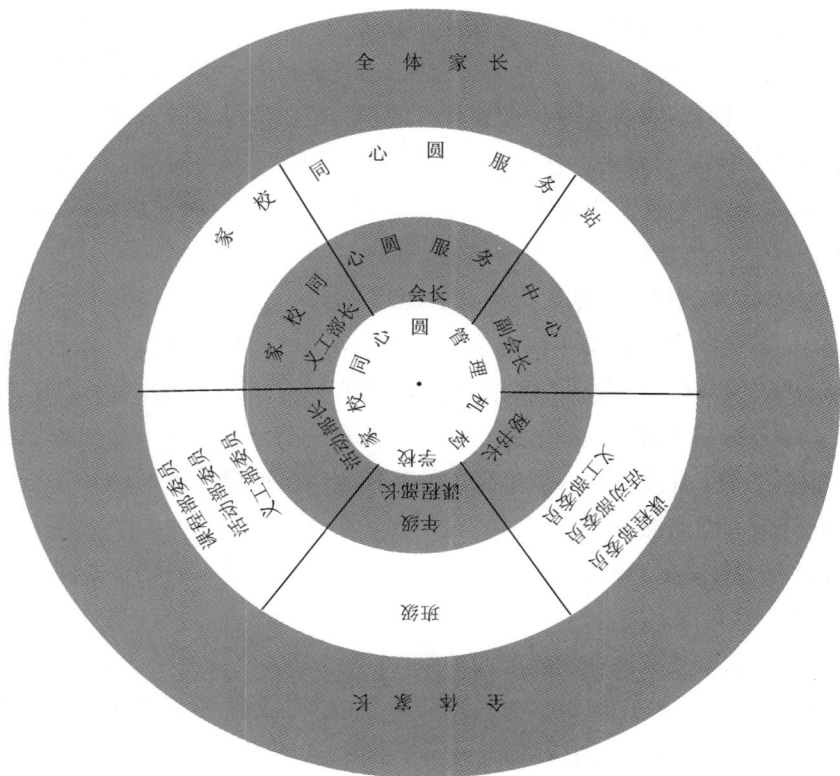

图4-43　博才小学家校共育"同心圆管理模式"

果。多年来，在家校的沟通、合作和互相影响下，我们通过绘就"圆面"、拉长"半径"，改变了家校的主从关系，用同心圆铸就了和谐、合作、共赢的伙伴关系。

（2）建立三个部门

家长成长课程要与德育相结合。家庭要注重德育，为孩子身心健康成长提供正能量和阳光的成长环境。家庭德育主要内容大致包括：文明礼仪教育、爱心孝道教育、自立自理教育、责任和使命教育、公益和义工教育、吃苦耐劳教育等。家庭德育要避免完全以孩子为中心，应将孩子放到社会这个更宏大的格局中，实现社会的教育资源化，这是家庭德育课程的源头活水。为此，我校家校协作共同体成立了三大部门：

①德育课程部。长期以来，家长与社区在校本课程建设中的"主动缺位"和"被边缘化"，导致校本课程开发逐渐趋向由学校唱独角戏，而导致"曲高和寡"。

家长们大多数有较好的教育背景，在广泛的职业领域内取得了一定的成就，家长个体间的"异质性"和"多元性"为教育微型课程的内容开发奠定了良好的资源基础。家长既可以带着课程走进学校，也可以带领学生走进社会，大大拓展了课程实施的空间实效，因此学校正式将家校合作的教育微型课程作为学校校本课程开发的重要途径。

考虑到小学生的心理特点，他们易对新鲜、灵活、丰富多彩的事物感兴趣，而兴趣恰恰是达到教育目标的最好手段，因此为学生提供丰富多彩、灵活多样、生动有趣的课程，成为学校开发校本课程的宗旨，"教育微型课程"也就在此时，进入到我们的视野里。

国际上，"微型课程"又称短期课程或单元课程，是在学科范围内由一系列半独立的单元(专题)组成的一种课程形式。它既能适应不同学生的兴趣与需要，又可以及时反映社会、科技的发展；既有主题又能体现学科课程的优点。且它的课程形式灵活、内容丰富，在一定程度上避免了传统的校本课程的弊端。

第一，充分利用微型课程"基于兴趣"的优点。

此课程的内容是从各班级学生的兴趣和需要出发，故先向学生发放意向调查问卷，与此同时，也以班级为单位向家长发放职业和专长调查问卷。从班级层面出发，由教师从两份调查问卷中进行分析整理，选择出相互匹配的课程内容。接下来，在学校层面上，统整全校班级的分析结果，开发出具有校本特色的家校合作微型课程体系。

第二，充分发挥微型课程"短小灵活"的特点。

以"1 课时"为基本教学单位，邀请家长到学校，走上讲台，同学校教师一样，为学生开设 35 分钟的校本课程。

第三，充分做到家长资源在学校层面的整合。

相同主题的课程内容，既可以分年级进行阶段传授，又能够通过选择不同年级学生的"共同关注点"进行全校层面的内容讲解。

从校本课程和微型课程的自身特点出发，结合学校合作的具体实践，将教育微型课程的目标定位于以下三方面(图 4 – 44)：

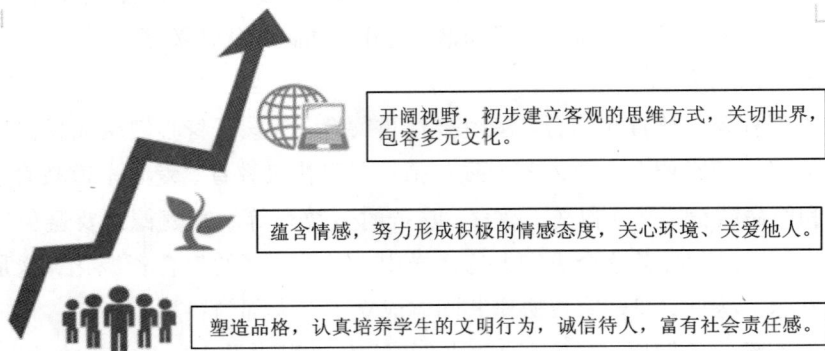

开阔视野，初步建立客观的思维方式，关切世界，包容多元文化。

蕴含情感，努力形成积极的情感态度，关心环境、关爱他人。

塑造品格，认真培养学生的文明行为，诚信待人，富有社会责任感。

图 4 – 44　微型课程目标图

以上三个目标之间并非并列关系，而是不断递进、逐级上升的。

根据学生的心理特点与认知水平，在小学低年级段(一至三年级)，主要以一、二级目标为主，关注学生行为规范的养成和积极情感的启蒙。而对高年级段(四至六年级)的学生，学校则侧重于三级目标的全面整合，注重培养学生"国际化大都市的多元文化的公民素养"。

②德育活动部。爸爸们在教育中的缺位，会造成很大的缺憾：男孩子缺乏应有的担当，女孩子胆小怕事。为此，我校德育活动部成立之初便明确要求每次亲子活动中尽量父母都参加。一开始，个别父亲只是出于对老师的尊重不好意思拒绝，但随着他们参与活动次数越来越多，他们对教育子女的热情也越来越高。特别是陪伴孩子时发现的问题越多，爸爸们也就逐渐放下架子，关注起孩子的教育问题来。渐渐地，各班形成了"比学赶超"的氛围，许多班级学生参与的积极性高涨。

个体的进步凝聚成集体的进步，集体的进步带动个体的进步。通过各项活动，我们欣喜地看到了孩子们的变化：他们像兄弟姐妹一样无话不谈，互相帮助，团结一心。体育课上的伤痛在同伴的抚慰下似乎很快减轻，昔日的自私自利在活动中变成了主动分享，娇弱的公主、傲慢的公子在一次次活动中不见了踪影，取而代之的是为了一次活动一起出谋划策的一群小大人……每每看到这些，我们既欣喜又感动。因为我们深知孩子成长的背后是家长们组织活动的执着，是家长们为了孩子的成长进行的精心策划。通过孩子，我们把所有人连接在一起，随着时间的沉淀，家长和教师之间的隔膜越来越少，互相的理解和信任不断加强。

由于经常在活动中展示自己各方面的才艺特长，孩子们的自信心也得到了很大的提升。看着孩子们在台上自信的笑容，我们知道这与他们平时在一次次活动中的锻炼是分不开的。

③爱心义工部。在博才，从早到晚你都能看到家长义工的身影。清晨，孩子们沐浴着阳光踏进校园，而我们的义工爸爸、妈妈、爷爷、奶奶们早已在7：30分来到了自己的执勤岗位，开始为我们的孩子保驾护航。"来，孩子们请走斑马线。""孩子，小心一点！"义工家长们亲切的话语温暖着我们每个孩子稚嫩的心灵。多年以后，孩子们一定会铭记：曾经有那样一双手，帮他们打开车门，迎接他们的到来；曾经有那样一群人，带着他们穿过车流人流，护送他们安全抵达。这就是"幼吾幼以及人之幼"的优良传承。

家校协作共同体爱心义工部自成立以来，吸引了大量家长的加入，几乎每三名家长中就有两名参加过义工服务工作。这不仅实现了新鲜"血液"的自然更换，还实现了"造血"功能。义工们不仅参与执勤，还主动地承担了学校、年级、班级组织的各项活动，传递正能量，让爱心传递爱心，为孩子们提供了诸多安全保障和服务。

四(8)班倡议以一份公益之心，为孩子提供更好的成长空间。他们从一年级开始坚持为跳马白竹村的汤佩林同学送去暖心慰问，到医院担任白血病口罩天使，牵手木林小伙伴共建手拉手班级……这不仅仅是为孩子提供参与活动的机会，更是对孩子精神的滋养。带着孩子一起快乐成长，不但增进了家长间的交流与凝聚力，也促进了家长与孩子间的亲子互动。

正如爱心义工部部长张震所言："家长其实是孩子的榜样，孩子是家长的影子，一颗爱心的植入，家长的以身作则，在潜移默化中就可以感染到孩子，孩子长大以后就能成为一个知感恩、有爱心、有担当的人。"

（3）推出三大品牌活动

品牌一——家庭教育论坛。

教育是一段富有诗意的修行，养的是孩子，修的却是我们自己。父母只有不断地自我成长，时刻地自我觉察，才能跟上孩子成长的脚步，才能看见孩子行为背后的心理需要，才能真正做到"你在我面前，而我真的看见了你"！

①"我说我家"家庭教育论坛。

孩子出生是考验家长带娃的水平和能力的开始，除了照顾孩子的吃、喝、拉、撒，还要陪玩陪睡。家长刚刚才适应低龄段孩子的哭闹、爱发脾气，又到了读书阶段。这下可好，好不容易已经形成的良好学习及生活习惯，可能又乱套了：拖拉磨蹭、沉迷电玩、不爱做作业、做事不认真、缺乏责任心。原本良好的亲子关系可能又受到挑战：孩子爱顶嘴、叛逆、对着干……怎么办？

抚养孩子并不仅仅是父母的任务，也是父母精神生命第二次发育的最佳时机。对孩子的抚育过程，是父母自身成长历程的一种折射。如果父母能够用心梳理孩子的教育问题，就能回顾和化解自己成长中出现的问题，就能实现精神生命的第二次发育，再次生长。

每年一次的"我说我家"家庭教育论坛是学校回馈给博才家长的一次盛会，主要以家庭教育讲座化解家长在家庭教育里的各种问题与烦恼。论坛中，教育专家会帮助家长剖析应该在孩子的学习与生活中扮演什么样的角色，如何培养一个精英孩子，家风是什么，和谐型家庭如何构建等问题，引起了广大家长的共鸣。讲座深入浅出，内容生动翔实，案例鲜活有趣，赢得了听众的阵阵掌声。一场讲座，将家长们带入孩子人格建立的深思中。通过专家解读，家长们了解了孩子在不同年龄段有不同的特征与心理需求，感叹"原来教育小孩还有这么多学问"！他们也再次深刻地认识到：接受、尊重、爱，给孩子民主式的教养模式，是父母营造的培养孩子健全人格的最佳环境。

作为行业内颇具影响力的意见领袖，孙云晓曾说过："与孩子一起成长，这样一个成长过程，既是父母自身发展的需要，又是胜任家庭教育的需要，也是为孩子做榜样的需要。积极心理学的研究认为，父母积极进取的状态能够给予孩子积极的影响。毫无疑问，怀有赤子之心，向孩子学习并与孩子一起成长的父母，就是现代青少年最好的榜样。"

每场论坛，座无虚席的会场，认真记笔记的家长，让我们看到了这些家庭教育讲座的必要性和远见。

②菜单式家长成长课程。

在一片森林中，我们必须看到一棵棵的树，看到每一棵树的情况，有的树出问题了，是缺肥、缺水，还是有病虫害呢？教育没有一种方法可以应对所有的家长。菜单式家长成长课程，是根据家长的个人成长目标需要按需"点菜"，将家校共育进行到底，共同为孩子撑起一片和谐的教育天空。

新生家长入学课程。学校特别重视幼小衔接教育，专为一年级新生家长准备了"最初的时候，遇见最美的你""我是一年级的小学生"等专题教育内容，为每位家长发放《博才小学家长入学手册》，让新生家长们更加懂得孩子的成长规律与方向，做好孩子成长的小学开篇教育。皓皓的爸爸是一名企业员工，平时工作很忙，辅导孩子成长经验不足，对他来说，怎样让刚上一年级的孩子养成好习惯，成了令他最头疼的事。就在这时，学校开设的新生家长入学课程如一场及时雨，将他这个家庭教育的"门外汉"带进了陪伴孩子成长的智慧殿堂。

毕业班家长导引课程。根据六年级毕业班的特点，专门举办毕业生家长导引课程，邀请家庭教育专家为家长重点做"毕业生心态分析""如何做好小学与初中的衔接工作"讲座，缓解了毕业班家长的心理压力，帮助他们找到了解决问题的途径。学校还积极召开家长会，分享学生成长的快乐，解决家长教育中的困惑，商讨学校发展的策略，让家长们更加懂得科学的教育方法，找到科学的教育方向。

特殊家庭家长暖心课程。每个孩子都是家长的宝贝，学校特别关注特殊家庭孩子的成长，专为特殊家庭的家长准备了"尊重孩子生命的成长"学习内容，还为身体特殊的孩子准备了个性课堂，开设了微小课堂，并为家长、学生进行个别心理疏导、个别教育引导、重点跟进关注，提高家长育子的信心，燃起家庭的希望。五年级轩轩同学自控力特别差，家长非常苦恼，在老师的帮助下，家长不断改进家教策略，改掉了孩子的一些坏习惯，孩子的成绩逐步攀升并被评为"学习积极分子"。

品牌二——家庭教育沙龙。

学校家长课程资源库中有许多优质资源，如卓越父母学校等，借助这些平台开展家庭教育沙龙，为家长提供菜单式家庭教育服务。

"孩子不爱阅读，有什么好办法？""孩子读了不少书，但是阅读水平怎么没见提高？""我的孩子总喜欢看漫画书，目的性不强。"……这是家长们正在热烈讨论的孩子阅读问题。听完家长们的讨论后，只见一位年轻女士站了起来："我也有过跟大家类似的感受，我今天来就是和大家一起探讨学生如何阅读的问题的。"

家长们放下自身的职业光环，此刻只是父亲、母亲的角色，彼此畅所欲言。通过角色扮演，才能深刻体会到"如何通过进入孩子的世界去帮助他们"。大家通过头脑风暴，解决当下最困扰家长的问题，每个人都收获满满。

比如，有一节课，导师让家长想象这样的情景：

如果你坐飞机去度假，突然出现坠机的可能，你很快就要离开这个世界了（导师重复一遍），不能完成身为父母的责任，你希望孩子有怎样的人生？

现在你需要聘请一个人代替你完成家长的工作，他将帮助孩子实现人生的目标，你希望这个代替者具备什么条件，请列出你的要求。

接着，导师分享《蟹妈妈的故事》：蟹妈妈教小蟹打直走路，给小蟹讲了很多道理，打直走路时多么潇洒，姿势如何美妙，如何有形出众，但小蟹无论怎样尝试，怎样努力都不行，蟹妈妈失望地说："哎呀，你怎么这么笨？怎么说你都不会。"小蟹说："妈妈，如果你可以像你说的那样打直走路，那么潇洒，姿势美妙，有形出众，我一定听你的话，一定努力学下去。"于是蟹妈妈示范给小蟹看，结果怎么都是打横了走。

然后导师引导学员分享感受，家长们七嘴八舌地纷纷发表自己的看法……

一场换位思考的角色扮演体验课程让家长们在课堂上学到了新方法，收到了育儿实效，得到了满满的"获得感"。

品牌三——书香家庭活动

随着网络的普及，阅读进入了碎片化时代。我们到处可以看到拿着手机的"低头族"，能够静下心来读书的人越来越少。父母改变，孩子也会改变，只有父母自己修炼好"内功"，提高自身修养，热爱读书，拥有强大的"能量场"，孩子才会在父母的影响下向好的方向发展。

鉴于这样的考虑，博才小学在"书香家庭活动"的基础上又开设了"爸爸书房"。"爸爸书房"旨在通过集体阅读、交流、碰撞、分享，提升爸爸们的教育能力。

还记得学校针对这一活动的首期招募只有两名爸爸报名，倒是有不少妈妈很感兴趣。学校于是决定采取"迂回战术"，邀请妈妈们旁听"爸爸书房"的活动，妈妈参加后大声叫好，回家纷纷做爸爸们的工作。随后，报名参加"爸爸书房"的爸爸人数不断增加。

四年级学生家长"方爸"有个让他头疼的儿子——用拖拉、懈怠来抗拒学习、抗拒父母的教育。加入"爸爸书房"前，"方爸"做得最多的就是和孩子谈心。他擅长演讲，每次谈心从古今中外的名人谈到自己的亲身经历。说到动情处时，父子两人都泪眼盈盈；说到激昂处时，儿子一个劲地表态下决心。可是让"方爸"困惑的是，这样谈心换来儿子的好状态总是持续不了几天。

参加"爸爸书房"的阅读让"方爸"意识到，教育孩子不能只靠演讲式的"说道理"，而要懂孩子。于是，"方爸"开始一边读书，一边写教育日志，记录下自己和孩子交流的事件，记录下父子交谈的每一句话。每当儿子入睡后，"方爸"便对照日志的内容反思自己、审视自己。

"在'爸爸书房'，爸爸们进行群体阅读，相比个体阅读更有启发性。阅读思考也让我学会了从儿子的需求出发考虑教育的问题，良好的亲子关系真是解开一切难题的钥匙啊！""方爸"说。

听，爸爸给孩子的歌谣又轻轻地唱了起来——

亲爱的孩子，我知道，我走一步，你要走三步才能赶上；我理解，你观察世界的眼睛比我的眼睛矮三英尺；我懂得，所有的酸甜苦辣需要你自己去体会；我愿意，用温润柔软的心聆听你的呼吸；我希望，在你的童话世界里有我的身影；我欣喜，你即将在这春色满园中绽放芬芳；我相信，你终将勇敢地展翅飞翔！来吧，孩子，牵着我的手，我将伴你一起幸福成长！

4. 亲子课堂

家庭，是孩子成长的第一个课堂；父母是孩子成长的第一任老师，更是配合学校教育的一方重要力量。为进一步拉近学校与家庭的距离、丰富学校的课程体系、激发孩子们的学习兴趣、开阔孩子们的眼界、拓宽孩子们的思维，博才小学敞开校门，迎来学有专长、术业有专攻的家长朋友们，来到孩子们中间，亲身体验做"爸爸老师""妈妈老师"的感觉！

为了给孩子们带来精彩的讲座，爸爸妈妈们可是铆足了劲儿，所选的上课内容精彩纷呈，有科技类的：如航天、军事、汽车……有自然类的：如动物、植物……有生活自护类的：如保护牙齿、爱护视力、怎样保护自己、交通安全……也有文化艺术类：讲故事、做手工、本地历史……上课的准备工作也是精心又尽心，每位"家长老师"都和班主任一起研究并选择适合本班级特点及实际水平的教学内容，共同讨论切实可行、生动活泼的教学形式，有的制作了PPT，有的做了精美的道具，还有的准备了留给学生继续深入学习的资料。正是他们无私谨实的精心准备，才为孩子们展现出了一节节精彩纷呈的课堂！

①主题知识课。瞧，三年级的亲子课堂邀请了"绿色潇湘"志愿者，为学生讲解关于雾霾的知识与治理。志愿者在电脑上展示了长沙雾霾的污染现状，通过图片的对比，才知道现在的长沙与以前的长沙有很大的区别，随着工业的发展，长沙的空气污染越来越严重。

随后志愿者给学生看了一个有趣的动画片，它把霾中的有毒物质想象成了带有攻击性的刀锋战士，看着这些邪恶的战士一步步突破我们的鼻腔、咽喉、气管，最后到达肺泡，向人体发起了猛烈的进攻，学生们对环境问题开始深思起来。

②职业体验课。二(8)班龚雪萍的爸爸是一位身着军装的消防战士，结合学校开展的消防逃生演习，他为学生带来了一堂生动有趣又极具实效的消防知识课。当一块小小的海绵遇到火的瞬间被引燃时，学生感受到了易燃物品带来的危害，最后雪萍爸爸还教给大家如何正确灭火、如何杜绝火灾、如何合理自救等消防知识。

还有，五(1)班美容营养师彭依婷妈妈为孩子们带来了"营养与健康"知识讲座。她从营养与健康两方面阐述均衡营养、身体健康与心理健康的重要性，整堂课下来行云流水，互动良好，学生也深受启发。

③劳动体验课。瞧，鑫豪妈妈带着大号整理箱来到了五(3)班，箱子里装着的都是鑫豪妈妈精心挑选的水果及制作寿司需要的工具。一切准备就绪，活动开始啦！大家戴着一次性帽子、口罩、手套，俨然一副小厨师的样子，在三位妈妈的带领及协助下开始制作寿司，大家边听边学，秩序井然，沉浸在制作美食、享受美食的乐趣之中。

亲子课堂开展至今，学生们惊奇地发现，自己的爸爸妈妈是如此能干："我的爸爸妈妈上的课真有趣啊！"有越来越多的家长走进了教室，带来了更加丰富的视野，对学生教育问题的关注已经从关注自己的孩子到关注班级的孩子，尽己所能，为全体学生提供服务与帮助，这是家长教育理念的重大改变。

家长进课堂的举措，不仅拓展了学校课堂教育的资源，丰富了孩子们的生活经验，更增加了孩子们对爸爸妈妈的一份尊敬与依恋。家长们也借此机会深入了解了小学教育的内容和特点，使教师与家长之间建立起一种新型的彼此欣赏、尊重、信任、平等的关系，使家庭和学校成为了真正意义上的合作伙伴，为每一个孩子健康快乐的成长搭建起了更为广阔的平台与空间。

这个课程，旨在授"意"，而非授"技"。课堂上，你能看到越来越多不同行业的优秀家长，通过微课堂走进学校，和孩子们分享经验与体会，推动孩子们对自我、学业生涯与社会成长等多方面的认识。

《爸爸去哪儿》是湖南卫视的一档亲子真人秀节目，节目将爸爸式的教育展现于观众面前，掀起了一股爸爸带孩子的热潮。每一个看过这个节目的观众，总能从节目中孩子们的成长变化，感受到爸爸们的努力付出。选房时，遭遇条件比较糟糕房间的林志颖，用自己的乐观与勤劳，给儿子上了一堂生动的德育课，让他明白在逆境中也可以为自己创造好的生活。节目空隙时，爸爸黄磊淡淡的一句："去吧，注意安全。"让多多像条小美人鱼一般，在水中畅游。在评比爸爸们做的美食时，天天为了让爸爸赢取比赛，突然跑到门外寻找狗尾巴草的举动，更是感动了电视机前的每一位观众。太多太多感动的故事，让大家关注到家庭教育中爸爸的重要性。班级的亲子活动中，爸爸的参与度也越来越高。

①陪伴，是最好的爱。

在与家长们的平时交流中，在家长会上，甚至接送孩子时……老师们见到孩子妈妈的次数远远高于见孩子爸爸的次数。总是忙于事业的爸爸们只是偶尔参与孩子的教育，所以，孩子们说起妈妈来都是滔滔不绝，谈起爸爸却显得不如对妈妈那般熟悉。

为了加强爸爸与孩子们的交流，三(2)班的家校协作共同体，特意组织了"我的童年我做主，春季温馨亲子游"的亲子活动。让孩子们和爸爸妈妈一起去长寿县的油菜花海寻花，去《爸爸去哪儿》录制过节目的美丽石牛寨，老师、家长、孩子都特别开心，明媚的春光，雀跃的心情，爱的陪伴汇入出发的大巴，一路上孩子们兴奋不已，唱着他们的歌曲，猜着谜语，讲着故事，做着游戏，这样活泼热烈的氛围把导游和司机都感染了，家长们更是感叹于孩子的快乐绽放，原来这是孩子喜欢的歌，喜欢的方式。热情的篝火，兴奋的孩子，投入的老师、家长，让整个篝火晚会现场格外热闹。"爱的抱抱""蝴蝶飞飞""穿越时空爱之门""团队帮我实现愿望"等活动，让大朋友小朋友都"嗨"翻了，在"团队帮我实现愿望"环节中，首先是小朋友毛遂自荐当5个小组的队长，在小队长需求物的供给中，5组亲友团也是有求必应，一直都拉不开比分，最后一个需求物是打火机，可是第五组的家长们硬是没一个抽烟的，找不出打火机，看着小代表无助地站在台上，第五组的家长和孩子好难过，结果统计评分时，却大大出乎人们的意料，第五组由于家长不抽烟，竟然直接加了好爸爸妈妈 2 分的奖励，直接夺冠……这样的活动不仅拉近了孩子与爸爸间的距离，更能让每个孩子从爸爸身上学到不少新知识。

②缅怀，是最深的情。

孩子们需要明白，我们的幸福生活来之不易，很多革命烈士用自己的生命为我们换来如今和平的生活。因此，在我国传统的清明节来临之际，为了弘扬中华民族的精神，传承中华民族的文化，爸爸们还带 1407 班的同学到湖南省烈士公园进行以"缅怀先烈，做时代新人"的祭扫活动。全班同学及家长着装整齐，怀着对烈士们的无限崇敬之情进入烈士塔进行祭扫。祭奠仪式中，大家唱国歌、默哀、列队献花等。

通过活动，同学们了解、明白了清明祭扫的缘由和意义。大家把先烈的崇高精神，革命优良传统牢牢记在心头。这样的活动激励着同学们，并警示同学们要珍惜革命先烈用鲜血和生命换来的今天社会的安定祥和。同学们都表示要好好学习，天天向上，发扬传统，将来为社会主义建设贡献自己的力量。

③关爱，是最善的孝。

"百善孝为先，浓浓敬老情。"重阳节是中国的传统节日，每年的农历九月九日定为敬老日，这天也成为尊老、敬老、爱老、助老的老年人的节日。为了让孩子们了解重阳节的风俗及民族文化含义，培养孩子从小敬重老人、关心老人的良好品质，弘扬中华民族孝顺父母、尊重师长、敬老爱老的优良传统，二(5)班的家校协作共同体特组织同学们开展了此次"走进社区，关爱老人"亲子活动，即走进西湖街道龙王港社区慰问社区困难老人、空巢老人、老党员、抗战老兵等。

近百人的队伍浩浩荡荡地来到了社区老年人活动中心。活动会场在家校协作共同体的提前布置下显得特别温馨、大气。小朋友们的演出可卖力了，有动情的诗歌朗诵，有美丽的独舞表演，还有孩子们清脆好听的大合唱《少先队队歌》。表演中还穿插着互动游戏，活动现场是笑声、掌声不断。听爷爷讲故事，为老人们敬献红领巾。70 岁的任爷爷是一名抗战老兵，虽然腿脚有点不方便，但声音洪亮，讲起自己亲身经历的战争场面，那是兴奋得手舞足蹈，讲完故事后还对同学们的表现进行了表扬，并对他们提出了殷切的希望。活动现场既热闹又温暖，老人们笑得合不拢嘴，孩子们更是满场飞。

此次活动，让我们知道关爱老年人不仅仅需要关心他们的身体健康，更重要的是给予他们情感上的关爱和精神上的关心，这比药物来得更有效。孩子们收获也良多，他们都觉得以后应该更多地关心自己的爷爷奶奶、外公外婆，也一定会更加孝顺自己的父母。更重要的是，这次实践活动让家长和孩子们学到了许多课本以外的东西，也锻炼了自己的实践能力和沟通能力，让同学们学会了如何与人交流，如何关爱他人。

④传承，是最美的举动。

湘绣之乡——沙坪镇曾迎来了这么一批客人，大的沉稳，小的活泼，那是 1407 班的亲子活动"寻找我们的文化之湘绣"。湘绣的历史源远流长，它起源于民间刺绣，已有 2000

多年历史。远在西汉时期,湖南地方的刺绣技艺就已经达到了令人惊叹的水平。辉煌灿烂的楚绣与马王堆汉绣,不但是中国刺绣史上值得骄傲与自豪的灿烂文化,也是湘绣是中国刺绣技艺起源的有力证明。

孩子们最爱看的,莫过于用针线绘制出的美丽图画:气势恢宏的《橘子洲头》,连江中的浪花都清晰可见;和蔼可亲的《毛主席》,好像在对着人们微笑;无论从哪个角度都能发现老虎在瞪着眼睛看你,这是威风凛凛的虎头;五彩缤纷、婀娜多姿的花朵,好像要把蝴蝶都引过来了……这些漂亮的绣品可都是勤劳的绣娘一针一线,熬过许多个日夜才完成的。孩子们一边认真参观,一边惊奇于绣品的栩栩如生。欣赏完精美的湘绣作品,怎能错过绣娘现场刺绣呢?博物馆二楼,就是绣娘们的工作坊。工作坊里静悄悄的,绣娘们都忙着在绣架上飞针走线。大家走进去都不敢大声说话,生怕打扰了专心刺绣的绣娘。

看着绣娘阿姨们飞针走线的高超技艺,孩子们都跃跃欲试了。这不,听完阿姨的简单介绍,就迫不及待地拿起针线和绣品模板,开始制作自己的第一个绣品了。孩子们或靠着爸爸,或挨着妈妈,一起穿针走线,为手上的卡通人物绣上鲜艳的颜色。那专注的神情,比任何时候都要认真。看得老师们也忍不住加入了刺绣的行列。最有意思的是,上一秒还有爸爸在扬扬得意,说孩子有妈妈陪着刺绣,自己如何如何明智。下一秒,在会长一沁爸爸的号召下,爸爸们也一起加入了刺绣的队伍。只见他们一起手拿绣花针,坐成一排,一本正经地绣起花来,有的还故意秀出兰花指呢!那画面真是有趣极了!

刺绣这门手工艺术可不是欣赏一个视频,听一个介绍,或观看一次现场示范就能掌握的。这不,刺绣现场不断传来大家一起"研讨"的声音。"哎呀!线怎么又断了,你们是怎么弄的?""怎么给线打结才好看呢?""这根线用完了,怎么换线显得自然些?"……大家互相探讨,互相帮忙,在体验活动中,不仅感受到刺绣的不易,还体会到互相帮助的乐趣,真是其乐融融。

在一次次的亲子活动中,爸爸们的参与度越来越高。我们可以看到爸爸们在亲子运动会上挥汗拔河的情景,我们可以观察到爸爸们带着孩子穿针引线的温柔,我们还可以感受到爸爸们在很用心地参与到孩子的成长中来。《爸爸去哪儿》的电视节目引发了全国的热捧,我们的"爸爸去哪儿"亲子实践活动,在孩子与爸爸之间搭建了一座快乐的桥。

5.家长成长课程的实施

(1)"家文化"学习中心

家长成长课程要与家风建设相结合。家风课程对家庭教育实现体系化,去除碎片化和低效式有至关重要的作用。把家风家道当成课题去分专题研究和课程系列开发,有利于实现好家教和好家风,成就好人生。家风家训其实就是家庭文化,可以引领人、浸润人、滋养人和成就人。要重视言传与身教并重,规矩与引领齐抓。分年级开发"晒家风、传家训""家族荣誉墙""我的成长树""讲述家风故事"等形式,借助讲座、报告、专题活动、诵读家书等方式,进行综合设计。

家是教育的根。家长的学识修养、道德、三观、眼界、品位，决定了孩子从哪跑、往哪跑、怎么跑，家长是孩子的起跑线，家长的言传身教是孩子的人生课堂。

家庭教育决定教育的未来，家长是一种职业，父母是最好的老师，教育的根是从家延伸出来的，而家的经营关键在家长。博才小学家文化的核心是"爱"，包括爱自己、爱他人、爱工作、爱生活四个层面。其要素为：和谐、互助、创新、共长。

①在家文化中归因，让父母拥有爱的能力。

唤醒父母爱的能力。父母爱的能力，是需要被唤醒的。受传统文化的影响，中国人很看重家，但很多爸爸就像电视剧《北平无战事》中的父亲方步亭一样，表达父爱含蓄、深沉、内敛。太深沉的爱孩子如何才能感受得到？博才通过"家文化"渗透，建立大家庭氛围，用书香家庭建设、传统家风进万家、晒晒我和菠菜园的故事、博才春晚等活动来融合现代家庭教育理念，鼓励父母在传承的同时进行新时代父母角色的重新定位。因为成了一家人，家长资源就开始源源不断地涌来。

不让"父母资源"自由落体。三年前的一天，马上要开学了，学校门口围了一群家长，拉着横幅，横幅上写着：我们要维权，不准换老师。原来是学校四(9)班的家长听说班主任老师要换到一年级担任教研组长，于是和学校谈判来了。在谈话的过程中，我们发现一位被家长们推为中心发言人的男家长很有号召力，说话引经据典、观点鲜明、思路清晰，一经打听原来是做大律师的。于是在晓之以理之后，换班主任的事情得到家长们的理解，同时学校也发现了一位家校协作共同体的领袖人才。第二年，这位男家长果真被选为家校协作共同体的主任，他构建的家校协作共同体常务理事团队那真叫"八仙过海，各显神通"。家校协作共同体新领导班子走马上任后，做的第一件事情就是号召全校2000多名家长为学校书香城堡捐书4000多册，孩子们课余的随性阅读就此得以实现。

父母成长学校培养规划。学校家校协作共同体常务理事机构与学校共同制定、完善"家长成长学校培养规划"，提出"合格家长—胜任家长—卓越家长"三级成长目标，推行三个品牌活动：家庭教育论坛(每一年举行一次)，家庭教育沙龙(每学期不少于4次，以爸爸为主体的沙龙至少一次)，书香家庭活动(每学期推荐一至两本书籍)。所有的会议及活动均由家长委员会常务理事机构负责整体策划后再与学校沟通协调，并募集资源、组织人马、协调安排活动。

②在家文化中滋养，让爸爸陪伴宝贝的成长。

虽然博才的部分孩子寄宿在校，但仍感觉始终和爸爸在一起。因为老师们安排了很多孩子与爸爸亲密接触的机会。比如在周日晚上学生入校的时候，开设"爸爸来了"亲子课堂；"三八"妇女节这天，老师们会指导孩子们以"这是我和爸爸的秘密"为主题，与爸爸一起策划一个给妈妈的惊喜；每周一次的"我与大厨师有约"活动，学校会邀请家长、孩子一起参观学校中餐的制作过程，和大厨师们一起共进午餐，了解学校的伙食营养搭配，为学校的工作提合理化的建议。每周五接孩子，周日送孩子返校，学校最担心的就是孩子们的交通安全和人身安全，好在有交警爸爸和公安爸爸为孩子们保驾护航。时间久了，爸爸们反而成为了宣传学校正能量的主要窗口。"有一种陪伴叫静静的快乐。"今年暑假，有一位志愿者爸爸带着孩子静静走进乡村，走近乡村的孩子们，一切没有刻意，只有静静地融入，静静地享受快乐。

在博才小学的家长群体中，有很多资源可以作为一种教育资源，特别是可以成为孩子们课外的学习资源。"爸爸来了"亲子课堂让孩子们的课程更加丰富起来。亲子课堂的课程设计要关注三个原则：能给孩子爱的陪伴，让孩子拥有温暖的心灵；能给孩子美的想象，让孩子拥有健康的心灵；能给孩子时空的留白，让孩子拥有自由的心灵。

表4-54　2013年上学期"爸爸来了"亲子课堂课程设置表

课程类别	课程内容	课程目标	授课时间	授课人
艺术	手语《把爱传出去》	艺术活动中感悟聋哑人的内心，获得同理心	第二周	禧欣爸爸 三(2)班
健康	我们的牙齿	懂得爱护牙齿	第三周	逸华爸爸 三(1)班
艺术	了解京剧文化	初步了解京剧基本知识，激发对京剧的喜爱之情	第四周	子禾爸妈 三(5)班
语言	《西游记》故事	激发对中国古典名著的学习兴趣	第五周	子煜爸爸 三(5)班
实践	旗语使用	掌握旗语的使用方法	第六周	品希爸妈 三(3)班
科学	人民忠诚的卫士——警犬	了解军营中警犬的养训知识	第七周	绍庭爸爸 三(9)班
品德	清明节的习俗	了解中华传统文化中不同地域的清明习俗	第八周	向东爸爸 三(7)班
安全	安全自救	懂得在紧急情况下如何自救	第十一周	刘伟爸爸 三(8)班
科学	好玩的电子智能产品	激发科学创造的动力	第十二周	品品爸爸 三(4)班

课程类别	课程内容	课程目标	授课时间	授课人
科学	我会理财	懂得初步的理财方法	第十三周	文瀚爸爸 三(8)班
实践	包粽子	在实践中感受中华传统习俗	第十四周	锦文爸爸 三(9)班
语言	做一个爱阅读的孩子	分享阅读的快乐,陪伴孩子静静地阅读	第十五周	一嫣爸爸 三(1)班
品德	中国简牍文化	了解简牍文化知识,感受传统文化的魅力	第十六周	敏轩爸爸 三(6)班
艺术	我爱剪纸	体验剪纸的奇妙,感受传统文化的魅力	第十七周	乐天爸爸 三(2)班

③在家文化中共生,让爸爸和孩子一起长大。

哈佛大学历经 76 年的"格兰特研究"发现:温暖亲密的关系是美好生活的重要开场。湖南师范大学刘铁芳教授也说:"教育是一种陪伴,是一种交往。"

前不久看到一篇文章,题目是《为什么我们一边赞赏夏克立,一边却做成了林永健?》这是对《爸爸去哪儿 3》两个父亲与孩子相处方式的对比,反映的是两种文化背景、两种成长环境与个性父亲的差异。"爸爸去哪儿"是一个很好的帮助家长成长的平台。博才小学借助家校协作共同体的力量,引导各班开展"爸爸去哪儿"社会实践活动,在这样的情境活动中,父母、孩子、身体、心灵融为一体,长大也许真的就在一瞬间。

表 4－55 五年级 2014 年"爸爸去哪儿"社会实践活动安排

活动类别	活动主题	活动地点	活动时间	参与对象
职业体验	机械的力量	星沙三一重工	第二周	全体家庭
爱心体验	爱心图书捐赠	宁乡	第七周	志愿者家庭
运动体验	我运动,我健康	岳麓山	第十一周	自愿报名家庭
环保体验	绿色环保跳蚤超市	西湖生态公园	第十四周	自愿报名家庭
艺术体验	木偶奇遇记	省木偶剧团	第十七周	自愿报名家庭

于是乎,博士爸爸来了,带领着一群家庭玩起了环保跳蚤超市;美国爸爸来了,中西方家庭教育有了交流与碰撞;企业家爸爸来了,让学校管理有了跨界思维……让一棵大树来摇动另一棵大树,让爸爸和孩子一起长大,比任何说教更有实效。

（2）开放式学习空间

家长成长课程要与创新教育相结合，营造一个开放式学习空间。没有创新，就没有未来。问题意识和质疑批判能力，这是家长基于学生未来创设的家庭创新课程。家庭教育课程化要有创新模式，更要有创新内容，关注孩子的研究力、自主意识、合作学习、创新力，让孩子学会项目学习，进行系列化和纵深式微课题研究、微论文写作、微实验探究和微创意开发。

跨界协调。家庭、学校和社区，有着各自的功能定位。所以，从传统的观点来看，家校合作共育是典型的"跨界"行动。教师"走出"学校，父母和社区"迈进"学校，都是去做"分外的事"。家庭、学校和社区彼此敞开大门，借助多种多样的方法，在家校合作共育中换来一个共生多赢的结果。遵守边界的跨界，到位而不越位，是做好家校合作共育工作的基本原则。

融合协作。社区融合协作，是指家庭和学校真正地融入社区，利用社区的教育资源，与社区的各种机构和人员通力协作；社区也主动开放各种资源，主动配合、积极参与家庭和学校的相关活动。社区融合协作的主要形式包括学校辅助社区服务好家庭，社区帮助学校服务好家庭等。

在家校合作共育中，社区与家庭、学校是非常重要的新型伙伴关系，社区也是不可或缺的重要教育资源。家庭、学校本身位于社区之中，父母、教师和孩子本身也是社区的重要成员，社区的各种机构，如博物馆、图书馆、文化馆、影剧院，甚至银行、企业，包括各种社会组织等，都能够在教育过程中发挥不同的作用。所以，社区融合协作是家校合作共育的重要内容。

家校共育呼唤新型合作伙伴关系，家长选择适合自己发展的路径和方式，在开放、协商、跨界、平等、共赢、坚持、多元中快速成长。

（3）体验式学习方式

俗话说，读万卷书不如行万里路。生活就是一种体验，人活着其实就是不断地体验，你看到了不如你亲自去体验，真正的体验和你听到的看到的都是不一样的。那是你最真实的感受，所以这种学习应该是最好的、最有效的一种学习。

多年来，博才的家长们通过体验、分享、总结提升、应用的体验式学习方式不断地成长，家庭教育也逐渐具有明晰的目标力、温柔的推力、爱的吸引力和宽泛的自适力。

真正优秀的父母都是孩子生命里不动声色的摆渡人。人不是生来就会做父母的，但父母却是人这一生之中最最重要的角色之一，因为它是从一个生命出发进而影响另一个生命的一生，真正优秀的父母都懂得要循循善诱而非强加控制，他们将价值观体现在行为上，而不是敷衍在空泛的道理中。

第三节 评价转型

华东师范大学钟启泉教授提出革新的课程评价是"评价—改进—计划—实施",这种评价思路是从儿童学习经验出发,通过对儿童的优势和进步状态的分析,来反思课程目标的达成情况,进而调整课程推进计划,并追踪课程改革进程。博才小学在进行课程改革的历程中,体会到"评价先行",用"评价反推课程改革"的路径见效快,会少走很多弯路。学校只要充分发挥评价的导向、诊断、反馈、激励、改进等功能,就能通过课程评价来诊断课程实施的效果,调整课程要去的方向,引领师生行走的方式,所以想要改变课程,先要改变评价。

"新六艺课程"评价系统从顶层开始设计《学生综合素养发展报告书》《教师职业发展评价方案》,并用学生综合素养发展情况来反思和改进教师的职业发展策略和路径。在整个课程评价系统的构建与实施当中,我们发现改变评价内容与方法,重视评价结果的反馈运用,学校和教师的"价值观""育人观"也随之悄然发生了变化。

一、构建评价系统的原则

(一)指向发展

1.过程性评价。过程性评价关注的是人在学习进程中学习态度、学习习惯、学习方式、学习内容等要素的评价,以此数据来分析反思影响学习效果的原因。例如科学课程实验操作的过程性评价,见表4-56。

表4-56 科学课程实验操作的过程性评价

评价项目	评价指标	权重	指标描述	评价结果
科学态度	学习兴趣	10%	具备科学学习的态度;对自然现象保持好奇心和探究热情,乐于参加观察、实验、制作、调查等科学活动	
	学习精神	10%	能够实事求是、大胆质疑、善于思考、追求创新;活动中克服困难,完成预定的任务	
	学习自律	10%	遵守课堂常规的纪律要求	

续表 4－56

评价项目	评价指标	权重	指标描述	评价结果
科学探究	学习方式	10%	能够完成提出问题、做出假设、制订计划、搜集证据、处理信息、得出结论等探究过程	
	学习方法	10%	具备相应的操作方法，规范完成实验、搜集证据	
	学习习惯	10%	注意进行设备管理；实验完成能整理好仪器设备	
	合作分享	10%	在科学探究活动中主动与他人合作，积极参与交流和讨论，尊重他人的情感和态度	
科学知识	有效记录	30%	处理信息，得出科学结论，总结课堂收获（包括科学知识在日常生活中的应用、对技术、社会与环境的意义），完成科学记录	

过程性评价要体现课程的特点，与学习内容相匹配，尽可能做到规范、科学，评价指标一般是我们在本次教学中想要关注的地方，评价结果采取定性描述评价与定量评价相结合的方式。学习结束，每一位学生能从指标数据的前后变化看到自己是进步了还是退步了，从而进行自主调适。

2. 差异性评价。"新六艺课程"评价系统无论是评价指标设定，还是评价过程及结果的分析、运用，都关注到每一个学生的发展，既重视学生个体起点的差异、过程的差异，也尊重结果的差异。我们为每一个孩子建立了个性化的成长档案，里面记载的是这个孩子从一年级到六年级综合素养的发展情况。

差异性评价重视每一位学生的纵向发展。例如一节三年级数学课上，老师和孩子们一起学习平均分。课前老师会通过几个小检测让学生了解自己的学习需求，然后通过同质分组交给各学习小组不同任务，满足不同层面学生的基本学习需求，再给出同一任务由各异质小组合作完成。在这个平均分的学习过程中，老师看到的是学生起点的差异，而后在学习过程中为不同学生提出相应学习目标，再通过异质分组合作学习拉近学生之间的差距。而学生则看到了自己的最近发展区，并为之而努力，获得成功体验。

（二）动态多元

1. 主体多元。"新六艺课程"评价有师评、自评、互评、家长评、其他人员评等多种评价方式。比如学校一年级新生第一天报到时，开展的入学护照体验活动就是多种评价主体参与评价的一种方法。在这个活动中，一年级老师要带领学生熟悉了解校园中的食堂、寝室、厕所、篮球场、足球场、医务室、教室等重要地点，并将其与孩子入学后马上要用到的问候礼、如厕礼、求学礼等礼仪要求结合起来，让孩子们在父母的陪伴下既学习了礼仪又熟悉了校园，每完成一项任务，孩子的护照上就会增加一枚印章。这个印章的授予者可以是老师、学长，也可以是食堂师傅、保洁阿姨、保安叔叔……美好的学习历程就从第一份自我评价与他人评价中开启。将来孩子们走入社会参加活动，评价主体还有可能是各行各业的人士，这将有利于帮助孩子建立对自己的客观、正确的认知。

2.形式多元。评价的形式主要包括纸笔测试（试卷、作业、问卷）、行动观察（课堂表现、生活观察）、非正式评价、活动考察等，老师可根据课程特点进行个性化设计实施，也可将几种评价形式结合起来进行整体评价。但无论是哪一种评估形式，都必须有评估说明和具体评价标准。比如进行语文学科纸笔测试的时候，必须在制卷之前编写《年级语文学科双向细目表》，对考察的领域及能力指标有相应的标准描述，对题型、题目难易程度、权重都要有具体说明。同时，还要制定相应纸笔测试样卷及评分标准，当然制卷更要关注的是学科性与素养性兼具。

又比如学校有一个班级考虑到低年级孩子天真爱玩，对事物好奇心强，于是将班级的行为评价以开放式、启发式、体验式的方式来实施。孩子们关心他人、热爱学习、热爱劳动等任何良好表现，包括取得的点滴进步、荣誉都可以相应获得菠菜币。班级还建立了一个小超市，超市商品有实物奖品，但更倾向于体验式商品，如：拥抱一个、坐坐老师的椅子、和老师一起共进午餐、黑板上画画、为低年级同学打扫卫生、发牛奶、当老师小助手、去图书馆体验、和校长妈妈聊天、为班上点播一首歌或者一个电影、讲一个故事、当便利店店长等。

学校跟进研发一套评价统计分析软件，以学校为单位的评价统计分析，一学期两次；以学科为单位的评价统计分析建议一单元做一次；以学生个体为单位的评价统计分析建议每周做一次。

3.结果多元。评价的作用并不是给出一个分数，或者给出一个诊断、结论就结束了，而是通过评价数据分析、反思学生的优势与不足，总结出影响学习效果的原因是什么，如何来改进。因此评价的结果就有可能是从多个方面来呈现，比如有些孩子可能期末综合测试成绩不一定理想，但我们仍然可以从他的阅读量、演说、动手操作、与人交往、音乐创新等方面判断这是一个整体发展不错的孩子。还有些孩子也许和同龄人比起来不算优秀，但我们可以从其阅读素养评价看出他们从一年级时获得"小新星"跨越到二年级时获得"小明星"，此时我们就应该为这些孩子的成长而庆祝。

有一位年轻的数学老师曾经碰到一个这样的现象：她用同样的方法、教学内容教两个平行班的数学，到了期末检测的时候，两个班的平均分竟然相差8分。于是她对两班孩子的卷面答题情况进行了分析，发现一班比二班在计算、概念理解部分明显扣分要多，再对比两班学生平时课堂的过程性评价，最终教师判断一班孩子的学习习惯与学习态度是接下来要重点关注的地方。

评价结果的反馈要尽可能及时、多元。老师会通过班级 APP 向家长进行点对点地反馈，还会通过班级打卡软件了解学生在家做家务、阅读、运动的情况，同时老师会借助班级展示墙展示孩子的作品、树立学生榜样，学校则通过微信公众号、移动展示墙对星教师、人气教师等评价结果进行反馈、表彰。

（三）体现层次

1. 整体发展的三个维度。学校依据课程标准三维目标，构建了"乐学""学会""会学"三维评估指标框架。"乐学"主要指学习的兴趣与习惯养成；"学会"主要包括基本知识、基本技能、基本方法；"会学"是指知识方法在情境中的运用。评价体系从学生的六大核心素养出发，从不同课程层级、不同学段、不同学科，甚至从不同学生的个体实施评价出发，一切落脚点放在了对学生的综合素养的发展引领上。

表 4-57　"新六艺课程"之核心素养内涵一览表

核心素养	简称	内涵
审美雅趣	T1	主要是学生在学习、理解、运用人文领域知识和技能等方面所形成的基本能力、情感态度和价值取向
科学精神	T2	主要是学生在学习、理解、运用科学知识和技能等方面所形成的价值标准、思维方式和行为表现
健康生活	T3	主要是学生在认识自我、发展身心、规划人生等方面的综合表现
学会学习	T4	主要是学生在学习意识形成、学习方式方法选择、学习进程评估调控等方面的综合表现
学会交往	T5	主要是学生在处理与他人、社会、国家、国际等关系方面所形成的情感态度、价值取向和行为方式
创新实践	T6	主要是学生在日常活动、问题解决、适应挑战等方面所形成的实践能力、创新意识和行为表现

表 4-58　核心课程评价指标

一级指标	二级指标								
	品德	艺术		健康	科学		语言		数学
		音乐	美术		科学	信息技术	语文	英语	
乐学	家国情怀 健康心理	音乐感知	审美判断	体育情感	科学兴趣	甄别信息	文化品格	文化视野	文化积淀
		艺术情感	文化理解	体育品格	合作互助	信息共享	兴趣习惯	跨文化沟通	兴趣习惯
		音乐知识	美术知识	运动习惯	科学知识	收集信息	语文积累	语言意识	基本知识
学会	道德品质 人际交往 理性精神 法治观念	音乐技能	作品创作	运动能力	科学方法	技术能力	倾听书写	倾听表达	基本技能
									基本经验
		音乐表现	实践运用	健康知识	思辨能力	信息安全	乐思考	自主学习	思维方式
会学	自主管理 公益服务	音乐创造	想象创造	健康行为	科学实践	编程创新	善交流	英语思维	数学表达
									解决问题

表 4-59　"主题课程"评价指标

主题	一级指标	二级指标
我与自己	乐学	打开自己　悦纳自己
	学会	合作参与　了解自己
	会学	相信自己　完善自我
我与自然	乐学	走进自然　主动探索
	学会	合作参与　了解自然
	会学	关爱自然　与自然共处

主题	一级指标	二级指标
我与社会	乐学	走向社会　主动探索
	学会	合作参与　责任担当
	会学	关爱社会　服务社会
我与世界	乐学	合作共研　了解世界
	学会	文化融合　创新世界
	会学	走向世界　融入世界

表 4 – 60　"个性课程"评价指标

课程	一级指标	二级指标
兴趣课程	乐学	自主选择　享受学习　养成习惯
	学会	知识积累　合作学习　成果展示
	会学	综合运用　拓展延伸　发展社团
社团课程	乐学	主动参与　乐于分享　遵守团规
	学会	知识积累　合作学习　成果展示
	会学	自主创新　团队发展　影响辐射

从三级课程的指标设定来看，博才小学"新六艺课程"评价体系将"兴趣习惯"的培养放在了第一位，并重视学生合作参与和自主探究素养的评估。从以上图表可以看出，每一门课程均有评价指标做引领。因为"乐学""会学"的评估是难点，所以在评估中我们多以问卷或观察的形式来进行。

2. 个体发展的三个层级。考虑到学生之间的个体差异，为了让每一个孩子跳一跳都能摘到果子，学校的课程目标一般都会设定几个层级。学生可以根据自己的基础选择任一个级别目标，也可在一级目标达成的基础上申请挑战二级目标或三级目标，甚至更高层次的目标。

（四）易于操作

1. 化繁为简。好的评价既能评估课程实施的效果，从中分析出目标是否达成的原因，为下一步改进计划提供依据。但好的评价，同样要具备简洁、易操作的特点。比如博才小学体育活动课的评价目标就是三点：笑、汗、能。老师通过观察，看看孩子在课堂中是否笑了，摸摸孩子的后背是否出汗了，检测一下孩子是否掌握了一项运动技能，或是跑、跳、投的运动技巧。如此简单，也如此具有针对性。

2. 借助信息技术支撑。大量的过程性评价、各类课程评价数据，需要信息技术平台来统计、分析，我们在操作中可以借助 UMV 平台、"魔法棒"点赞笔、科大讯飞语音检测、多分系统与 ACTS 系统、班级优化大师等评价工具来满足更个性、更科学、更规范的评价。

二、学生评价

基于以上评价的原则，我们传承了学校从《学生素质报告书》出发，牵动学校整体评价系统的方法，先对原有《学生素质报告书》进行改良，更名为"'新六艺'学生成长档案袋"。"新六艺"(六个核心素养、六个课程元素、六个博才特质)在学生一生中的基础作用具有深远意义。这份成长档案袋从学校课程目标、基本学籍信息、身体发展状况、核心素养发展情况、教师家长的激励与建议、学生自我反思与规划六个版块对学生小学 12 个学期的发展情况进行记录，核心素养发展部分的数据将以电子报告单的形式每学期打印一份放入档案袋。

而核心素养发展情况将依据学生生长姿态的三个侧面来呈现：基础学力发展情况(含博才特质发展情况)、综合动力发展情况、优势潜力发展情况。(如图 4 – 45)。

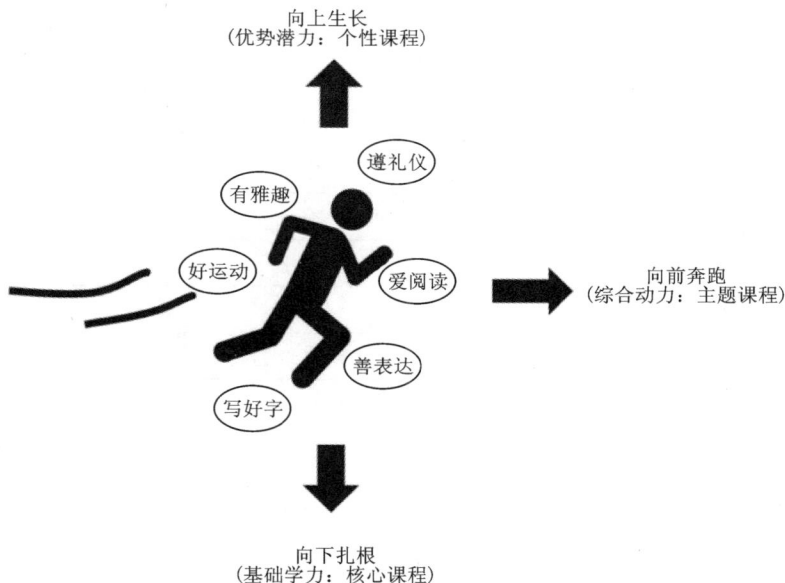

图 4 – 45　"新六艺课程"学生生长姿态呈现图

(一)向下扎根——基础学力评价

"学力"是在学校这一特定场所，有意识、有计划、有组织地使学生形成的能力，即人的能力的基本部分，而"基础学力"特指构成一般学力的基础知识、理解力和技能，也就是教育教学过程中应达到的"三维目标"，即：知识与技能、过程与方法、情感态度与价值观。学校力求通过"基础学力"的培养，让博才学生能拥有人生发展的扎实根基。博才学生"基础学力"评价主要根据核心课程的评测结果与博才学子"六个特质"的认定结果来进行综合考量。我们以"健康"这一素养考察为例，其在学生综合素养报告单中总体呈现为表 4 – 61。

表 4 – 61　"健康"基础学力发展情况

健康	兴趣习惯（自评）	体育品格（互评）	学科阅读	学科表达	健康知识（笔试）
	运动技能（测试）				
	篮球	特长（自选）	速度	耐力	柔韧/力量	灵敏/协调

表 4 – 62　核心课程——体育学科素养发展一览表

三个维度	学科素养	学段目标	核心素养
乐学	体育情感 体育品格 运动习惯	低 中 高	T1 T3
学会	运动能力 健康知识	低 中 高	T2 T4 T5
会学	健康行为	低 中 高	T3 T6

表 4 – 63　核心课程——体育学科评价标准与方法

教学内容	检测项目	评价等第			检测方式
		好	达标	待努力	
队列 游戏 跑跳投 球类 体操	兴趣习惯				
	运动技能				
	身体健康				
	体育品格 （学习礼仪）				
	学科阅读				
	学科表达				

　　基础学力的评价从乐学、学会、会学三个维度出发，将博才学子核心素养与学科素养进行连接，关注学生核心素养的均衡发展，追求比分数更重要的兴趣习惯、学科精神、思

维品质、方法习得、学科技能、实践运用、拓展创新。基础学力评价用三级能量值来进行界定，生成六边形的雷达统计图，指向的是学生的全面发展。

博才学子六个特质作为核心课程的一个补充，凸显的是学生在博才小学六年学习的基本技能，它将成为六把钥匙帮助孩子打开通向未来的大门。六个特质用六个等级来衡量学生此项技能的发展状况，特质发展较为突出的学生可以跳跃年级申报参与认证考核。

表4-64 博才学生特质等级认证表

等级 / 特质	一级	二级	三级	四级	五级	六级
遵礼仪						
爱阅读						
善表达						
写好字						
好运动						
有雅趣						

（二）向前奔跑——综合动力评价

综合动力是多种能力的融合和贯通，也是跨学科综合运用知识、方法的通用能力。我们用"学生综合动力发展报告单"来评价学生综合动力的发展情况。

表4-65 综合动力发展情况

考察内容	能力等级	我最大的收获
审美雅趣		
科学精神		
健康生活		
学会学习		
学会交往		
创新实践		

1.纵向自评——复盘式评价

我国教育部原副部长、中国脑科学研究专家、中国首批认定的工程院院士韦钰教授认为"教育实质上就是在建构人的脑"。人类从出生开始就是通过身体的感官去探索、了解世界。比如婴儿就是一个明显的例子，用嘴去尝，用牙齿去咬，就是这样通过身体多种感官的参与，刺激神经元之间的连接，让大脑越来越聪明。主题课程的开展就是在为孩子们提供这样的一个建构大脑的平台，让孩子主动学习、爱上学习，拥有一种综合运用知识解决问题的能力。

自我评价的过程也是一种大脑建构的过程。孩子需要对自己进行纵向的自我评价，来更清晰地看见自己行动的轨迹，以促进自我的反思和调适。复盘是一种有效的让孩子"听见自己声音"的评价方式。在主题课程实施的过程中或者结束之后，老师们会组织孩子对本次项目式学习进行复盘。复盘，原是围棋术语，也称复局，指对局完毕后，复演该盘棋的记录，以检查对局中招法的优劣与得失关键。我们将它用在项目式学习阶段性小结之中或活动结束之后，让师生将整个活动的过程复原，这样师生就比较容易发现活动成功的原因与失败的原因，会设想如果在活动中我们换一种其他方式也许效果会不一样。

复盘的几个要点是：

以项目小组为单位进行；

对应量规总结成功的地方、存在的问题；

还原真实情境，查找原因，商议更好的问题解决方法（包括对无关变量的控制）；

每组推荐一位代表汇报复盘结果；

给自己一个中肯的评价。

表4－66　主题课程自我评价量表

评价维度	核心素养	评价指标	评价标准		
			一级能量	二级能量	三级能量
			基本达成	大部分达成	较好达成
乐学	审美雅趣	主动参与活动			
		参与活动持久度			
学会	学会学习	获得相关知识、方法			
会学	创新实践	独立思考和创新的能力			
	学会交往	与他人的得体、有效沟通与合作			
		诚实守信、与人为善			
	健康生活	能自我习得并调适生活方式			
	科学精神	理性思考，能用合适的方式呈现结论			
		能在复盘中看到亮点和不足			

复盘是在项目式学习基础上的再回顾反思,它和项目式学习的宗旨一样,不追求学习过程有多完美,呈现的成果有多好看,而是关注孩子在这个学习过程中知识方法的建构。

2. 横向互评——量表式评价

主题课程的互评功能一般是解决孩子对课程目标是否达成的判断,通过对他人的观察,来投射自己,影响自己。每一次主题课程设计的时候,课程研发中心都会根据驱动问题和整个学习规划设计量规,量规的好处是让师生在活动伊始有更明确的方向,活动结束之后有更客观的判断与反思。

表 4–67　"主题课程"评价标准与方法

主题	三个维度	课程素养	学段目标	学习内容	检测项目	检测方式	核心素养
我与自己	乐学	打开自己 悦纳自己		1. 底色课程（一年级） 2. 九岁的天空（三年级） 3. 毕业课程（六年级）			T1
	学会	合作参与 了解自己					T2　T3 T4　T5
	会学	相信自己 完善自我					T6
我与自然	乐学	走进自然 主动探索		春天厨房 （二年级）			T1
	学会	合作参与 了解自然					T2　T3 T4　T5
	会学	关爱自然 与自然共处					T6
我与社会	乐学	走向社会 主动探索		英雄剧场 （四年级）			T1
	学会	合作参与 责任担当					T2　T3 T4　T5
	会学	关爱社会 服务社会					T6
我与世界	乐学	走向世界 主动探索		研学课程 （五年级）			T1
	学会	合作共研 了解世界					T2　T3 T4　T5
	会学	文化融合 创新世界					T6

比如，在"月亮生日快乐"我与社会主题课程中，老师们以引导孩子围绕"月圆与团圆的关系"作为驱动问题，鼓励孩子们策划一个给月亮庆生的活动。老师们给这次的课程设计了资料阅读、活动设计组织、结论呈现三个环节，也制订了三个环节的评价标准，以此来引领孩子的学习行为。

表4-68　基于"月亮生日快乐"主题课程学习量规

评价维度	核心素养	课程环节	评价指标	评价标准		
				一级能量	二级能量	三级能量
乐学	审美雅趣健康生活		感知天人合一的月圆文化	能初步感知	有较深的感知	体会深刻、能调适生活
学会	学会学习	资料阅读	阅读《嫦娥奔月》《有趣的月亮观察绘本》《月亮生日快乐》《小莉的中秋节》等书籍，有批注、摘抄	有批注，但针对性不强	有一些批注和摘抄，有一些思考	有价值、有深度、能体现思考
			查找月圆人圆关系的相关网络资料，有摘抄、下载	有下载、摘抄	有少量有价值的资料下载、摘抄，有一些思考	有价值、有深度、能体现思考
	科学精神		分析月圆与人圆的关系，撰写调查报告	完成调查报告	报告基本通顺、完整	观点鲜明、思路清晰
			汇报资料阅读所得	独立完成汇报	汇报清晰、有观点陈述	内容丰富、设计精美、为别人提出建议

续表 4－68

评价维度	核心素养	课程环节	评价指标	评价标准		
				一级能量	二级能量	三级能量
会学	学会交往	活动设计组织	撰写策划案	基本要素齐全	方案比较合理	合理、规范、清晰
			参与活动状态	能参与	比较主动	主动、持久
			与他人沟通与合作	偶尔沟通	经常沟通，方法有待加强	得体、有效
			责任心	有	较强	强
			独立思考和创新能力	有	较强	强
	创新实践	结论呈现	呈现形式	常规	有些特色	新颖
			汇报表达	比较顺利	有一些可取的地方	流畅、充分
			论点证据	有	有一些有力的证据	充足
		复盘	发现与反思	有	能发现少量的问题	能够发现亮点与不足，有新思考

这种量表式的评价一般是在小组内同伴之间相互评价时使用，大家同在一个项目小组，对彼此的情况相对比较了解，有了量规的支撑评价也会相对的客观，而受评者则会通过他人对自己的评价重新思考自己在活动过程中的表现，继而自我完善。在活动的过程中，还有一种他人评价的方式存在，那就是菠菜币的流通使用。成果的呈现也是作品的博览会，孩子们会拿着自己积攒的菠菜币去购买别人的作品或者服务，这实际上就是一种分享与交流式的学习，也是一种社会化的浸润。

3.团队师评——观察式评价

主题课程中，教师对孩子的评价主要体现在小组的团队评价上，采取行动观察方式来进行。在活动中，用行动观察法对全班学生进行评价是比较困难的，我们一般会通过两种方式来处理。其一，将项目导师分到不同的小组进行观察，对全组的活动情况给予评价记录。这种观察方式注重的是过程，会将小组活动开始阶段、中期阶段、结束阶段的数据进行记录与对比，以便对小组的整体情况做一份比较科学、客观的评价。等前、中、后三次观察的数据出来，导师之间再对比各组数据商议给出小组评价结果。其二，是对活动的呈现结果进行评价。如在"月亮生日快乐"主题课程中，老师可对照量规对小组的学习情况给予评价。教师对小组的评价结果最终都等同于其对这一小组每一位成员的评价，这将更有利于促进团队成员之间的合作。

自评、互评、师评三者的结果累加再取相应值就是学生个体主题课程的综合评价结果，这样的评价最终指向了孩子更好的自我发展。

（三）向上生长——优势潜力评价

个性课程的评价更多关注学生个体纵向的发展，以孩子的自我评价、自我改进为主，帮助学生发现自我潜力，同时，引导家长、教师进一步挖掘和培养其潜能，助其向上生长，让"优势潜力"推动学生成长为更好的自己。

表 4 – 69　优势潜力发展情况

个性课程	兴趣课程	校内选课	课程名称	兴趣习惯	能力等级	是否坚持及其理由		
			课程名称	兴趣习惯	能力等级	是否坚持及其理由		
		校外选课	特长名称	能力等级		目标		
	社团课程		社团名称	兴趣习惯	能力等级	是否坚持及理由		
	我的收获：							

表 4 – 70　"个性课程"评价标准与方法

类别	三个维度	课程素养	学段目标	学习内容	检测项目	检测方式	核心素养
兴趣课程	乐学	自主选择 享受学习 养成习惯					T1
	学会	知识积累 合作学习 成果展示					T2　T3 T4　T5
	会学	综合运用 拓展延伸 发展社团					T6

续表 4 - 70

类别	三个维度	课程素养	学段目标	学习内容	检测项目	检测方式	核心素养
社团课程	乐学	主动参与 乐于分享 遵守团规					T1
	学会	知识积累 合作学习 成果展示					T2　T3 T4　T5
	会学	自主创新 团队发展 影响辐射					T6

1. 引导发现自我

生命的多样性才构成了世界的丰富性。每一个孩子都是一种可能性，个性课程的功能在于帮助孩子清晰认识自我，发现自我的优势与不足，从而找到适合自己发展的方向，继而持续地去研究它、从事它，最终拥有自信、获得快乐。

个性课程教师会引导孩子从享受学习乐趣、愿意坚持学习两个方面去进行自我评估，对自我的喜好做一个判断。

2. 引导学会选择

学校为孩子们提供了许多个性课程，在众多的个性课程中怎样学会选择，知道自己想要的是什么，什么是适合自己的也是需要通过评价来引导的。我们从分析素质起点、悟到学习方法、评估发展优势几方面启发孩子分析选择是否具有合理性和升值空间。

3. 引导懂得坚持

即便是孩子再感兴趣的东西时间长了也会有厌倦的时候，如何引导孩子懂得坚持的重要性，突破学习的瓶颈，博才的老师们为孩子们设计了个性课程的等级认证，让每一个孩子在选择的个性课程学习中有一个可晋升攀登的空间。

也许，每个孩子选择一项个性课程的出发点会不一样，有的是根据自己的兴趣和优势选择这门课程的学习，有的会因为自己某方面的缺失想要补短而做出了选择，不管孩子选择的初衷是什么，个性课程的评价给孩子的引领始终都是让孩子不断地挑战自我，做最好的自己。

三、教师评价

教师于学生而言就像一盏灯，点燃学生心中朝向美好的激情，照亮学生前行的道路。因此教师本身要有光，并且是能够不断产生正能量的发光体。故学校教师评价就需要以人为本，给教师以职业发展的引领。

　　学校的核心工作是在课程的构建与实施中影响学生，所以学校教师评价的内容也应以课程的构建、实施、反思、交流为主体，其功能旨在唤起教师的职业热情与使命感、提升专业素养，评价要尽可能做到公平、去功利化。

（一）规则下的心灵自由

　　1.守住规则的底线。合理的制度是组织良性运转的基本保障，也是团队中大家共同认可并遵守的行为准则。博才小学通过建立《人才激励制度》《人才交流制度》来盘活"智力"资源。比如，学校依据教师的成长需求和教学水平构建了"教师职业幸福成长规划体系"，即"金字塔式教师成长体系"，此体系有"四个工程"建设（青蓝工程、脱颖工程、蓄锐工程、卓越工程），不同阶段的教师都有自己的成长规划。学校制订相应的《青蓝工程实施办法及合格教师考核办法》《脱颖工程实施办法及胜任教师考核办法》《蓄锐工程实施办法及骨干教师考核办法》《卓越工程实施办法及名师考核办法》，对某一工程阶段的教师既提出保底要求，也提出跃级条件，没有达到保底要求的教师学校会进行个别谈话，给一年缓冲期调整状态，如一年后仍未达到保底要求，则退回到前一工程阶段。"教师职业幸福成长规划体系"让老师们三至五年一个台阶，朝着各自的目标而努力。每一位教师从走上教育岗位的那一天起，一直到退休，少则三十年，多则四十几年。这几十年是人生命力最为旺盛，人生最为辉煌的一段时间。为自己的职业生涯做一个长远的规划，是在有限的时间内创造最大的价值，让自己的人生充实而有意义，是向幸福出发的起点。学校将"四个工程"建设与教师绩效工资对接，并与香樟人才坊中管理人才、学术人才的输送管道联通，让每一个层面的老师都能找到自己的发展方向。

表 4－71　教师职业幸福成长规划系统（每学期）

成长进阶	岗前阶段（准备期）	青蓝工程（适应期）	脱颖工程（发展期）（高原期）	蓄锐工程（稳定期）	名师工程（创造期）
晋级条件	岗前培训合格	1.青蓝工程5年达标进入脱颖工程，或市级以上赛课获一等奖，参与市级以上课题研究结题并获一等奖，担任组长带领的团队成绩显著，或承担课程研发等项目负责人成绩显著，可在3年期满后进入脱颖工程 2.青蓝工程连续3年考核不达标，予以职业发展指导	1.脱颖工程5年达标进入蓄锐工程，或省级以上赛课获奖，主持市级以上课题研究结题并获一等奖，担任组长带领的团队成绩显著，或承担课程研发等项目负责人成绩显著，可在3年期满后进入蓄锐工程 2.脱颖工程连续3年考核不合格，退回青蓝工程 3.该工程5年期内有1—2次考核不达标，则延长该阶段时间	1.蓄锐工程5年达标或省级以上赛课获一等奖，主持省级以上课题研究结题并获一等奖，带领的团队在国家级成果奖评比中获一等奖，或承担课程研发等项目负责人在省级成果奖评比中获一等奖，进入名师工程 2.蓄锐工程连续3年考核不合格，退回脱颖工程 3.该工程5年期内有1—2次考核不达标，则延长该阶段时间	连续3年，名师工程考核不达标，退回蓄锐工程

表4-72　博才小学教师绩效奖励设置表

基础奖励（约占80%）					教师目标考核奖励（约占20%）			
教师发展梯度	绩效金额	人数	总金额（元）		积分奖励级别	奖励金额	人数	总金额（元）
卓越教师					1级（20%）			
蓄锐教师				＋	2级（30%）			
脱颖教师					3级（50%）			
青蓝教师					合计			
合计								
计算公式：以脱颖教师为基准，等级差别500元。脱颖教师基准金额＝总金额×80%÷总人数					计算公式：以2级为基准，等级差别500元。2级基准金额＝总金额×20%÷总人数			

2.同辈互促替代等级结构。"青色组织"倡导人，知名领导力顾问弗里德里克·拉卢说："同辈压力对系统的调节作用比等级结构更好。"鉴于这样一个理论和实践基础，我们将原有等级结构组织逐渐转为扁平化运作方式，学校管理人员的工作内容由管理工作、教学工作、学术工作、导师工作四块组成，教师的工作内容也由教学工作、学术工作、管理协助工作、导师工作四块组成，两类人员板块设置差不多，但依据岗位不同每一块工作的比重不一样。

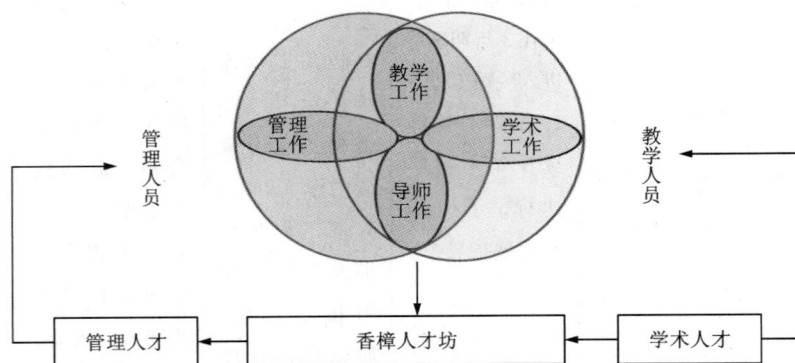

图4-46　香樟人才坊人才积蓄输送图

上图体现的是人人都是管理者和多向岗位聘任原则，这样设置的好处是既让管理人员工作重心下移、深入一线，缩短了与教师之间沟通的层级和时间，也让一线教师有了自主参与学校管理的机会，体会到自己是学校的主体，学校的事情大家一起想办法、汇聚智慧。学校会以教研组或TT团队为单位，期初组织一次教师个人成长规划慧享会，期末组织一次个人成长盘点慧享会，以此促进同事之间相互学习、相互促进，引领教师个人的纵向发展。

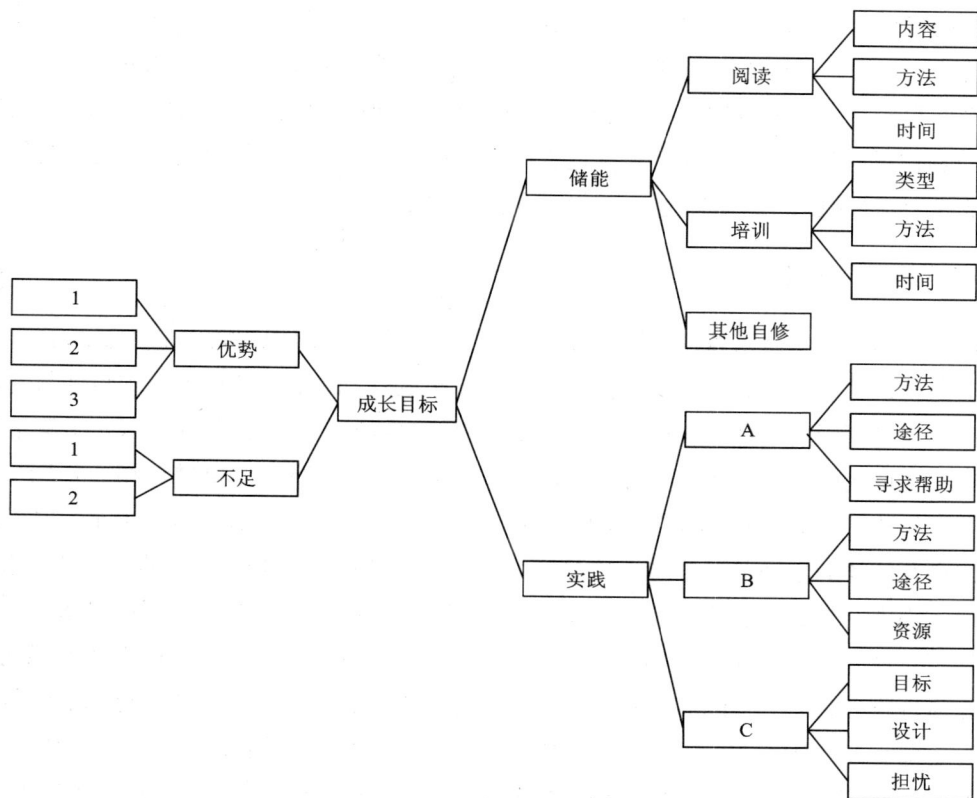

图 4 - 47　教师个人成长规划图

（二）团队中的个人发展

分享教育理念指引下的博才小学教师总会以团体中的一员这种身份认同感而存在，为了促进教师之间的资源共享，实现"1 + 1 > 2"的效益，学校减少了教师个人功利性荣誉激励项目，加大了团队评价的分量。比如学校设立了优秀教研组、最具活力年级组、最具实力年级组、优秀 TT 团队、项目成效奖等团队奖项。

团队评价从两个方面进行：其一是常规工作评价，这是基本要求，是底线，每个团队都要做到；其二是学术研究。叶澜教授曾说过一句话："解决教师职业倦怠的最好办法就是让教师一直在研究中。"博才小学鼓励教师从问题出发开展研究。老师们可根据自己的兴趣和专长自愿组合加入项目组或 TT 团队，学校职能部门会跟进这些研究团队的工作开展情况，既有过程性的考察，也有对研究团队的期终评估。学校会确保研究经费充足，奖励机制到位，比如教师外出学习，评优评先，岗位晋级等方面获得优先考虑的机会，肯定和认同走在教改前沿的老师们。

学校英语组就是一个走在教改前沿的领跑教研组，这个教研组能从管理的角度来思考教研组的发展，组内注重文化的打造，撰写了自己的组歌"You Raise Me Up"，温暖的音乐、激励人心的歌词给所有人带来了一股正能量。为了突破教师深度备课的难题，让老师的经验得到共享，年轻教师也不会因为缺乏经验而耽误了学生的成长，组内率先进行"加水教研"的尝试，此经验随后在其他教研组推广。对于这样的教研组，学校会提供更多的专业学习培训机会，为组内老师搭建更多、更广的发展平台。

（三）除了奖金还有什么？

1. 真诚的对话。北京教育学院陈丽教授说："对于一个组织来说，最能制约和影响人们行为的就是他们所共有的追求和信念。"作为学校的管理者，要站在人性的角度与老师平等对话。当老师因为这样那样的原因触碰了教育的底线时，学校管理者在深入了解情况后应该约见这位老师，和他进行深入的沟通、分析，即便是按照制度要进行相应处罚，也要给予老师表达的机会，提前知会处理的结果，这是对人的尊重。博才小学"校长约谈"就给每一位离开博才的老师留下了难忘的记忆。当一位老师选择离开的时候肯定是有原因的，所以博才小学的校长不管再忙，也会预留时间亲自和离职老师一个一个促膝恳谈，谈论的话题既有对他们未来工作生活的祝福，也会表达对他们过去为博才付出的心血的感谢，当然也有前行路上智慧的提醒和叮咛，并听取他们对学校发展的建议。教师退休的时候，学校会为老师举办欢送仪式，送上退休教师"教育生涯纪念册"，拍教师教育生涯 MV，颁发"视导专家"证书，邀请他们退休后仍发挥余热，指导学校教育教学工作，培植年轻人。

2. 自由的心灵。博才小学有一位思想活跃的老师，同事们赞誉他才情横溢，家长们评价他爱生胜子。他撰写的文章常常会让大家感动得流泪，为他有这样的教育情怀而感动。可是这样的好老师也有着他的另一面。当学校的要求他不理解的时候，就会按自己的想法行事。面对这样的个性老师，学校的做法是：对于那些不伤及原则的不完美给予包容，尽可能引导老师去做他喜欢、擅长的工作。学校提出想要研发特色舞蹈课程时，这位老师第一个站出来报名。当优势得到发挥之后，学校进一步提出相应要求，并安排这位老师外出进修打开视野。既能做自己喜欢的事，又有专业的引领，特色舞蹈一下子就在博才校园中火起来了。

3. 有趣的生活。教师每天有 8—10 个小时是在学校度过的，如何引导教师将每一个日子过得丰富而有意义，也是学校管理者要思考的问题。博才小学用博才精英大智汇、教师美丽一刻、国学讲坛等方式提供教师展现自我的机会，用自我实现改变价值。用教师静心工作坊、茶艺课堂、读乐乐阅读沙龙丰富教师的精神生活，启迪教师善于思考，以此团聚人心。通过发展项目管理，比如像格子周文化工作室、菜菜 798 生命种植园、学校品牌发展部、课程研发中心、博才诗院等平台，发挥教师的优势，做到人尽其才。

　　每年岁末，在语数外老师紧张备考的时候，忙完了教学任务的美术老师、科学老师又开始新的活儿了。因为，几个校区的教职员工都会像过节一样等待着博才大片的首映式，这是我们自己拍的电影，导演、主角也如同张艺谋和"谋女郎"一般，受到大家的拥簇。这几年，我们拍了好几部片子，部部叫座。有老师说：看博才大片，随着故事的发展，老师们时而哄堂大笑，时而掌声雷鸣，那再熟悉不过的博才校园，那再熟悉不过的可爱同事，那再熟悉不过的身边故事，让人情不自禁地回想起自己在一年中的点点滴滴，幸福之感油然而生。

　　博才文化倡导的就是要过一种有意思的教育生活，做一些有价值的教育事情。湖南师大教科院刘铁芳教授在参加学校的教师阅读沙龙之后，由衷赞誉："好的教育能够美容，它反映在博才每一位师生、员工积极向上的精神风貌之上。发自内心的'尊重'，让人与人在充满生命温情的交往中找到自我存在感。这是一所有温度的学校。"

　　没有完美的评价，但有好的评价。好的评价就是让人自觉、自知，激发无限的向学之心，让人越来越好。

第四节　空间转型

　　"新六艺课程"体系构建的实践过程中，老师们的育人观念随之发生了巨大的变化，师生对多样化的人才培养模式和成长空间有了更多需求，于是校园空间的转型被提到议事日程。

一、校园空间为何亟待升级？

　　校园的空间设计是为教育的实现服务的。每一所学校都有着自己的教育哲学，它是一所学校的灵魂，校园空间的设计应该在此基础上具有形象表达的能力，环境育人的功效。然而，在现实中我们看到的是太多的千篇一律的校园建筑和教室布局。学校办学理念的个性化表达无从体现。建筑学专家王素教授整理分析国外机构研究结果时发现：学校建筑空间对学生学业成就的贡献率达到25%；而教室环境营造对学生学业成就的贡献率在2%—26%不等。因此，校园空间的设计亟须从顶层进行整体的规划。

（一）学习需求

　　新六艺课程提出三大课程定律：自主、体验、留白，课程的实施需要校园给予孩子更多独处的空间、探索的空间，特别是户外自由活动的场所。享想课堂、彩动实践周、My 秀等课堂样态都能引领学生去寻找多样化的最适宜的学习方式。当今，神经认知科学日益发展，教育领域开始更加关注隐性课程、非正式学习的重要性，这些都对学习空间有了更高的期待。

（二）交往需求

信息化时代到来，人们交往的圈子越来越大，而且随着人工智能的发展，未来合作、沟通能力将成为人的核心素养之一。如何帮助孩子学会与同龄人，以及与不同年龄的人交往，需要校园创设平台给孩子交往的机会，让孩子在互动中学会尊重、学会遵守规则、学会坚守立场，也包括学会适当妥协。

（三）审美需求

庄子说，天地有大美而不言。爱默生说，美是一种对于宇宙的表达。爱美是人的本性，美育是教育的终极追求。除了显性课程之外，像学校空间这样的隐性课程同样可以向师生传递美好，唤醒人向美的欲望，拥有知美的头脑，提升审美的情趣和尚美的品位。校园中的草与木，色与形，光与影，既让人置身于环境之中被美所浸润，又能使人在潜移默化之中认识自我，从而在内心建构起广阔的精神审美空间。

（四）个性化成长需求

每一个人都是独一无二的个体，不同的人有着不同的优势，也可能会存在各自的不足，正是这种差异性构成大千世界的丰富多彩，也成为教育的一种资源。海德格尔说，每一个人都是一种可能性，如何将这种可能性变成现实，也离不开空间的作用。多样化的课程需要更多灵活多变的空间来支撑，个性化的学习需要 VR、MR 等智能学习平台来满足，关注个人成长的评价系统更需要信息手段跨时空收集处理分析信息。校园是每一个人的校园，也将成就每一个人的成长。

二、校园空间设计的原则

美国建筑学家拉普特说："设计产品应基于对人性的理解，合于人性，利于人性。"校园空间是为人而设计的，始终要以人为中心，基于人的需求，服务于人的发展，引导人不断朝向美好。

（一）从儿童视角出发

1. 安全·舒适·无障碍

马斯洛将人的需要分为六个层次，其中安全是最底层的需要，是人最基本的需要。人在安全的环境中个性才会释放，心灵才会敞开。博才小学会从色彩使用、空间布局、设施配备等方面去考虑如何给师生带来安全感。学校将原有建筑的平顶改为斜坡顶，解决了原有建筑因多雨而漏水的问题；在校门口增设电子门禁系统，校园拐角安装高清摄像头，守护每一个孩子在校的安全；将洗漱间铺上防滑地砖，在每个通道口放置消防设施；楼道拐弯处用圆角装饰；运动场、器械区均用有弹性的塑胶铺地；教室窗户平行于学生桌椅，方便最大限度采光和通风；教室学生人数控制在45人以内，室内显得既紧凑又有适当活动余地。

每天孩子们沿着彩色分享之路，开启新的一天：校园绿树成荫，孩子们可以在高大的香樟树下尽心交流、沉醉于阅读，可以在博明湖畔窃窃私语，可以在偌大的沙坑里堆砌城堡，画下蓝图，还可以在球场尽情奔跑，挥洒汗水。教室的桌椅每学期会依据孩子们的身高调整一次高度，音乐教室宽敞的空间、木质的地板、彩色的积木方凳、绿色波点的清新窗帘给了孩子们想要表现的欲望。

校园空间要让学生在交往中无障碍沟通，更要在行动上实现无障碍。学校会在一楼楼梯入口设置无障碍通道，方便腿脚不便的人通过；会在洗手间安装无障碍马桶，给有需要的人以方便；楼房与楼房之间有连廊相接，师生在校园内即便不带雨具也能自如通行。

2. 精简·多样·有自由

校园空间并不是指单纯意义上的物质空间，还指以个体为中心探讨人与周围环境的心理空间。人置身于环境中，他会由空间知觉继而产生空间认知，最终形成空间态度。空间的设计要秉承大道至简的要义，去除不必要的烦琐，给师生创设内心宁静的氛围。然而精简并不反对空间的多样化呈现。比如，食堂三餐之外基本上都是空闲的，我们可以通过分区的方式，让它成为食育课程、礼仪课程的学习体验场所，使它的空间增值。学校大礼堂是教师培训开会的地方，也可以成为孩子们 My 秀的展示基地，年级组开放交流的基地。

校园空间还要考虑私密性，比如个人的书桌、储物柜、书窝等，每一个孩子有选择控制他人接近自我或其他远离群体的方式，给孩子独立自主的空间，就是给了孩子自由。

（二）与深度学习对接

深度学习的理念向我们诠释了，学习只有与生活连接，让学习者去经历、去发现、去归纳、去质疑，才能使知识与方法变成可以解决问题的能力。传统课堂的秧田式座位布局，校园户外固定化的陈列已经不能满足学生对深度学习的渴求。因此，校园要变。

1. 开放·灵活

校园设计不是学习空间的装饰，而是为扩大学习而做的必要改变。中关村三小的"三室一厅"班组群的大胆设计，为我们提供了一个借鉴依据。而作为一个老校区，我们无法打通教室之间的墙壁，那么如何实现跨龄学生之间的交流呢？个性课程走班、底色课程与毕业课程联合不失为一条有效的路径。在课程中，孩子们大手牵小手，体会责任与担当，树立榜样与表率，在这里每一个孩子都被关注，都在成长。某些主题课程中尝试让三个不同班级自愿组成一个临时班组群，共同生活两个星期，在完成主题课程任务项目的同时，也体会家庭中混龄生活的磨合与适应。

2. 互动·展示

新型的互动教育关系迫使我们要去重新认识学校，认识学生，认识师生的教与学。博才小学开展课例研究，引导教师对教室布局进行调整来适应学生学习方式的转变，促进学生更深层次的互动交流；开展教室设计大赛，来引导教师思考：教室的每一块墙壁、走廊等公共区域怎样布置才能离孩子内心更近，怎样才能更好地为学生服务。空间的优化能使教师爱学生、会教学，学生爱学习、会学习，能让学习成为一件有趣、有意义的事情。

3. 分区·容差

空间要关注到每一个个体最有效的方式是分区域，让每个区域有自己的独特功能。我们会将校园空间分成个人空间、组群空间、分享空间、公共空间，即便在教室也会分成学习区域、阅读区域、活动区域、辅导区域，有时这些区域之间也是可以灵活变动、相互打通的。

（三）有空间进化可能

学校基础建设一经落成，今后的若干年可能都不会发生根本性的改变，怎样让不变的建筑能不断适应甚至是主动影响人的向前发展呢？这就需要学校设计符合可持续发展要求、能不断进化的留白空间。从广义的课程概念来理解，建筑等校园空间也是课程的一部分，我们要关注的是未来在这个园子里的人会以怎样的方式来学习，会有怎样的生活状态，他们会进行怎样的人际交往……

1. 置身情境之中

现代与传统在博才校园得到了很好的融合，颇具中式风格的四合院式灰色建筑给人以沉淀之感，而富含艺术气质的楼道、走廊又使人充满遐想。情境的创设让孩子置身于真实的场域，解决真实的问题。乐游新年六个特质检测活动，老师们会和孩子一起把校园装扮成富有浓郁中国文化特色的新年嘉年华，每一间教室就是一个通关空间，菠菜币则成为孩子的通关密码，楼道的空间有时是超市卖场，有时又是惊喜彩蛋的派送现场。

学校的固定陈列不要安排得太满，而应给师生创造的空间，这样的空间可以根据需求经常变换，既有新鲜感，又能使空间利用最大化。

2. 关怀主体之思

师生在学校也是在过日子，怎样让不同的日子赋予新的意义，也是学校空间设计要考虑的问题。教师节这天，等孩子们离校之后，老师们会把草坪摆上桌子，铺上白色的桌布，配上水果茶点，穿上晚礼服，在华灯闪烁间翩翩起舞。每月中旬，工会的老师们会在"菜菜798"准备蛋糕，并插上蜡烛，让本月过生日的老师们在鲜花浪漫之中度过集体生日。三八女人节，校门口便成为男士们创意的生发地点，此时的女老师接过鲜花踏上红毯与男神合影定格快乐瞬间。校园总是这样充满温情和惊喜，在博才不仅有诗也有远方。

3. 尊重自然之美

我国古代"天人合一"的思想，指出空间是一种社会存在，它是人类活动的结果，人类也通过活动不断创造了空间。博才校园光绿植就有 100 余种，花卉 80 多种，春去秋来，寒来暑往，校园总是会给人以新的视角、心的悦动。五棵樟球场、三棵松球场、黄杏餐厅、"菜菜 798"等这些名字的由来都源自孩子们内心对自然的亲近，所以我们会看到飞鸟迎春、猫儿安家、隔壁牧羊犬插科打诨、师生斜阳中晨读、银杏叶散落发尖的校园生态。

校园一定是美的，美是经得住岁月的东西，无论是校园的整体还是局部方寸之间，都表达着博才人对教育的理解，对美的追求。

三、校园空间设计的举措

基于以上关于校园空间的理解以及人与空间的互动关系，我们尝试着从以下三个方面来对校园空间做一些调整。

（一）校园转向学习生态链

校园是一个学习生态链，教师、学生、空间通过学习与交往方式发生连接，空间又不断地促成新的学习方式、交往方式发生，把握住了适宜的人与人之间的尺度。

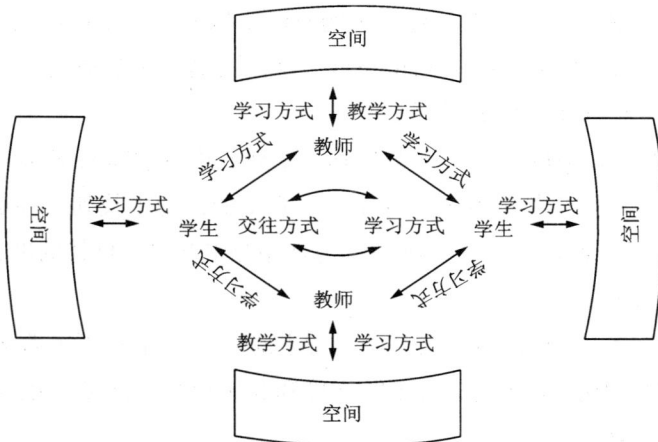

图 4 – 48   空间与师生关系图

新六艺课程有七个样态，其中享想课堂是核心课程的样态；彩动实践周是主题课程的样态；My 秀、挑战不可能、小小节日是个性课程的样态；最美大树学堂是父母成长课程样态；香樟学院是教师发展课程样态。每一个课程样态有独自的结构和呈现方式，承担着不同的任务，但他们又彼此关联，促进孩子的整体发展。比如我们以五年级的体育教学为例，孩子们在享想课堂中既有以行政班为单位的运动技能、篮球特质、健康生活方式的学习，也有按兴趣自由选择的花式跳绳、健美操、乒乓球、羽毛球分类学习，夯实了基础学力。而在彩动实践周主题课程的学习中，孩子们会用学习到的运动技能、游戏方式来展现研究成果，积蓄综合动力。My秀与挑战不可能则给了有突出才能的孩子发展优势潜力的平台。这样的课程设计既关注了全体孩子，又关注到每一个孩子。这是新六艺课程逻辑自洽的课程实践体系。新的课程样态促使校园空间朝三个方向转换：其一，转向有弹性、可调节的学习空间；其二，形成多维、多样的学习关系；第三，帮助教师建立一个教育共同体。

"我和我的祖国"主题课程实践周中，学校调整了上课时间，计划用一周时间开展活动并取消了铃声，这样的安排推动同组教师主动统整课程做好时间交接，各年级组教师需要统整场地安排学习任务。我们从高年级段、低年级段中各挑选三个班级组成班组群，共同体验完成项目式学习、探索的经历。在这个课程中，教室不再以某一块固定的黑板或屏幕为核心，老师们通过各种方法将教室分隔成若干区域。有适合孩子们独立学习的"自学区"；有适合孩子们共同聆听的"共学区"；有适合孩子们展示学习成果的"舞台区"；还有适合教师个别辅导的"阅读区"。这样的分区，回应了多种教与学的方式，努力让教室变成"学习室"。当然，"学习室"也是"温暖的家"，这里除了有跟孩子们生活密切联系的主题学习活动或游戏外，还有孩子们喜欢的图书、植物、全家福照片、个人作品展等。

中关村三小刘可钦校长说："教育不是等老师准备好了才去改革，而是在创新和变革的过程中一同寻找方法。"但我们在课程推进的时候要把握三个要点：

（1）目标驱动。课程目标一般从知识技能、合作沟通、问题解决、积极行为四个方面来确定，每一个小步骤都要有任务目标。

（2）提供脚手架。教师放手让学生去探索、发现，并不意味着老师无所事事，而是要在学生研究的过程中跟进支持。既要引导学生在真实的情境中找到真问题；也要给予孩子学习的支持，比如资源的收集、工具的使用、方法策略的推荐、材料的准备等；还要和孩子们一起制订学习评价的量规。

（3）跟进课程管理。课程团队中要建立分享机制，每一个小任务都要先建模，然后论证，再推进，实践过程中还需要观察员跟踪指导和收集信息。活动结束应组织教师进行复盘，进一步完善活动策略。

我们一直在思考"如何从服务课程的角度出发，去实现真实的学习"。我们希望学校成为"课程学习资源中心"，让学校的"每一个场所都成为课堂"，让教育最具活力的脉搏勃然跳动。

（二）校园好像艺术博物馆

学校建筑应在空间构建中传达"教育场所精神"，即凸显教育价值观，凸显办学理念、课程观、学习观和管理理念等方方面面内容。一个理想的校园是艺术博物馆的模样。

1.造型美

博才校园远看像一本打开的折页书，折页两端各是一个四合院落，环抱的是三个运动球场和亭台楼阁。走入博才校园，目之所及皆成境：博明湖畔流水戏鱼，篮球场旁绿植葱茏，翠竹亭里清风徐来……学校每一处景物都斑斓多姿，生机勃发，自成高格。

博才之境怡情养心，博才之境达性成人。它养育师生情，滋润同窗情，氤氲血缘情——圣师孔子像下，师生齐诵《论语》，齐行大礼；小小博明湖畔，携三五好友，共探索水下生物神奇世界；生态长廊里，邀父母闲庭信步，静看花开……学校的一树一木、一湖一亭动情引性，引得莘莘学子日日流连，在景、情、性的融合中，"与自然分享和谐，与社会分享责任，与他人分享智慧，与历史分享文明"……

2.色彩美

博才以"分享教育"为灵魂。分享教育是一种教育理念，也是一种办学策略。具体到学校建设，则通过打造"诗·享校园"文化，来传达博才人对教育真谛的追寻。博才校园的标识色为橙黄与普蓝，所以在博才校园用色方面，我们以这两种颜色为主体色。远眺博才校园浅灰主体建筑偶尔点缀橙黄元素，沉静厚重中不乏活泼灵动；踏上分享教育之路，橙、红、蓝三色向我们传递健康、激情、智慧；褐色雕像《数星星的孩子》，无声引领学生感受历史的厚重，叩问苍穹，合作探索；博明湖畔绿柳轻拂水面，棕色凉亭通透空灵，红色朗读亭自成独立创作空间，木质博才书院掩映其中，那是学生作诗吟诗的好地方；十礼居铜板墙挂、烫金牌匾给了孩子们童年最重要的"开笔礼"仪式；红色与浅灰墙砖拼接，搭配西域装饰纹样镶嵌的艺术楼道，让空间充满写意、梦幻，让人思维驰骋。

博才校园因四季而拥有不同景象：春天万物生发，校园一片翠绿，欣欣然的样子，而莱莱798却依然姹紫嫣红；秋天，枫叶红得成熟、银杏树叶黄得灿烂，深深浅浅、层层叠叠，与围墙外居民楼的咖色与白色的建筑搭成一幅令人心醉的油画。

"先有教育，再有课程，后有建筑"的理念是我们在学校外显文化建设中的追求。

3.光影美

好的空间设计能打破空间和精神上的障碍。博才校园的板房型建筑、大块面窗户设计考虑到了充分的采光，阳光透过教学楼走廊装饰折射出的如琴键般的影子让孩子们充满了探索的欲望。四合院落从清晨到傍晚光影的变幻，也让孩子们在闲暇时多了一些新奇。春分时，他们在这里立蛋，测量光影的长度；立秋时，他们拾起校园中的各种落叶，探索秋的秘密。下午，阳光斜射，校园建筑在地面神奇地勾画出建筑的轮廓。校园无论从哪个角度来看，都是点线面恰到好处的组合，有的紧凑严谨，有的空灵悠远，有的跳跃多变。

（三）校园仿佛居家过日子

校园的学习与工作是师生生活的一部分，除去晚上8小时的睡眠，师生们几乎有一半的时间是在校园里度过的，所以校园是师生的第二个家，这个家不仅可以提供学习的空间、交往的平台，更能给大家提供心灵的滋养。

1. 可以生长的故事

"六一"儿童节已经过去了好几天，可是博才的老师和同学们在活动中获得的快乐和成就感却一直延续到现在，因为老师们在清点孩子们的反馈单时有太多的意外和惊喜。比如，一个叫奇奇的男生，他居然在短短两个小时内玩了20个项目，获得了30枚菠菜币，要知道全校排在他后面的最高成绩是六年级一位男生，他玩了13个项目，获得了13枚菠菜币。一个四年级的学生是如何远远超越六年级的哥哥姐姐的呢？他的办法很简单，当他拿到玩转地图后，他做了一个深入的研究，很快就得到了几枚菠菜币。同学们看到他很会玩，都愿意和他组成一个团队，以争取得到更多菠菜币。于是，他让每一个入团的小伙伴都交一枚菠菜币给他作为入团费。我们问他，入团的小伙伴不会觉得亏了吗？他说，不会啊，他们每人至少挣得了4枚以上的菠菜币，如果单靠他们自己的能力，有可能一枚菠菜币都会得不到。这样一个交际与财商超高的孩子，你能想象几个月前还因为总是喜欢去撩打别人，而被几个家长联名要求学校劝退吗？这就是游戏的魅力，促进了孩子的交往、创造，建立了自信。有时我们只需要改变一种思维方式，学校就变成了游戏场，老师就变成了魔法教练。

在博才，有一个格子周校园文化工作室，美术教师周军是工作室项目负责人。"周大才子""周导""魅力年级组长"等，都是他的代名词。这位老师凭借自身在音乐、美术、文学方面的爱好和特长，担起了学校校园文化建设工作的重任。在格子周校园文化工作室的作品中，最有技术含量的应该是视频文化作品。周军老师的视频文化作品不是凭感觉而做，他充分利用了美国加州大学梅拉宾教授的"3V理论"研究成果，提出了学校精神文化建设的"3V法则"。即从视觉（visual）、听觉（vocal）、语言（verbal）三大维度，推出有影响力、能引起教职工强烈共鸣的文化作品。比如，他策划、导演了一年一度的博才春晚、拍摄了让全体教职工"万众瞩目"的博才大片；2017年，博才教育论坛开放活动，他谱曲作词的主题歌《麓山诗语》，现场首播，又引发一片尖叫；博才小学带了三年的分校要独立了，从博才的"孩子"要变成"兄弟"了，几番不舍，几番留恋，周导又创编了音乐片《博才，博才》，勾起了每一个博才教师对博才文化的共鸣与再认识。大家明白了，在博才，原来真有这样一句话："世界上最动人的情话不是 I love you，而是 I have always been with you（我一直都在）。"

有时我们只需要给师生一个小小的空间，便能撑起他的一个很大的梦想。

2. 有自己的秘密空间

当孩子走向世界的同时，他首先是一个独立的个体，他需要有自己或者是与小伙伴的小秘密，这样他的内心世界才会充盈发展。博才的校园中散落着学校特意设计的秘密空间：楼道间的小书窝，图书馆的小树洞，樟树旁的小树屋。学校也尊重孩子自创的秘密基地，比如校门口两个树洞，两棵桂花树与周边绿篱正好给了孩子天然的屏障，他们在树下聊天、看书、捉迷藏，自在而满足。又比如，教学楼六楼楼顶的空间，经常无人打搅，孩子们会在这里排演节目、"商议大事"。给孩子的内心留一块秘密的空间，就是尊重孩子的自主发展。

3. 参与空间设计

孩子们是校园的主人，我们时常会和他们一起站在 1 米的高度来看整个校园。孩子会带着问题去观察校园，体会到校园设计的独到和用心；会尝试着去调查师生对于校园使用的感受和建议；会建立项目团队为学校空间改造提出合理化的建议。于是在这样的亲身参与中，孩子们开始思考自己将要以怎样的方式存在于校园，他们和校园成为了一个整体。

放寒假了，一位一年级孩子的爸爸在微信圈晒出了孩子的这样一个请求："爸爸，开车带我去学校看看吧，我想学校了……"感动之余，我们知道学校正在散发"吸引儿童的魅力"。改建的学校图书馆完全打破了"整齐划一、秩序井然"的印象；去往英国的湖南省"芒果小大使"在"博才诗院"的孔子像前拜上三拜，开始了走向世界的行程；再看看"菜菜798"生命教育实践园吧，这个场所为生活在城市里的孩子打开了一扇"亲近自然之门"；"熊爸爸菜园"会根据四季变化、二十四节气的轮回，种上四季果蔬，给予学生体验的时间，提供闲暇的时光，让生活的节奏慢下来，在留白的智慧中让生命成长，这是我们的初衷与追求。

4. 连接社区

可持续发展会给学校带来持续的生长，打破学校的隐形围墙让校园与社区连接起来，可以让教育资源实现联动。博才校园外有一个 500 平方米的憩园，憩园顾名思义是休闲的地方，这是学校与社区共同打造的场所，家长们来校接孩子时可以在憩园休息聊天等候，孩子们也可以经常去憩园开展活动。社区的抗战纪念馆成为了学校的校外固定教育基地。学校球场和礼堂可以由社区管理人员申请使用，一年级还会经常与社区幼儿园开展幼小衔接活动。校门口的天桥连接了对面的西湖湿地生态公园，给了师生们更宽广的活动空间。

没有围墙的学校，正逐步打开我们的办学思维，带着我们的学生积极地走向世界。

后 记

　　本书正式起笔于 2018 年 7 月，到现在一年的时间。回顾这一年奋斗在一线的历程，真是感慨万千，倍觉艰辛，因受时间、学识、经验、水平等因素的限制，本书的出版还是太匆忙，留有很多遗憾，今后我们还会不断地完善。可是这不会影响到我们对本书出版价值的认可，谨以此书献给以下人士——

　　一、我亲爱的同事们，感谢他们在繁忙的工作之余笔耕不辍，一边思考、一边实践、一边梳理，也给了我很多的建议，所以"新六艺课程"是大家原生态智慧的结晶。

　　二、曾给予本书出版无私指导的领导、朋友们，感谢你们让我们逐渐从混沌中看到前行的方向，让我们少走很多弯路。

　　三、一直支持我们的家人们，感谢你们在无数个日夜、假日给予陪伴，因为有你们的理解与支持，本书才能顺利问世。

　　四、致力于教育改革，并在实践中有一些困惑的同仁们，希望我们的思考与实践能给你们带来一些有意义的启发。

刘江虹

2019 年 10 月 2 日

图书在版编目(CIP)数据

新六艺课程的构建与实施／刘江虹等著. —长沙：
中南大学出版社，2020.7
 ISBN 978－7－5487－0494－2

Ⅰ.①新… Ⅱ.①刘… Ⅲ.①小学教育－教育研究
Ⅳ.①G622.0

中国版本图书馆 CIP 数据核字(2020)第 095956 号

新六艺课程的构建与实施
XINLIUYI KECHENG DE GOUJIAN YU SHISHI

刘江虹　等著

□责任编辑　谢贵良　张　倩　梁　甜
□责任印制　周　颖
□出版发行　中南大学出版社
　　　　　　社址：长沙市麓山南路　　　　邮编：410083
　　　　　　发行科电话：0731－88876770　传真：0731－88710482
□印　　装　长沙印通印刷有限公司

□开　　本　787 mm×1092 mm　1/16　□印张 14　□字数 303 千字
□版　　次　2020 年 7 月第 1 版　□2020 年 7 月第 1 次印刷
□书　　号　ISBN 978－7－5487－0494－2
□定　　价　36.80 元